GABRIELE DEL GRANDE

MAMADOUS FAHRT IN DEN TOD

Die Tragödie der irregulären Migranten im Mittelmeer

VON LOEPER LITERATURVERLAG

Die Deutsche Bibliothek – CIP Einheitsaufnahme
Ein Titeldatensatz für diese Publikation ist bei
Der Deutschen Bibliothek erhältlich

Gehen Sie uns „ins Netz“!
Besuchen Sie uns im Internet unter
www.vonLoeper.de

Gerne senden wir Ihnen kostenlos ausführliche Informationen
zu unserem Verlagsprogramm zu und informieren Sie regelmäßig über wichtige
Neuerscheinungen zum Thema. (Adresse siehe unten)

Ausführliche Zusatzinformationen zu diesem Buch,
Hinweise zum Autor, wichtige Links und weiteres Bonus-Material
finden Sie im Internet unter
www.vonLoeper.de/Mamadou.html

Titel der Originalausgabe:
Mamadou va a morire

Umschlag unter Verwendung eines Fotos von Enrico Pugni
Übersetzung: Angela Huemer
1. Auflage 2008

Gesamtherstellung und Vertrieb:
Ariadne Buchdienst,
Kiefernweg 13, 76149 Karlsruhe
Tel. (0721) 70 67 55
Fax (0721) 78 83 70
E-Mail: Info@vonLoeper.de
Internet: www.vonLoeper.de

ISBN 978-3-86059-510-7

Meinem Großvater Renato Urro gewidmet

Herausgegeben mit freundlicher Unterstützung von

EVANGELISCHE KIRCHE
Berlin-Brandenburg-schlesische Oberlausitz

borderline-europe

dieGesellschafter.de
IN WAS FÜR EINER GESELLSCHAFT WOLLEN WIR LEBEN?

Inhalt

Einleitung

Von Fulvio Vassallo Paleologo

Tausende und abertausende von Toten, eine unbestimmte Anzahl von Vermissten, über die man nie mehr etwas erfahren wird.

Nebenwirkungen eines von Europa einseitig gegen Migranten erklärten Krieges mit dem Ziel, die irreguläre Migration zu bekämpfen und gleichzeitig die legalen Einreisemöglichkeiten zu blockieren – sogar für Asylsuchende.

Nach der ängstlichen Eröffnung des Prozesses von Barcelona, der im Jahr 1995 begann, und nach den Hoffnungen, die die Beschlüsse von Tampere 1999 auslösten, hat eine Politik der Abschottung und Militarisierung die Entscheidungen der EU-Gremien von einer Europaratssitzung bis zur nächsten bestimmt, besonders nach dem 11. September. Hier wurde eine Gefahr und Sorge um nationale Sicherheit heraufbeschworen, die sich – zumindest was den angeblichen Zusammenhang zwischen irregulären Einwanderern und Terrorismus betrifft – immer wieder als unbegründet herausstellte.

In der Zwischenzeit ist die irreguläre Einwanderung nicht zurückgegangen. Sie ist struktureller Bestandteil einer liberalen Ökonomie globalen Zuschnitts, einer Ökonomie, die sich weg von der lokalen hin zu einer internationalen Ebene bewegt. Einer Ökonomie, die von einer Parallelwirtschaft irregulärer Arbeit, von der Bauwirtschaft bis zur Erntearbeit, Pflegediensten und Dienstleistungen geprägt ist. Ein ausgezeichneter Anreiz für Wanderarbeiter der ganzen Welt, die bereit sind, das Risiko der Meeresüberquerung auf einem „Seelenverkäufer" auf sich zu nehmen, so wie sie auch die Situation der Irregularität und eine lächerlich geringe Bezahlung ertragen, nur, um ihren Familien eine minimale Überlebenschance zu bieten.

Angesichts des vorherzusehenden Scheiterns der Abschiebungspraktiken auf nationaler Ebene haben die wichtigsten europäischen Länder den Wert der internationalen

Kooperation wieder entdeckt. Statt ihrer eigentlichen Funktion, nämlich eine effektive Abschiebung zu garantieren, wurden die Haftzentren zur Auswahl von Arbeitskräften und zur Verlängerung der Inhaftierung genutzt.

Die internationale Zusammenarbeit dient aber nicht als Instrument ehrlicher Solidarität mit den Einwohnern der ärmeren Länder. Vielmehr werden den Regierungen der Transitländer, vor allem den Ländern Nordafrikas, Übereinkünfte zur Zusammenarbeit aufgedrängt, die vornehmlich auf der Finanzierung von Festnahmen, Haft und Abschiebung irregulärer Migranten basieren, noch bevor diese die Überfahrt nach Europa wagen können.

Die eklatantesten Beispiele dafür haben Spanien und Italien in ihren Beziehungen zu Libyen und Marokko geliefert. Sie haben Abkommen geschlossen, die Abschiebungen von irregulären Migranten zuließen, auch wenn diese aus Drittländern kamen. Im Austausch dagegen werden eine erhöhte Einreisequote für Menschen aus den Transitländern bzw. Handels- und Wirtschaftserleichterungen (wie die Überwindung des Embargos gegen Libyen) vereinbart.

Im Zentrum dieser Abschottungspolitik stehen Übereinkünfte über gemeinschaftliche Patrouillen sowie die Aktivitäten der Agentur Frontex. Diese wurde im Jahr 2004 von der Europäischen Union für die Kontrolle der Außengrenzen und die Bekämpfung irregulärer Einwanderung gegründet. Offenbar schienen die Kontroll- und Rettungsoperationen der Flotten der einzelnen Staaten, wie sie beispielsweise im Kanal von Sizilien stattfanden, nicht mehr ausreichend zu sein, um die irreguläre Einwanderung mit der, von den Befürwortern der Festung Europa erwünschten, Härte zu bekämpfen. Als ob es noch nicht genügend Tote im Meer gäbe und als ob man noch mehr abschreckende Signale an diejenigen senden müsse, die keine andere Wahl haben, als die abenteuerliche Überfahrt auf einem „Seelenverkäufer" zu wagen. Die Operation von Frontex bestand aus einer gemeinschaftlichen Patrouille (mit Einheiten aus den verschiedenen Ländern), und der Zurückweisung von Booten voller Migranten auf hoher See. Sie wurden in die Häfen, aus denen sie ausgelaufen waren, zurückgedrängt. Dies obwohl eine Routenänderung oder ein plötzliches Manöver das Kentern der überfüllten Boote provozieren kann, was den Verlust von vielen Menschenleben zur Folge hat. Der Abschreckungseffekt durch die militärische Überwachung, finanziert von der Europäischen Union, hat die irreguläre Migration nicht vermindert. Die Fluchtwege wurden lediglich noch gefährlicher, weil auf immer kleinere Boote zurückgegriffen wird, um den Kontrollen durch Radaranlagen und Überwachungsflüge zu entgehen.

Die irreguläre Einwanderung wird zur Tauschware für diejenigen, die eine neue geopolitische Ordnung im Mittelmeerraum (und darüber hinaus) errichten wollen. Zwar wird von allen Seiten feierlich der Respekt für die Grundrechte des Menschen beteuert, um im nächsten Moment jedoch Abkommen für die Abwehr irregulärer Migration mit Ländern abzuschließen, die diese Rechte ganz und gar nicht respektieren. Rückübernahmeabkommen, die jahrelang geheim bleiben, ausgetragen auf dem Rücken der Opfer, der Migranten, die zur Irregularität gezwungen werden.

Die Staaten der Europäischen Union bewachen ihre Außengrenzen mit militärischem Einsatz, besonders die Länder mit der exponiertesten Lage an der Südgrenze, wie Spanien, Italien und Griechenland. Es beteiligten sich aber auch Länder wie Deutschland, Holland, Frankreich oder Belgien. Sie stellen Schiffe, aber auch Flugzeuge und Bodenfahrzeuge bereit oder bilden Grenztruppen aus, die im Hinblick auf eine gemeinsame europäische Grenzpolizei die operativen Übereinkünfte mit den Polizeikräften der Transitstaaten umsetzen sollen.

Das ist das Europa, das die Europäische Kommission derzeit anstrebt. Ganz im Gegensatz zu den Positionen, die im Europäischen Parlament zum Ausdruck gebracht werden, der einzigen EU-Institution mit direkter Legitimierung durch die Bevölkerung.

Wie Franco Frattini, EU-Kommissar für Inneres und Recht, im Januar betonte: „Die EU braucht Helikopter, Boote und Flugzeuge“. Laut Frattini, der vor allem von der deutschen Ratspräsidentschaft gestützt wurde, ist es notwendig, dass alle Länder, die dazu aufgefordert wurden, sich an der Agentur Frontex zu beteiligen, schnell handeln, wenn der neue Zustrom von Migranten blockiert werden soll, der in den Monaten April, Mai und Juni, wenn die Wetterbedingungen günstig sind, erwartet wird.

Die erschreckenden Daten von *Fortress Europe* sind ein erstes Stück Wahrheit nach Jahren der Desinformation und Lügen, wie die der italienischen Regierung, die sie wegen der Blockade des deutschen Schiffs *Cap Anamur* in internationalen Gewässern verbreitete.

In Zukunft müssen die Aktivitäten der europäischen Schiffseinheiten, die gegen die irreguläre Einwanderung vorgehen, besser dokumentiert werden, besonders die halbverdeckten Operationen wie die großen Anti-Immigrations-Schiffsmanöver, die seit dem Sommer des Jahres 2000 bis zum heutigen Tag stattfinden. Zumindest kann die Öffentlichkeit, die sich offenbar mit diesem Massenmord an Unschuldigen abgefunden hat, so über die Kommandoketten informiert werden und die wahren Verantwortlichen für die vielen Tragödien der irregulären Einwanderung ausfindig machen. Zudem werden die Geschichten dieser Menschen auf der Flucht (ob sie nun vor Not, Hunger oder Krieg fliehen, macht keinen großen Unterschied) bekannt, die versuchen, nach Europa zu kommen und die sich, wenn es gut geht, hinter den Gittern einer Verwaltungshaft wieder finden.

Eine Tatsache ist verbürgt und wird durch die Recherche von Gabriele Del Grande greifbar: jede Verschärfung der Kontroll- und Bekämpfungsmaßnahmen gegen irreguläre Einwanderung verändert unmittelbar die Fluchtrouten, hält aber die Migranten nicht davon ab, sich in Bewegung zu setzen, weder an den Abfahrtsorten noch in den Zielländern. In den Schiffen, die vor der Atlantikküste Afrikas immer südlicher gestoppt werden, entdeckt man mittlerweile Tausende von Migranten, die aus Zentralafrika, Ostafrika oder dem indischen Subkontinent kommen.

Leben, die an einem seidenen Faden hängen. Wenn sie zwischen den Wellen Glück haben, aber durch die europäischen Patrouillen von Frontex an Land zurückgewiesen werden, stehen Internierung oder Sklaverei in Aussicht. Denn Transitländer wie Mauretanien oder Guinea haben nicht die Mittel für die Rückführung von irregulären Migranten in ihre weit entfernten Herkunftsländer. Marokko und Libyen beschränken sich darauf, die Migranten, die sie abschieben wollen, in die Wüste zu schicken, ins Niemandsland. In diesen Fällen erschöpfen sich die Identifikationen in der summarischen Zuordnung einer Staatszugehörigkeit und die Prozeduren der zwangsweisen Abschiebung verwandeln sich in richtiggehende Massenabschiebungen, die von allen internationalen Konventionen verboten werden.

In den vergangenen Jahren nahm Italien in Europa eine Vorreiterrolle bei den Massenabschiebungen in Richtung der so genannten Transitländer wie Libyen oder Ägypten ein. Zahlreiche Migranten, darunter viele potenzielle Asylsuchende wurden in Staaten wie Eritrea, Sudan, Nigeria, Ghana, Mali, aber auch Bangladesch, Pakistan oder Sri Lanka, abgeschoben, dorthin, von wo sie geflohen waren. Die Wende kam mit dem Fall *Cap Anamur* im Sommer des Jahres 2004, als Deutschland die Politik – vermutlich auch im Hinblick auf Wählerstimmen – veränderte. Schiffbrüchigen, die von einem deutschen Schiff gerettet worden waren, wurde der Zugang zum Asylverfahren verwehrt.

In einer Sammelabschiebung wurden sogar diejenigen aus Italien abgeschoben, die vom Europäischen Gerichtshof für Menschenrechte die Aufhebung der Abschiebungsanordnung erreicht hatten. Ein „gefährlicher Präzedenzfall" sollte um jeden Preis vermieden werden.

Die Innenminister Italiens, Großbritanniens und Deutschlands, Giuseppe Pisanu, David Blunkett und Otto Schily, die am 6. Juli 2004 in Sheffield, England, zusammengekommen waren nutzten diese Gelegenheit für eine Übereinkunft, die die Marschrichtung für die darauffolgende europäische Politik bestimmte: Sammelabschiebungen, Zurückweisung auf hoher See, die Auslagerung der Grenzkontrollen sowie administrative Haft. Ebenso experimentierte man kurz danach auf Lampedusa mit Sammelabschiebungen in Richtung Libyen. So geschehen im Oktober 2004 und März 2005, sowie in der Folge bei anderen Gelegenheiten im Laufe des Jahres 2005 von Italien in Richtung Ägypten, trotz der Sanktionen des Europäischen Parlaments und des Europäischen Gerichtshofs für Menschenrechte.

Nach dem Fall *Cap Anamur*, zu dem in Agrigent, Sizilien, noch ein Prozess im Gange ist, halten immer strengere Strafen die Fischerboote und Handelsschiffe davon ab, den Migranten zu helfen. Als ob auf hoher See nicht mehr die internationalen Abkommen gelten würden, die stets zur sofortigen Rettung verpflichten. Denn in internationalen Gewässern sind Strafsanktionen für diejenigen ausgeschlossen, die ohne Profitabsichten irreguläre Migranten in nationales Territorium bringen. Zahlreiche Aussagen von Migranten bezeugen, wie Handelsschiffe und Fischerboote die Bitten um Rettung ignorieren. Manchmal wurde nicht einmal Alarm gegeben, was Dutzende von Menschenleben hätte retten können. Ebenso wurden, nach dem Fall Cap Anamur, Kapitäne, die Rettungsaktionen durchführten, vermehrt wegen Beihilfe zur illegalen Einreise angeklagt und somit kriminalisiert.

Ohne die sofortige Ausweitung von Rettungsaktionen durch zivile Schiffe in internationalen Gewässern riskiert man, dass Hilfe noch häufiger zu spät erfolgt. So wird die Liste der Toten und Vermissten noch länger werden.

Es darf nicht noch mehr Opfer auf hoher See geben. Überlebende dürfen nicht abgeschoben, sondern müssen gerettet und in einen sicheren Hafen geleitet werden. So sehen es auch das Seerecht und die internationalen Konventionen vor.

Die Europäische Kommission hat, im Hinblick auf den Sommer 2007, der Jahreszeit, in der traditionell die Versuche der Migranten, die Überfahrt zu wagen, zunimmt, eine Einladung an die Innenminister der 27 Mitgliedsstaaten gerichtet, Frontex verstärkt ökonomisch zu unterstützen, besonders um die gemeinsamen Patrouillen vor den Kanarischen Inseln und im Mittelmeer zu verstärken.

Das bedeutet erneut Militärschiffe, Aufklärungsflugzeuge, Militärtechnologien und spezialisiertes Personal, um auf hoher See die Flüchtlingsboote zu stoppen und mit jedem

Mittel zu erreichen, dass sie in die Herkunftshäfen zurückkehren. Es scheint unwichtig wie viel Menschenleben das kostet, auch wenn alle EU-Dokumente sich auf die Menschenrechte berufen. Offenbar rufen jedoch solche schwerwiegenden Entscheidungen kein besonderes Interesse von Seiten der öffentlichen Meinung hervor.

Vergessen, entfernen, sich abfinden mit der Normalität der Tragödien der Immigration, die in diesem Buch beschrieben werden, das wäre ganz so als ob man die Opfer der irregulären Migration erneut sterben lassen würde. Noch schlimmer wäre es, wenn man glaubt, und das scheinen einige zu tun, dass diese Tragödien die Entscheidungen derjenigen beinflussen könnten, die versuchen wollen nach Europa zu gelangen.

Wie kann man die schreckliche Geschichte desjenigen vergessen, der, nachdem er auf hoher See gerettet worden war, an Bord der Cap Anamur nach Italien kam, von den italienischen Behörden nach Ghana abgeschoben wurde und dann bei einem zweiten Versuch, das Meer zu überqueren, umgekommen ist. Wie Viele, die mehrmals versucht haben nach Europa zu gelangen, immer wieder, bis sie als Leiche angespült wurden. So erst wieder vor wenigen Monaten auf der Insel Lampedusa bei Sizilien geschehen.

In erster Linie muss auf der Ebene der EU-Institutionen eingegriffen werden. Alle Aktivitäten von lokalen Organisationen sowie von Nichtregierungsorganisationen, die dem humanitären Schutz von Asylsuchenden gewidmet sind, müssen unterstützt werden. Es geht um eine internationale Kooperation von unten, um Hilfeleistungen, die direkt vor Ort in den Gemeinden ankommen. Es geht nicht um die Finanzierung eines autoritär durchgeführten Migrationsregimes, das den grundlegendsten Menschenrechten diametral entgegensteht.

Weiterhin müssen die europäischen Institutionen, die für Einwanderung und Asyl zuständig sind, die tatsächliche Anwendung von EU-Regelungen überwachen. Zudem sollte auch die Handhabung der Rückübernahmeabkommen überprüft werden, möglicherweise auch durch regelmäßige Besuche von Delegationen und durch die Anforderung von Daten und Dokumenten. Die Herausgabe dieser Unterlagen wird von den italienischen Präfekturen und Quästuren verweigert, so auch gegenüber der Ministerialkommission unter der Leitung des Botschafters Staffan De Mistura, die die schwerwiegenden Menschrechtsverletzungen hätte überprüfen sollen, von denen seit Jahren innerhalb der administrativen Haft und bei Abschiebungen berichtet wird.

Abgesehen von den EU-Institutionen bleibt die Rolle der Nichtregierungsorganisationen von grundlegender Bedeutung. Sie werden in vielen nationalen Zusammenhängen sowohl südlich wie nördlich des Mittelmeeres aufgrund ihrer Kritik an Behörden und der Klagen, die sie einreichen, stark „diskriminiert“ und von den Regierungen nicht einmal als Ansprechpartner betrachtet. Durch finanzielle Mittel und Schaffung der notwendigen Infrastruktur müssen die bereits vorhandenen Netzwerke der Migranten-Selbstorganisationen unterstützt werden, um ihrer Stimme die notwendige Beachtung zu verleihen. Das geschieht derzeit trotz unzähliger Schwierigkeiten in Marokko und anderen Herkunftsländern.

Den Unterstützungsnetzwerken von Migranten muss es ermöglicht werden, den Prozess der Reintegration von Abgeschobenen in ihrem Heimatland zu überprüfen. Dabei sollten örtliche Behörden eingebunden werden. Dieses zivile Engagement und nicht die Militarisierung der Flüchtlingsabwehr muss von der Europäischen Union finanziert werden, will sie ihren grundlegenden Prinzipien treu bleiben, auf denen der Vertrag von Nizza und das Projekt der Europäischen Verfassung basieren. So kann Demokratie exportiert werden, ohne dass dafür Waffen notwendig sind. Nicht zuletzt kann so auch verhindert werden, dass erneut das Wagnis einer Überfahrt unter immer verzweifelteren Umständen eingegangen wird. Es ist ein Weg, das Massensterben auf hoher See zu verhindern.

Das UN-Flüchtlingshochkommissariat müsste öffentlich erklären, ob und wo es in der Lage ist, das Recht auf Asyl für die Menschen zu garantieren, die sich an die Büros dieser Organisation in Transitländern wie Marokko und Ägypten wenden. Die Rückübernahmeabkommen mit vielen nordafrikanischen Ländern basieren auf der Voraussetzung, dass diese Länder die Genfer Flüchtlingskonvention unterzeichnet haben.

Wenn man aber die Praxis des Asylrechts betrachtet, stellt man fest, dass dieser Status nur in wenigen hundert Fällen gewährt wird. Die Unterzeichnung der Genfer Flüchtlingskonvention genügt nicht, wenn die einzelnen Staaten in der Praxis die grundlegenden Prinzipien dieser Konvention verletzen und nicht einmal das rasche Eingreifen von UNHCR-Funktionären zulässt. Wenn keine Klarheit über die Situation der Asylsuchenden in den Transitländern geschaffen wird, riskiert diese wichtige Institution der Vereinten Nationen zu einem Feigenblatt zu verkommen, hinter dem sich die schändlichsten Rücknahmeabkommen und schlimmsten Abschiebungen von Flüchtlingen, die Asyl und humanitären Schutz suchen, abspielen. Keinesfalls darf das UN-Flüchtlingshochkommissariat an Rückführungsaktionen mitwirken, bei denen die Polizei Migranten zwangsweise gegen ihren Willen zurück begleitet.

Der UN-Flüchtlingshochkommissar muss dafür Sorge tragen, dass das Recht auf Zugang zu einem fairen Asylverfahren respektiert wird, auch für Migranten, die bei gemeinschaftlichen Patrouillen auf hoher See aufgehalten werden. So wurde Anfang 2007 ein Schiff mit Migranten länger als eine Woche auf hoher See an der Weiterfahrt gehindert, während Spanien, Marokko und Senegal darüber diskutierten, in welchen Staat die Abschiebung erfolgen sollte und somit erneut hunderte von Menschenleben riskierten.

Die Verpflichtung für den Schutz von Menschenleben, auf dem Meer wie auch in der afrikanischen Wüste, müssen stets Vorrang haben vor der Notwendigkeit, Grenzen abzuschotten. Sollte das nicht umgesetzt werden und zivile Rettungsaktionen weiterhin bestraft werden, wird die Zahl der Opfer der *Festung Europa* auch in den nächsten Jahren unerbittlich steigen.

Fulvio Vassallo Paleologo
Universität Palermo
Mai 2007

Li ciuri - Die Blumen

„Anto', li ciuri! Li ciuri!" Auf einem fahrbaren Podest kreischt eine alte, runzlige, mit schwarzen Schleiern bedeckte Frau einem Verwandten zu, dass er ihr *li ciuri* geben soll, die Blumen. Dabei wirft sie alte, verwelkte Lilien auf den Boden. Wenige Meter entfernt bearbeiten die Schaufelbagger den Hügel für den Bau des neuen Friedhofs von Piano Gatta in Agrigent. Zwei lange Reihen von Kassettengräbern aus Marmor umschließen auf vier Ebenen die Seiten der neuen Totenstadt. Sie erhebt sich weiß, mit Blick auf das Meer, hinter dem am Felsen erbauten historischen Ortskern, der an einigen Stellen von Schwarzbauten verschandelt ist. Ein Name und ein Foto auf weißem Marmor, geschmückt mit Blumen und dünnen Kerzen, bewahren die Erinnerung eines jeden Verstorbenen. Nachdem ich alle Gräber abgesucht habe, finde ich endlich das, welches ich suche. Der Friedhofswärter bestätigt meine Befürchtungen. Auf einer einzelnen Gräberreihe gibt es vier Quadrate aus Zement. In der Nähe davon zeigt er mir vier weitere leere Kassetten. „Die haben sie wieder genommen", sagt er. Kein Granit, keine Blumen, kein Name, keine Erinnerung. Lediglich auf der Oberfläche des frischen Zements sind mit einem Nagel fünfstellige Zahlen eingeritzt worden. Jede Zahl entspricht einer Foto-Serie der Autopsien der Leichen. Hinter dem anonymen Kalk ruhen die Opfer eines der schlimmsten Schiffbrüche des Jahres 2006 vor der sizilianischen Küste.

Es ist die Nacht vom 18. auf den 19. August. Ein altes Fischerboot ist drei Tage zuvor vom Hafen von Zuwarah in Libyen ausgelaufen. Man atmet Salz und Hoffnung. Nach zehn Meilen in der Dunkelheit und nur unterm Sternenhimmel schimmert das gelobte Land, Lampedusa. 120 Personen sind an Bord, viele stammen aus Marokko. Die Korvette *Minerva* der italienischen Kriegsmarine kommt näher. Sie ist auf Patrouille im Kanal von Sizilien. Die Jungen denken, dass das die Rettung bedeutet. Die See ist rau, aber alle fühlen sich jetzt ihrem Ziel schon so nahe. Doch nein. Jäh zerbricht die Nacht mit einem dumpfen Aufprall. Während die Schiffe aufeinander zu fahren, führt ein gewagtes Manöver eines der beiden zur Kollision. Das alte Fischerboot zerbirst, Wasser strömt hinein. In ihrer Panik springen die Passagiere auf die Seite, auf der sich die Retter befinden. Das Schiff kentert. Die Wellen verschlingen junge Frauen und Männer. Am Ende der Rettungsmanöver zählt man zehn Leichen und 40 Vermisste. Acht Leichen werden in Piano Gatta begraben, weitere zwei in Favara, nicht weit von Agrigent.

Die Staatsanwaltschaft von Agrigent untersucht die Tragödie. Im fünften Stockwerk des Gebäudes aus Beton und Glas in der Via Mazzini treffe ich Santo Fornasier, den stellvertretenden Staatsanwalt, der für die Untersuchungen zuständig ist. Unter den Papierbergen seines neonlichtdurchfluteten Büros, türmt sich ein 1,20 Meter hoher Stapel von Dokumenten auf – alles gehört zur Akte 5.339. Es ist der 14. Dezember 2006. An der Wand hängen Bilder der Richter Giovanni Falcone und Paolo Borsellino, ermordet von der Mafia. Sie scheinen uns zu beobachten, während der blonde neapolitanische Staatsanwalt meine spontanen Erklärungen zum Fall Minerva vom Bildschirm seines Computers abliest. Die Asche seiner Zigarette fällt auf die Tastatur des Computers.

Ich bin in Agrigent, der Stadt des „Tals der Tempel“ angekommen, um der Staatsanwaltschaft die Informationen zu geben, die ich in Marokko über die Vermissten des Schiffbruchs zusammengetragen habe. An Bord des untergegangenen Schiffs waren mindestens 27 junge Männer aus der Region Tadla Azilal im Herzen Marokkos. Sie kamen vor allem von der Ebene von Khouribga, dem Land der gepflügten Felder und Phosphatminen, 120 Kilometer südöstlich von Casablanca. Fornasier kennt diesen gehauchten Namen, Khourigba; er erinnert sich an den Totenschein von Karima Errafaly und ist sichtlich bewegt, als er ungläubig auf dem Foto die jungen Huriya Awwan, Jahrgang 1980, wiedererkennt. Er erinnert sich an ihre gefaltete Visitenkarte, die mit einem Klebeband auf ihrer Brust befestigt war, damit sie bei der Überfahrt nicht nass würde. Darauf waren die Telefonnummern ihrer drei Brüder in Spanien vermerkt.

Huriya war die Jüngste in der Familie, das einzige Mädchen. In Kasbah Tadla lebte sie allein mit ihren Eltern Mohammed und Wardiya, nicht weit vom Stadtzentrum. Dort, wo der Himmel aus lauter Antennen zu bestehen scheint und man zwischen den Eseln der Fuhrmänner und den Läden von Dolce und Gabbana auch aus frischem Zement erbaute neue Häuser entdeckt, erbaut von stolzen Emigranten, die jeden Sommer nur für einen Monat hierher kommen. Huriya besaß ein Diplom als Informatikerin und dachte, sie könnte in Europa eine gute Arbeit finden. Zwei Jahre zuvor hatte ihr Vater auf dem Schwarzmarkt ein *billet de contrat* gekauft, einen Arbeitsvertrag, den man für ein Einreisevisum nach Spanien benötigt. Dort hätte sie zu ihren drei älteren Brüdern gehen sollen. 3.000 Euro hatte das Papier gekostet. Der Vater war ein Maurer und hatte das Geld durch den Verkauf seines zweiten Hauses mühsam zusammengekratzt. Er hatte es unter jahrelangen Opfern gebaut, in der Hoffnung, dort eines Tages seine Enkel aufwachsen zu sehen. Aber Monate vergingen und die Dokumente kamen immer noch nicht. Huriya wurde unruhig. Die Vorstellung, endlich von der immer eintönigen marokkanischen Provinz wegzukommen, hatte sie erfasst, bis sie zu einer Obsession wurde. Sie konnte es gar nicht mehr erwarten, endlich nach Spanien zu kommen. Von ihren eigenen Ersparnissen nahm sie ein Flugzeug nach Libyen, Ziel Tripolis. Marokkaner brauchen kein Einreisevisum für Libyen. Ihrer Familie erzählte sie, dass sie eine Arbeit als Hausangestellte gefunden habe. Erst später berichtete sie ihnen von Italien und der entfernt verwandten Kusine, die ihr helfen könnte. Die Mutter wollte das nicht, nein, auf gar keinen Fall: sie hatte dunkle Vorahnungen. Das ist viel zu riskant, meinte sie. Aber jetzt ist es zu spät. Huriya lebt nicht mehr.

All das erzählen mir Herr und Frau Awwan während einer Reise durch Marokko, zwei Monate bevor ich nach Agrigent komme. Sie trinken *binnana,* Tee mit Minze, im Wohnzimmer ihres Hauses zwischen Kacheln und Teppichen, einem Diwan, an der Wand ein Bild der großen Moschee von Mekka. Der Vater zeigt mir den Totenschein, den er eine Woche zuvor von der Stadtgemeinde bekommen hat. Er sagt, dass die Rückführung der Leiche 5.000 Euro kosten würde. Das ist schlicht unbezahlbar, zumal die Familie kaum mehr etwas besitzt, nachdem alles verkauft wurde, um der einzigen Tochter ein Leben in Spanien zu ermöglichen. Hierzulande verdient man nicht mehr als 200 bis 300 Euro im Monat. „Noch dazu ist Mohammed zu alt, um noch zu arbeiten“. Wardiya neckt ihren Mann liebevoll, als sie ihre Pantinen abstreift, um mit einem Tablett mit Fanta, Datteln und *sfuf*, geriebenen Trockenfrüchten, ins Wohnzimmer zu treten.

Sie verrät mir ein Geheimnis. In Tripolis lernte Huriya zwei *Passeurs* kennen, zwei Vermittler, die ihr ein Ticket nach Italien verkaufen wollten. ‘Imad und ‘Uthman. ‘Uthman war sehr bekannt, daher wandte sich Huriya zuerst an ihn, um die ‚Grenze zu verbrennen‘, wie man das nennt. Wenige Wochen danach schlug ‘Uthman wütend an die Tür des Hauses Awwan, um zu fragen, was aus Huriya geworden sei, ob sie nach Marokko zurückgekehrt, oder noch in Tripolis sei und wie und wann sie losgefahren sei. Er hatte sie um etwas gebeten, was sie ihm nicht geben konnte, vielleicht ein Bett, vielleicht Liebe. Huriya floh in der Nacht vom 14. zum 15. August zu dem anderen *Passeur*, ‘Imad, um dann in Zuwarah heimlich das Schiff nach Sizilien zu nehmen. ‘Uthman wollte nicht, dass sie losfährt und ihre Ablehnung konnte er nicht akzeptieren. Er erfuhr vom Tag ihrer Abfahrt. Verrückt vor Eifersucht informierte er die italienischen Behörden, um sie zu verraten. Ein übervolles Schiff sei nach Italien unterwegs gewesen und wahrscheinlich untergegangen. Ich puste auf meinen heißen Tee und versuche Frau Wardiya zu erklären, dass diese Geschichte sehr unwahrscheinlich sei und keinen Sinn ergebe. Den Blick auf die großen schwarzen Augen Huriyas auf dem Foto im Silberrahmen geheftet, beginnt sie wie ein kleines Kind zu weinen. Versteckt hinter ihren roten Gewändern tastet sie nach der schwieligen Hand ihres Mannes. Der Tod ihrer Tochter, jung und strahlend, 26 Jahre, ein Traum, ergibt keinen Sinn.

Die Ebene zwischen Khouribga, Beni Millal und Fkih ben Saleh ist bei ihren Einwohnern als das Dreieck des Todes bekannt. Hier gehen die Geister Hunderter von Männern und Frauen um, die auf den Fahrten nach Italien und Spanien ertrunken sind. Aus den Dörfern dieser Region stammen die 34 Opfer vom 31. Oktober bei Cadiz, Spanien, die 64 Toten des Schiffbruchs von Chott Meriem bei Tunesien vom 3. Oktober 2004 und die 50 Opfer vom 19. August 2006 bei Lampedusa.

Tags darauf setze ich meine Fahrt nach Khouribga mit einem *taxi kabir* fort, wie die alten Mercedes 190 mit fünf Sitzen für sieben Personen genannt werden. Auf dem Vordersitz wird es zu zweit etwas eng, aber nach zwei Stunden Sonne, Schweiß und Bob Marley erreiche ich Oued Zem. Das Haus der Familie Talbi befindet sich außerhalb der Medina, in der staubigen Peripherie, zwischen ungepflasterten Straßen, Satellitenschüsseln und Eseln, inmitten von Müll, Schrott, Internet-Cafés und Kaktusfeigen. Zeinab empfängt mich im Wohnzimmer. Ich streife meine Schuhe ab. Mich erwartet die ganze Familie von Saleh, sie sitzen auf roten Polstern ohne Rückenlehne vor einer Reihe von Kissen in dem gelb getünchten Raum. Über dem kleinen TV-Möbel ein rotes Poster von Elvis Presley und Vasen voller Plastikblumen. An der Wand hängen Suren des Koran, *La ilaha illa allah* - es gibt keinen Gott außer Allah - und die goldene Kuppel von Al-Aqsa in Jerusalem, mit einem Auge voller Tränen, das Palästina beweint.

Zeinab ist eine wunderschöne Frau. In weiß gekleidet, die Haare mit einem Tuch zusammengebunden, versteckt sie sich hinter großen Augen und vollen Lippen. Sie sitzt neben ihrem Bruder 'Abd el 'Aziz, 16 Jahre alt. Auf der anderen Seite sitzt die alte Mutter von Saleh, Fatna, eingehüllt in die Falten eines grünen Gewandes, mit dem kleinen, zehn Monate alten Enkel Zouhir im Arm. Der andere Enkel, Mohamed, spielt im Hof mit einem Ball, in der Nähe der Frauen, die in schwarzen Plastikkübeln Wasser aus dem Brunnen fördern. Saleh ist vor allem für sie losgefahren, die Kinder. Er wollte nicht, dass die Kinder erfahren, wie schwer das Leben sein kann. Für sie erhoffte er etwas Besseres als den Lebensmittelladen inmitten der engen Straßen des *Suq* der *Medina*. Nach einiger Zeit begann er, über Italien nachzudenken. Einer seiner Brüder, 'Abd el Magid, war nach Turin emigriert. Er war es, der im vorschlug, loszufahren. Er sagte ihm, dass er ihm eine Aufenthaltsgenehmigung besorgen würde, dass er Geduld haben solle. Aber Saleh hatte keine Geduld mehr. Immerhin wartete er seit 34 Jahren darauf, dass das Leben weniger bitter werden würde. Er hatte vom Traum der Flucht gekostet und unglaubliche hartnäckig dieses Ziel verfolgt. Seine Geduld war zu Ende. Er wollte nicht länger weniger wert sein als seine Nachbarn, mit denen er groß geworden war und barfuß auf der Straße gespielt hatte und die er nun mit Autos aus Rom oder Madrid zurückkommen sah: Sie bauten neue Häuser für die Familie und eröffneten Läden und Teleboutiquen.

Um die Telefonnummer eines *Passeurs* zu ergattern, reicht ein Kaffee in einer Bar oder eine Zigarettenlänge auf dem Bürgersteig. Einmal angekommen in Tripolis, sorgt Walid für alles. Er ist der Mann, der von den Kindern der Landarbeiter, die nicht lesen können, ebenso gefürchtet wird, wie von der jungen Bourgeoisie der Stadt. Zeinabs Mann hatte er am Telefon ein großes Schiff versprochen, auf dem er die ganze Nacht schlafen könnte, um dann am Morgen in Italien wieder aufzuwachen. So ist es jedoch nicht gekommen. Saleh Talbi, Jahrgang 1972, hat sein Spiel mit dem Schicksal verloren. Auch er war auf dem Schiff, das nach der Kollision mit der Minerva, der Korvette der italienischen Militärmarine, am 19. August vor Lampedusa gesunken ist. Zuhause ahnt der kleine Mohammed, dass etwas nicht in Ordnung ist. Er ist fünf Jahre alt, alt genug um zu verstehen, zu leiden und sich zu erinnern. Seit er jeden Tag die Verwandten in Trauerkleidung und unter Tränen kommen sieht, hat er aufgehört zu lachen. Er tröstet die Mama wie ein kleiner Mann. „Papa ist nicht tot", sagt er zu ihr, „weine nicht, denn früher oder später kommt er zurück". Besser so, sagt die Großmutter. Falls er wirklich tot ist, haben die Kinder wenigstens nie den Leichnam gesehen. Der kleine Zouhir streckt sich nach einem Foto von Saleh, das Zeinab mir gerade gegeben hat. Er lacht und gibt dem Papa Küsschen, wie es ihm seine Mama in jenen Tagen gelehrt hatte, an denen ihr Mann weit weg von zu Hause seinem Schicksal folgte. Beklemmendes Schweigen füllt den Raum.

Zeinab beginnt zu schluchzen, während sie in ihrer Hand den Ring ihres Ehemannes hin und her dreht. Sie fixiert mich auf der Suche nach einer Antwort über das Schicksal ihres Mannes. Noch kann sie nicht glauben, dass es wahr ist. Zumindest nicht bis sie den Leichnam des Mannes sieht, den sie liebt.

Auf dem untergegangenen Schiff war auch der Cousin von Saleh, Sufien, auch er stammt aus Oued Zem. Am Tag nach der Tragödie war es seine Familie, die die Nachricht von den Ereignissen im Dorf verbreitete. Sie hatten einen Anruf von ihrem Sohn empfangen, der im Erstaufnahmezentrum in Lampedusa festgehalten wurde. Er berichtete von der rauen See, dem Licht des Militärschiffs und dann dem Schlag, den Wellen und den Ertrunkenen. Zeinab erzählten sie, dass Sufien sah, wie Saleh ertrank. Aber sie weiß nicht, was sie glauben soll. Sie erinnert sich nur an das Echo seiner Stimme, als ihr Mann sie am 12. August das letzte Mal anrief. „Alles läuft gut, es ist alles bereit für die Abfahrt“. Fast so, als ob es wahr wäre. Und außerdem ist die Erzählung von Sufien nicht schlüssig, insistiert Zeinab. Zuerst hat er gesagt, dass er gesehen hätte, wie er ertrank, dann, dass er ihm die Hand gedrückt habe, bevor die Strömung ihn verschlang, dann sogar, dass die Italiener auf ihn geschossen hätten. In der Zwischenzeit fährt der Bruder ‘Abd el Magid in Italien zwischen Turin und Agrigent hin und her, um bei der Staatsanwaltschaft, die den Fall untersucht, Neuigkeiten zu erfahren. Aber in der Akte der Opfer findet sich kein Foto von Saleh. Die Trauer um einen Mann, den man nicht hat Sterben sehen, bei dem aber alle Fakten für seinen Tod sprechen, ist nicht leicht. Zeinab scheint sich dafür entschieden zu haben, die Hoffnung nicht aufzugeben.

Wenige Tage vor der Abfahrt, hatte Saleh ihr eine Simkarte für das Mobiltelefon geschenkt. Keiner kannte die neue Nummer, nie wurde es benutzt. Vier Mal hat das Telefon in den vier Tagen nach dem Schiffbruch geklingelt, stets mit unterdrückter Nummer. Die Kommunikation war jedoch gestört, man hörte nichts und kurz danach war die Leitung unterbrochen. Zweimal wiederholt Zeinab diese Geschichte, ohne zu wissen, ob es irgendetwas zu bedeuten hat. Ein

Hoffnungsschimmer im Herzen genügt eben, um die Aussicht auf Wahrheit zu verdrängen. Nur Saleh kannte diese Nummer... Italien, Libyen, die Welt scheint unglaublich weit weg von den ungepflasterten Straßen von Oued Zem. Zeinab hilft auch das Klingeln eines Telefons, um durchzuhalten, sich darauf vorzubereiten, den Laden zu verkaufen. Sie muss die Schulden tilgen, die ihr Mann gemacht hat, um die Reise zu bezahlen. Sie muss die Familie um Hilfe zum Überleben bitten, bis die Kinder groß genug sind, die Schule verlassen und arbeiten können. Für sie selbst gibt es keine Chance auf dem Arbeitsmarkt. Zuhause muss das Geld auch für den Lebensunterhalt der verwitweten Schwiegermutter reichen und für Salehs behinderten Bruder, der rund um die Uhr Unterstützung benötigt. *Insha'allah*. So Gott es will.

Nicht einmal 'Abd el Magid will eine Bestattungszeremonie für seinen Bruder abhalten, bevor sein Tod eindeutig feststeht. Seit Monaten klopft er an jede Tür, hinter der sich die Wahrheit über das Schicksal des Bruders verbergen könnte. Es gibt nur eine einzige Frage: War er wirklich auf diesem Schiff? Es ist keineswegs naiv, auch das Gegenteil anzunehmen. Schließlich sind Gerüchte hier schneller als die Nachrichten. 'Abd weiß, dass viele kurz vor der Abfahrt verhaftet worden sind und monate- oder jahrelang in libyschen Gefängnissen festgehalten werden. Angeklagt wegen illegaler Auswanderung und ohne dass ihre Familien irgendwelche Nachrichten über sie erhalten. Geschichten dieser Art bestimmen die alltäglichen Unterhaltungen der jungen Arbeitslosen in den Straßencafés der *suqs*. Schließlich sind allein im Jahr 2005 rund 2.500 junge Marokkaner in Libyen verhaftet und nach Marokko ausgeliefert worden. Und am 1. Dezember 2006 nannte der Minister für die im Ausland lebenden Marokkaner eine Zahl von mindstens 763 Landsleuten, die in libyschen Gefängnissen festgehalten würden und kurz vor der Rückführung stünden. Jede Möglichkeit hält die Hoffnung am Leben. Im September reiste 'Abd el Magid gemeinsam mit einer Delegation von Familienmitgliedern der Vermissten und Opfer des Schiffbruchs nach Casablanca, um das italienische Konsulat und das Ministerium für im Ausland lebende Marokkaner zu bitten, den

Fall aufzuklären. Geleitet wurde die Delegation von Paco Belgacem, dem Sprecher der Vereinigung *Amis et familles des victimes de l'immigration clandestine*, der Freunde und Familien der Opfer der irregulären Einwanderung, *Afvic,* in Khouribga.

Khouribga ist eine Emigrantenstadt. Jedes zweite Auto hat cin Turiner Kennzeichen. Im *suq*, zwischen den Marktständen von Dolce und Gabbana, Nike und Versace made in China, gibt es viele italienische Wörterbücher und Grammatiken zu kaufen. Einige Kilometer vom Zentrum entfernt entstehen mit Euros bezahlte Geisterviertel, kleine Häuser, die nur drei Wochen im Sommer bewohnt werden. Denn im August kommen die wieder, die es geschafft haben. Emigrieren ist ein Status. Wem es gelingt, wegzugehen, der steigert sein Ansehen. Es gibt nur ein Ziel: Italien, vor allem die Stadt Turin und die Region Piemont.

Viele der 8.416 Marokkaner, die im Laufe des Jahres 2006 in Sizilien ankamen, stammen aus der Stadt der Phosphate und aus den umliegenden Landstrichen. Was sie bei ihrer Rückkehr berichten, nährt eine Vorstellungswelt, die schon durch jahrelangen eurozentristischen Unterricht, durch amerikanische, italienische und französische Filme auf den Satellitensendern, aber auch durch Werbung, Fußballmeisterschaften oder stundenlange Aufenthalte in überfüllten Internet-Cafés, die sich an jeder Kreuzung der Stadt finden, genährt wurde. Die jüngeren Leute haben Freunde am nördlichen Rand des Mittelmeers, mit denen sie via *Skype* oder *Messenger* kommunizieren. Man muss weg. Im Grunde ist der PC-Bildschirm oder der neueste Hip-Hop-Videoclip realistischer als das Schreien der Esel und das Rufen der Muezzins, das aus den Lautsprechern der Moscheen dringt. Niemand will mehr allmorgentlich die mit Orangen zum Saftpressen oder Bergen von Stoffen und chinesischen Kleidern vollbeladenen Karren für den Markt ziehen. Auf den Gehsteigen sitzt eine verlorene Generation. Auf Hockern zwischen Bürsten, Schuhcreme und Zigaretten warten an jeder Ecke Junge und Alte auf Schuhe, die sie für wenige Cents polieren können. Und während die Straßenfeger die Straßen der

Märkte reinigen, hoffen Männer, dass jemand einen Maurer, Klempner oder Anstreicher für einen Tag benötigt. Offiziell gibt es hier keine Arbeitslosigkeit. Auf dem Personalausweis steht in diesen Fällen unter der Rubrik Beruf, ‚Tagelöhner'.

Wir sind mitten im Ramadan. Das Leben der Stadt ist um einige Stunden verschoben. Morgens um elf Uhr hat noch nichts geöffnet. Auf der Straße ist es ruhig, es ist heiß. Erst gegen vier Uhr nachmittags beginnen die Menschen, sich bei den Bäckereien und Märkten anzustellen, während aus den Häusern der Duft der Süßigkeiten und der Suppen des *futur* strömt, dem Imbiss nach Sonnenuntergang, der das Fasten nach Sonnenaufgang im heiligen Monat des Islam unterbricht. Auf der Straße beginnen die Teekocher zu sieden. Der Duft von Minze vermischt sich mit dem Gestank der alten Dieselfahrzeuge, die die Luft bei jedem Vorbeifahren erneut verpesten.

Nicht weit davon entfernt hat jemand ein Feuer entzündet, um das Gestrüpp hinter dem Haus zu verbrennen. Von den Marktständen, die CDs auf dem *suq* feil bieten, hört man die Stimme von Khaled, ‘Aisha, während nur wenige Meter weiter ein alter Mann mit faltigem Gesicht über einen Lautsprecher Koransuren aus dem Gedächtnis rezitiert. Ein Versuch, den ohrenbetäubenden Lärm der frisierten Motorroller zu übertönen, die sich hupend in die Menschenmenge stürzen. Kaum ist gegen 8 Uhr abends das *futur* zu Ende, ist das Zentrum von Khourigba erneut in Aufruhr. Olympique hat in einem Heimspiel die Far, die Fußballmannschaft der Streitkräfte, geschlagen, damit rückt der erste Platz in der Meisterschaft immer näher. Ein Tross der weiß-grünen Fans mit Trommeln durchzieht die Stadt mit Sprechchören. Die Cafés sind voller Menschen. In den engen Gassen des *suq* bieten die Metzger ihre Sonderangebote an Hackfleisch feil, mit dem man leicht auf dem Grill eine *kafta* in Weißwein zubereiten kann. Dies alles geschieht unter dem wohlwollenden Blick des allgegenwärtigen Mohamed VI., des jungen Königs von Marokko, dessen Bild an den Wänden aller öffentlichen Institutionen prangt.

„Italiener? Wie geht's? Totti". Ein jeder beherrscht das eine oder andere italienische Wort, und jeder zehnte besitzt ein blaues Trikot der Weltmeistermannschaft. Auf dem Markt sind die Schlangenbeschwörer angekommen und die Alten fordern sich gegenseitig heraus, indem sie versuchen, mit Eisenstückchen möglichst nahe ans Ziel zu treffen. Nicht weit davon entfernt, in den kleinen Gärten des französischen Viertels Village, klimpern die Jüngsten auf der Gitarre. Sie spielen Nirvana, während sich die Kinder hinter den Güterwaggons verstecken, die, voll beladen mit Phosphor, auf die Abfahrt Richtung Casablanca warten. Plötzlich ertönt die Stimme Toto Cutugnos aus der Stereoanlage eines Verkaufsstands, der gekochte Schnecken anbietet. „Lasst mich singen, die Gitarre in der Hand. Lasst mich ganz leise ein Lied singen." Diskret bewegen sich die Huren, in Pelzmäntel gehüllt, auf Stilettos, in Jeans, mit Wimperntusche und Lippenstift, in Richtung Café Ranyasin, neben dem Einkaufszentrum. Hier treffe ich endlich Paco Belgacem.

Er arbeitet mit der *Afvic* zusammen und hat ein Dossier über die Opfer des Schiffbruchs vom 19. August vor Lampedusa herausgegeben. Wir bestellen einen *qahwa*, einen starken, schwarzen Kaffee. Er erklärt mir, wie die Kette der *Passeurs*, der Schleuser, funktioniert, das heißt wie man ein Ticket Khourigba – Lampedusa ohne Rückfahrt erwirbt. Auf der untersten Ebene gibt es die *Recruteurs*, die Anwerber. Meist sind das Marokkaner, die in einer Stadt voller Ausreisewilliger leben. Sie verkaufen denen, die wegwollen, Kontakte in Libyen. Solche Leute sind dann leichter erpressbar. Weil sie außerhalb des Rechtsstaats leben müssen, würde sich niemand trauen, einen anderen anzeigen. Was auch immer geschieht.

Im Gegenteil, wenn alles gut geht, sind die Familien dem Wohltäter so dankbar, dass einige *Passeurs* mittlerweile sogar politische Kariere gemacht haben. Einer davon ist der Bürgermeister von Fuqara', einem Dorf vor Khouribga. Er wurde von den Familienmitgliedern der jungen Männer gewählt, denen er geholfen hat, nach Italien auszuwandern. Dieser Weg ist jedoch nicht zwingend. In Libyen können Marokkaner legal ohne Visum einreisen, mit einem Flug Casablanca – Tripolis. Ein gültiger Pass reicht. Viele kommen also alleine in Libyen an, vor allem die Gebildeteren.

Sie lassen sich die Telefonnummern der *Passeurs* von ihren Freunden oder Verwandten geben, die die Reise bereits unternommen haben. In Tripolis angekommen, bringen die kontaktierten *Passeurs*, in der Regel Libyer, die Kandidaten für die Überfahrt nach Zuwarah, einer Stadt an der Grenze zu Tunesien. Entlang der Küstenstriche Zuwarahs erfolgt innerhalb von wenigen Tagen die Überfahrt nach Sizilien. Es wird bar und im Voraus bezahlt, in Dollar oder Euro.

Die Kandidaten werden von einem Hotelbetreiber der Gegend in einer Pension oder in großen Villen beherbergt, oft aber auch zusammengepfercht in Baracken im kahlen Umland oder in kleinen Häusern an der Peripherie.

Die Polizei und die *Passeurs* bilden eine Art gemeinschaftliches Wirtschaftsunternehmen. Gewöhnlich bezahlt die Organisation den Schutz der Ordnungskräfte und verhandelt über die Art und die Zeiträume der für das Image der Polizei notwendigen Razzien. Die Verhaftungen schaden dem gemeinschaftlichen Unternehmen nicht. Denn die *Passeurs* haben bereits den Preis für die Tickets kassiert, der nicht zurück erstattet werden kann und nur für eine einzige Fahrt gilt. Die Polizei kann sich durch die Schmiergelder bereichern, die die Verhafteten zu zahlen bereit sind, um die Freiheit wieder zu erlangen, in bar oder bequem über Geldanweisung der Verwandten.

Wenn das Schiff abfahrtbereit ist, nachdem es zu einem niedrigen Preis gekauft oder gestohlen wurde, befiehlt der Boss die Abfahrt und transportiert die Passagiere nachts an das Meeresufer, weit entfernt vor indiskreten Blicken und sicher vor der Polizei, falls diese nicht ohnehin gekauft wurde. Für die Einschiffung sind andere zuständig.

In letzter Zeit wird es jedoch immer seltener, dass ein Mann des Schleusernetzwerkes selbst am Steuer sitzt. Auch dies ist, neben dem schlechten Zustand der verwendeten Schiffe, ein Grund für die zunehmende Zahl der Tragödien auf hoher See. Fischer und Seeleute ziehen sich zurück, denn sie wissen, dass sie jahrelange Gefängnisstrafen riskieren. So übergeben die Schleuser die Führung des Schiffes einem Freiwilligen unter den Passagieren an. Kurz vor der Abfahrt zeigen sie ihm im Dunkeln bei Fackellicht die grobe Richtung, die er auf dem Kompass verfolgen muss, sie nennen die Dauer der Überfahrt und verraten einige Tricks, für den Fall, dass der Motor sich überhitzt. Oft reichen die ersten hohen Wellen, um das Schiff zum Kentern zu bringen und alle, die nicht schwimmen können, werden von den Fluten verschlungen. Ein trauriges Drama, das sich seit zehn Jahren auf den Routen nach Lampedusa, Malta und Sizilien abspielt und im Kanal von Sizilien in der Zeit von 1996 bis 2006 mindestens 1.929 Todesopfer gefordert hat.

Der größte Teil der irregulären Emigration über Libyen läuft – nach den Beweisen, die *Afvic* gesammelt hat – über eine Organisation, die ein gewisser Walid anführt. Er wird gefürchtet und respektiert zugleich wie die Inkarnation des Bösen. Er ist Libyer, angeblich erst 25 Jahre alt, sehr mager, kränklich und ständig bewaffnet. Einige gehen sogar so weit, zu schwören, dass er einer der Söhne Oberst Ghaddafis sei, aber das sind nur Gerüchte. Eine Überfahrt kann bis zu 3.000 Euro kosten, sie kann aber auch gratis sein. Alles hängt von den Beziehungen und den Umständen ab. Die, die aufbrechen, sind vor allem junge und sehr junge Männer, in letzter Zeit auch Mädchen und sehr kleine Kinder. Aus Marokko bricht man sowohl von den Häusern der Bauern und Landarbeiter, als auch von denen der „guten Familien" auf. Sie sind auf der Suche nach Arbeit oder einer Fata Morgana, entstanden aus Fernsehbildern oder den Erzählungen derer, die zurückgekommen sind. Warum sie irregulär unterwegs sind, ist schnell erzählt. Hierzulande ein Touristenvisum zu erhalten ist so gut wie unmöglich. Und zum Arbeiten kann man auch nicht einreisen, denn dafür bräuchte man eine feste Anstellung – doch wie soll man die von Leuten erhalten, die einen gar nicht kennen.

Am nächsten Tag gehen wir zusammen mit Paco nach Boulanoir. Das ist nur drei Kilometer vom *centre ville* entfernt, und doch erscheint es wie ein anderes Land. Boulanoir breitet sich wie ein Teppich aus Blech und Pappkarton, Rost und Nylonvorhängen vor uns aus. Es gibt keine Straßen, keine Kanalisation, kein fließendes Wasser. Die Elektrizität fließt aus illegal angezapften Leitungen. Wir gehen zu Fuß, es geht leicht bergab, eine Viertelstunde vom kleinen Platz, der Endstation der Taxis, entfernt. Der Boden ist hart und kahl, er besteht aus Lehm und Steinen. Mit Schuluniformen gekleidete Kinder kommen vom Kindergarten oder der Grundschule nach Hause zurück. Weit weg am Horizont sind die Berge der Phosphatminen und die neuen von den Emigranten erbauten Stadtviertel zu sehen. Die aneinander aufgereihten Satellitenschüsseln blicken allesamt in dieselbe Richtung. Es gibt sie in allen Formen und Größen, einige alt und bis zu eineinhalb Meter breit. Der Wind wirbelt den Staub durch die Luft.

Aus den hintersten Winkeln des tiefsten Marokko waren im vergangenen August drei Nachbarn aufgebrochen: Karima Errafaly, 28 Jahre, Samira al-Gari und Sa'idi Mohamed, beide 26 Jahre alt.

Im Hause Errafaly erwartet uns Karimas Vater mit dem Nesthäkchen des Hauses, Nadia, an der Hand. El'arbi ist Schuster. Für diesen Anlass hat er seine Sonntagskleidung angelegt - eine alte italienische Jacke, braun und kleinkariert. Unter seinem Schnurrbart lächelt er, er spricht kein französisch, Paco übersetzt.

Wir lassen unsere Schuhe an der Schwelle eines kleinen Zimmers stehen, das einzige neben der Küche, in der ein Gasherd steht. Die Familien der drei jungen Männer erwarten uns. Sie sitzen im Halbschatten auf Teppichen, inmitten von Kissen, unter einem grünen Wachstuch, das als Überdachung fungiert. Eines der vielen Kinder der drei Familien ist Ashraf, Karimas sechsjähriger Sohn. Karima war die älteste von sechs Geschwistern. Vor zwei Jahren hatte sie sich scheiden lassen, seitdem wohnte sie im Haus ihrer Familie in Boulanoir. In Khourigba arbeitete sie als Hausangestellte und mit ihren wenigen Ersparnissen half sie ihrem Vater, die drei kleineren Geschwister zur Schule zu schicken. Sie wollte weg von den Baracken Boulanoirs, der erniedrigenden Arbeit und den zweideutigen Anspielungen gegenüber einer geschiedenen Frau. Heimlich sprach sie mit Samira darüber, ihrer einzigen Freundin in Boulanoir. Das Glück erhoffte sie jenseits des Meeres. In ihrem Stadtviertel zirkulierten Gerüchte über einen Kontakt nach Tripolis. Schließlich machten sie sich Ende Juli ganz geheim zu viert auf den Weg. Samira wollte ihrer Familie nichts davon sagen, sie erzählte ihnen, dass sie eine Arbeit in Casablanca gefunden hätte und einige Monate fortbleiben würde. Erst wenige Tage vor der Tragödie beichtete sie ihren Eltern, dass sie in Richtung Italien unterwegs war. Das war das letzte Mal, dass sie mit ihr gesprochen haben. Samira war die Jüngste der Familie. Wenige Tage vor unserem Treffen wurden El'arbi und Mohamed, der Vater von Samira zum Standesamt der Gemeinde gerufen.

Die beiden Väter zeigen mir einen auf Arabisch verfassten Brief. Es ist der Totenschein der beiden Töchter. Darin steht, dass sie am 19. August vor Lampedusa ertrunken sind. Für die Überführung der Leichen wären 50.000 Dirham nötig, rund 5.000 Euro. Doch schon beginnen die Bekannten an der Tür zu klopfen, die den beiden Mädchen das Geld für die Fahrt geliehen haben, auf das Versprechen hin, dass diese, einmal in Italien angekommen, rasch alles wieder zurückbezahlen würden. Es gibt keinen Rabatt. In all dem glänzt die marokkanische Regierung mit Abwesenheit. Die jungen *Clandestini* werden auch von ihrem eigenen Land verleugnet. Niemand wird die Rückführung ihrer Leichen bezahlen. Niemand wird eine Rente oder eine Entschädigung an ihre Familien oder Kinder zahlen. All das weiß Ashraf nicht. Weiterhin packt er jeden Morgen seine Tasche, um in die Schule zu gehen. Und nachmittags, wenn er seine Hausaufgaben macht, zeichnet er die Mama zuhause. Für ihn ist sie auf eine Reise gegangen, irgendwann kommt sie wieder. Er versteht nicht, warum seine Großeltern immer so traurig sind.

Von Sa'idi weiß man hingegen nicht, was passiert ist. Der einzige Überlebende der vier Jungs von Boulanoir hatte zunächst geschworen, ihn an Bord des Schiffes gesehen zu haben, dann änderte er jedoch seine Geschichte. Sa'idis Frau hofft, dass er verhaftet worden ist, bevor er an Bord ging. Aber die Geschichte ist umstritten. Sa'idi war Waisenkind und Erstgeborener von fünf Kindern. Er war 26 Jahre alt, aber seit seiner frühesten Jugend arbeitete er, um den kleineren Geschwistern zu helfen. 2003 hatte er Amina geheiratet. Sie erwartete ihr erstes Kind. Dieses Kind sollte nicht die

Härte des Lebens kennen lernen, den Preis des Verzichts, die Erniedrigungen, die seit jeher den Vater begleiteten. Er hatte begonnen, mit einem kleinen Lehrbuch, das er in einer Papierwarenhandlung in der Stadt gekauft hatte, Italienisch zu lernen und in der Freizeit kultivierte er heimlich seine Ambitionen, neben den kleinen Handlangerarbeiten, die er hin und wieder fand. Viele der Jungen, mit denen er auf der Straße aufgewachsen war, kehrten mit neuen metallicfarbenen Autos zurück und zogen nach Boulanoir in die neuen Wohnviertel. Er wollte ihnen in nichts nachstehen. Warum sollte er es nicht versuchen? Sterben? War denn das hier ein Leben? Er war entschlossen, verschuldete sich und fuhr los. Um seine Frau, die im neunten Monat schwanger war, nicht zu beunruhigen, sagte er ihr nichts von Italien; offiziell ging er nach Libyen, um zu arbeiten. Er vertraute sich seiner Schwester in Casablanca an. Nach wenigen Monaten wollte er mit einem schönen Geschenk für sein Kind zurückkehren. Wenige Tage vor der Tragödie gab es eigenartige Vorkommnisse. Sa'idi hatte seine Schwester angerufen, er war alarmiert. Er sagte, dass er nicht mehr losfahren wolle und dass er nach Marokko zurückkehren müsse. Er war aufgeregt. Plötzlich fühlte er, dass er einfach zu sehr am Leben hing, um alles aufs Spiel zu setzen. Aber Walid, der Schleuser, hatte ihm alle Dokumente gestohlen; die Zeugen könnten nicht zurückkehren. Sechzehn Tage später erblickte der kleine Amin als Waisenkind das Licht der Welt.

Sa'idi ist nicht der einzige, der alarmiert zuhause anrief und sagte, dass er gezwungen sei, loszufahren, und bedroht werde. Etwas Ähnliches war auch 'Abd el 'Aziz Dawan geschehen, 42 Jahre alt, der Mann von 'Aisha und Vater von drei Kindern im Alter von zwölf, zehn und fünf Jahren. Auch er befabd sich an Bord des Schiffs, das am 19. August 2006 vor Lampedusa untergegangen war. Seine Frau erzählt mir davon, sie empfängt mich am Nachmittag zusammen mit Paco in ihrer kleinen Wohnung, im Zentrum von Khourigba. Wir treten ein. Ein Flur, eine Küche und drei Zimmer. Zwei davon musste 'Aisha nach dem Verschwinden des Ehemanns vermieten. Für sie und die drei Kinder bleiben nur die

Sofas im Wohnzimmer und die Küche, die sie mit den beiden anderen Familien teilen. 'Aisha kann weder lesen noch schreiben. Sie ist vierzig Jahre alt und arbeitet als Näherin. Aber auf den Ständen des *suq* werden nur noch T-Shirts und „Made in China"-Ware verkauft: sie kosten nur halb so viel wie Handarbeit. Aber die Schule der Kinder muss bezahlt werden und auch die Schulden, die ihr Mann gemacht hatte, um nach Italien zu gehen. Von 'Aziz hat sie seit dem letzten Telefonat vor der Abreise nichts mehr gehört. Er war von Europa richtiggehend besessen. In Khouribga hatte er keine Zukunft. Mit 42 Jahren war er arbeitslos und hatte drei Kinder zu versorgen. Er lebte vom Kleinhandel, verkaufte Sonnenbrillen und T-Shirts auf einem Laken auf den Gehsteigen der Stadt. Es reichte jedoch eine Polizeikontrolle, eine Strafe und die Beschlagnahmung der Ware, um das Geschäft eines ganzen Monats zu verderben. Seine Mutter hatte seit Jahren ein Nierenleiden und war in Dialysebehandlung. Für ihn gab es nur noch Europa. Eine Arbeit dort oben, irgendeine Arbeit, hätte seine Probleme gelöst. Es kam jedoch ganz anders.

Hasan ist dreizehn Jahre alt, 'Azizs einziger Sohn. Er versteckt sich hinter einem Lächeln und scheuen, neugierigen Augen. *Wain baba?* Wo ist Papa? Er schmollt. „Sagt mir nur, ob er lebt, oder tot ist", antwortet er mit der Stimme eines Erwachsenen. Die kurze Zeitspanne einer Nachricht reichte aus, um seine Kindheit zu beenden. Genug mit Spielen. Jetzt ist er der Mann im Haus. Wenn die Mama ihm Kleingeld für Eiscreme gibt, gibt er es ihr wieder zurück. Er sagt, dass sie das Geld braucht. Er isst wenig und schläft nur schwer ein. Wie er, hat sich noch niemand mit der Idee versöhnt, dass sein Papa wirklich tot ist. Der Leichnam wurde niemals aus dem Meer geborgen. Nach der Zeugenaussage eines seiner besten Freunde, der denselben Schiffbruch überlebt hatte, ist 'Aziz zusammen mit 40 Vermissten an diesem 19. August ertrunken. Aber Salima, seine Schwester, glaubt ihm nicht. 'Aziz wollte nicht mehr losfahren, er hatte ihr das am Telefon wenige Tage vor der Abfahrt gesagt, in seinem letzten Telefonat. Er hatte ihr von den entwürdigenden Bedingungen erzählt, in denen er lebte. Seine Dokumente waren beschlagnahmt worden. Er schlief mit den anderen in einem überfüllten Raum, stets bewacht von den bewaffneten Männern der Bande. Er wollte nach Marokko zurück, hatte eigenartige Vorahnungen und war voller Angst. „Wenn es mir gelingt, nach Marokko zurückzukehren, werde ich es Euch bis Donnerstag wissen lassen", hatte er gesagt, „ansonsten rufe ich Euch aus Italien an". Salima riet ihm, sein ganzes Geld herzugeben, um seinen Pass zurück zu erhalten.

Seine Frau 'Aisha hatte ihm seit Jahren immer wieder eingehämmert, dass es zu gefährlich sei. So auch, als er 1999 nach Spanien wollte. Sie wollte nicht, dass er sein Leben auf dem Meer riskierte. Um sie zu überzeugen, bat er um die Scheidung. Aber das änderte nichts an ihrer Meinung. Sturköpfig wie er war, versuchte er sich zwei Mal von Tetouan im Norden Marokkos in Richtung spanische Südküste einzuschiffen. Aber beide Male kam ihm die *Guardia Civil* zuvor und am Tag danach war er schon wieder auf einem der Schiffe auf dem Rückweg nach Tanger, begleitet von Soldaten. Sechs Monate danach ergab er sich. Verschuldet und überwältigt von der Last der Schande, bat er seine Frau in Khouribga um Verzeihung. 'Aisha war sprachlos, als sie im vergangenen Sommer entdeckte, dass ihr Mann sechs Jahre lang an Plan B gearbeitet hatte. Diesmal jedoch an einer sichereren Route, nach Italien. Sie war immer noch dagegen, wegen der Gefahren des Meeres, aber auch weil ihre Freundin Fouzia in Bologna ihr erzählte, dass sie Probleme hatte, als sie ohne Dokumente ankam. Aber er beschuldigte sie, nur die Geschichten der Verlierer zu sehen. „Du willst mir nicht vertrauen", sagte er, „siehst du nicht die, die jeden Sommer mit den neuen Autos zurückkommen? Wenn ich aufbreche, kann ich Geld für die ganze Familie verdienen. Wenn ich hier bleibe, wird sich niemals etwas ändern. Möchtest du, dass deine Kinder so leben wie ich – Sonnenbrillen auf der Straße verkaufen? Siehst du nicht, wie uns die Leute ansehen?" Sie stritten immer mehr, bis er sie eines Tages sogar schlug. Es war das erste Mal. In den zwei Wochen vor der Abfahrt hatten sie nicht einmal mehr Sex, erzählt 'Aisha. Er fuhr heimlich los, nur seine Frau und seine Mutter wussten davon. Heute wissen nicht einmal sie, was aus ihm geworden ist. 'Aisha beginnt zu weinen, sie bedeckt ihr Gesicht und nimmt oft ihre Brille ab. Sie trägt ein weißes Kleid, ihre Haare sind im *hijab* zusammengebunden. Neben mir schnippt der kleine Hasan mit den Fingern. „Ich glaube ehrlich nicht, dass er tot ist", hatte sie kurz zuvor gesagt.

Wir kehren zu Fuß zum Büro von *Afvic* zurück. Es befindet sich hinter der Kirche des Viertels *Village*, inmitten der kleinen Häuser, wo bis vor fünfzig Jahren die Franzosen wohnten. Für Paco ergibt etwas in 'Aishas Geschichte keinen Sinn. „In der Nacht vom 18. auf den 19. August sank das Schiff um 3:30 Uhr. Am Morgen des 19. klopft der Bruder eines der Überlebenden, ein Freund von 'Aziz, um 7 Uhr an die Tür von 'Aisha und sagt ihr, dass ihr Mann ertrunken ist. Die Nachricht ist jedoch erst am Tag darauf in den Zeitungen erschienen." Paco vermutet, dass die Männer von Walid, dcm Libyer, ihn in Zuwarah umgebracht haben. Denn es gibt nichts Gefährlicheres für einen *Passeur*, als einen Zeugen, der Angst hat, einen Mann, der zwischen Leben und Tod wählen kann.

Paco spricht nicht vom Hörensagen. Sein richtiger Name ist 'Abdelhilal Belgacem. Vor zehn Jahren, im Alter von 18, ist er auf einer *patera* knapp dem Tod entronnen. Die *patera* war von den Küsten Tetouans in Richtung Algeciras in Spanien losgefahren. Er erinnert sich noch an jeden einzelnen dieser 15 Tage, eingeschlossen in einer Baracke mit 22 anderen jungen Männern. Das war im Sommer 1996, vor den Toren der spanischen Enklave in Marokko, Ceuta. Keiner hatte damals ein Mobiltelefon, es gab keine Möglichkeit, Familienmitglieder zu verständigen. „In dieser Nacht, konnten wir es nicht fassen, als wir das Schiff gesehen hatten. Es war zwei Meter lang, maximal passten sieben oder acht Personen hinein. Wir waren jedoch 23. Es war Nacht und es gab ein Gewitter, die See war rau. Wir waren alle verängstigt, viele weinten. Wir sahen dem Tod ins Auge. Ich wollte nur nach Hause zurück. Aber sie hätten mich getötet und ins Meer geworfen. Ein Zeuge kann immer reden... Da waren zwei Männer, sie hatten 40 cm lange Messer. Sie stießen uns. Es gab keine Alternative. Einsteigen oder einsteigen. Sie blieben jedoch an Land, unser Geld hatten sie bereits in der Tasche. Ich sagte mir: hoffen wir, dass die Polizei kommt und uns alle verhaftet, so wären wir wenigstens sicher". Der Motor startete jedoch und das Holzboot fuhr los. 'Abdelhilal saß am Bug, der erste der Reihe. „Ich hielt mich mit aller Kraft am Boot fest, ich konnte nicht schwimmen. Ich betete. Es regnete. Das Boot füllte sich mit Wasser, zwischen den Tischen war der Schiffsrumpf voller Löcher".

'Abdelhilal lebte damals in Kasba Tadla, seinem Heimatort. Dort hatte er die Person kennen gelernt, die ihm die Reise nach Europa vorgeschlagen hatte. Er packte ihn an seiner schwachen Stelle – dem Wunsch nach Freiheit. Als er neun Jahre alt war, realisierte er, dass er ein verlassenes Kind war. Seine Mutter hatte ihn nach seiner Geburt einer der Kusinen überlassen. Das Familienklima war sehr angespannt, der Vater war gewalttätig und entmutigte ihn bei all seinen Vorhaben. Nach und nach kehrten die Freunde, die es geschafft hatten, mit ihren neuen Autos aus Spanien zurück und erzählten vom gelobten Land und Real Madrid. Seine Mutter und seine Schwester waren gegen die Reisen. Der *Passeur* selbst überzeugte sie. Spanien bot 'Abdelhilal ein Siegerlos, man müsste sich keine Sorgen machen, er würde im Container eines Frachtschiffs versteckt nach Spanien fahren. Aber in dieser Nacht gab es in Ceuta keinen Handelshafen und keinen Container, nur einen kleinen Strand und ein zwei Meter langes Holzboot für 23 Passagiere, alles junge Männer, abgesehen von einem etwa 40-jährigen Mann mit einem kleinen Kind. Als die *patera*, vollgelaufen mit Wasser, nach wenigen Stunden kenterte, war 'Abdelhilal der erste, der sich im Meer wieder fand. Hier verschwimmt seine Erinnerung, erst einige Minuten danach wird sie wieder klar, unter dem Meeresschaum, dem grellen Licht des Scheinwerfers eines Motorboots der spanischen *Guardia Civil*. „*Tranquilo! Tranquilo*!" übertönte der Mann das Meeresrauschen und den Lärm des Motors, als er ihn unter die Arme greifend aus dem Meer zog und festhielt. Wenige Minuten danach zitterten 23 durchnässte Männer wie Espenlaub, eingewickelt in Decken auf der Brücke des spanischen Schiffs, unterwegs in Richtung Küste. Es hätte tödlich ausgehen können. 'Abdelhilal war noch unter Schock, aber nie und nimmer hätte er sich vorstellen können, dass sie zuhause auf seine Beerdigung warteten. Im Dorf glaubten alle, dass er beim Schiffbruch gestorben sei. Als seine Mutter ihn sah, erlitt sie einen epileptischen Anfall. Tagelang blieb sie verängstigt, wenn sie ihn sah, weil sie es für ein Resultat ihrer Halluzinationen hielt.

Das, was 'Abdelhilal jedoch am meisten bedrückte, war die Last der Schande, mit der er aus dem Norden zurückgekehrt war. Die Blicke der Menschen machten die Erinnerung an den Unfall nur noch schlimmer. 'Abdelhilal fühlte sich wie ein Verlierer. Er schloss sich im Haus ein und wollte nicht mehr ausgehen. Seine Freunde gaben ihm die Kraft für einen Neuanfang gaben aus dem Nichts, zuerst mit dem Studium und dann mit der Arbeit. Am 2. August 2001 gründeten Hicham Rachidi und Khalil Jemmah die Vereinigung der Opfer der irregulären Einwanderung, *Afvic*. 'Abdelhilal begann sofort, mit der Organisation zusammenzuarbeiten, heute ist er deren Leiter der Öffentlichkeitsarbeit. Seit dieser Zeit nennt er sich Paco, der Name seines Retters. Er wäre tot, wenn die Hilfe nur fünf Minuten später erfolgt wäre. Er wurde jedoch wiedergeboren und dieser spanische Polizist hat die Stelle eines Vaters eingenommen, den er nie kennen gelernt hat: obwohl er ihn erneut hätte verlassen können, hat er ihn gerettet und so gewissermaßen neu erschaffen, diesmal nicht aus Versehen. Das, was gestern seine Schande war, ist heute seine Stärke. Wenn er mit den Jungen spricht, den Kandidaten für das „Verbrennen" der Grenze, berichtet er den zukünftigen *harrag* von seinem eigenen Schicksal. Wie man jedoch eine Generation, die auf gepackten Koffern sitzt, vom Bleiben überzeugen kann, weiß er selber nicht.

Hier gibt es keine einzige Familie, die nicht einen Freund oder entfernten Verwandten hat, der auf dem Weg nach Italien oder Spanien ertrunken ist. Unwichtig. Junge Menschen sind selbst mit einer Ausbildung mit 30 Jahren noch ohne Arbeit. Wenn sie eine haben, dann höchstens hinter einem illegalen Verkaufsstand oder als Tagelöhner auf einer Baustelle. Kinder von Landarbeitern verlassen das Land und die Schafe, um in die Stadt zu kommen. Es gibt keine Aussichten, weder die, eine Anstellung zu finden, noch die, eine Familie zu gründen. Ein ganzes Land, das nicht an seine Zukunft glaubt. Ein Land, das die ungleiche Verteilung der Reichtümer ebenso satt hat wie die Launen einer Gesetzgebung, die für die Einen ein bisschen gleicher ist wie für die Anderen. In der Zwischenzeit sausen an den Eselskarren knallige Motorräder und Mercedes mit italienischen Autonummern von denen, die es geschafft haben, vorbei. Junge Männer, die zusammen in denselben von Schotterstraßen und Satellitenschüsseln geprägten Vierteln groß geworden sind. Es ist nicht nur die Armut. Vielleicht ist es das für die Familienväter. Für die Jungen ist emigrieren auch und vor allem ein Statussymbol. Für eine ganze Generation, verführt von Internet, Satellitenfernsehen und Werbung, scheint dies der einzige Weg hinaus aus der Anonymität einer konservativen Gesellschaft zu sein. Der, der in einer unbeweglichen und kraftlosen Umgebung bleibt, wirft seine besten Jahre in einem Leben, das er als vergeudetete Existenz betrachtet, weg: Ein langsames vor sich hin Sterben, Tag für Tag. Genauso gut kann man tatsächlich den Tod riskieren, wobei man jedoch weiß, dass man, *insha'allah*, auch gewinnen kann. Es reicht, in Europa anzukommen. Dann drückt man den Reset-Knopf und beginnt eine neue Partie.

Huriya, Saleh, Karima, Sammira, Sa'idi und 'Aziz kannten die Spielregeln. Am 19. August haben sie verloren. Es bleibt offen, wer gewonnen hat – sieht man einmal von denen ab, die sie auf einem unsicheren Schiff losfahren ließen und sich daran bereichert haben. Auf jeden Fall gehen alle mit einer kleinen Niederlage daraus hervor. Die marokkanische Regierung, die keinen Traum hat, den sie ihren jungen Menschen bieten kann. Die libysche Regierung, die sich der Mafia beugt, die mit dem Leben anderer Geschäfte macht. Der Kommandant der *Minerva,* der trotz seiner Erfahrung das gefährliche Manöver durchführen wollte, sich dem Flüchtlingsschiff zu nähern, anstatt kleine Rettungsboote ins Wasser zu lassen. Die gesamte Europäische Union, die sich gegen eine vermeintliche Invasion verschanzt. Eine Zivilgesellschaft und die Medien, deren Zynismus die mehr als 8.157 Opfer der irregulären Immigration nach Europa dem Vergessen preisgeben.

Am 19. August 2006 hätten Huriya, Saleh, Karima, Samira, Sa'idi und 'Aziz für weniger als 200 Euro ein Flugzeug der Royal Air Maroc nach Rom nehmen können. Dasselbe mit dem ich nach Casablanca geflogen bin, ohne dass mich jemand nach meinem Einreisevisum gefragt hat. Heute wären sie im Haus von Freunden, vielleicht bei der Arbeit und nicht auf dem Friedhof von Agrigent oder am Grund des Kanals von Sizilien. Hätten sie können… Aber nicht alle bekommen eben ein Einreisevisum für Europa. Besonders nicht die Kinder der Armen.

Sunugaal

„*Laissez moi passer*! Lasst mich vorbei, lasst mich vorbei!“ Unter den Hochhäusern des Place de l'Indépendance in Dakar wartet, gut geschützt vor der Sonne, eine Gruppe Neugieriger darauf, dass etwas geschieht. Die Polizei hat entlang des Straßenrandes Stellung bezogen. Ihre Uniformen allein reichen aus, um die Menschen aufzuhalten. Nicht einmal die Autobusse haben die Erlaubnis vorbeizufahren. Eine Frau mit weißer Hautfarbe und rosafarbener Tunika bahnt sich mit arabischen und französischen Rufen den Weg, vorbei an Angestellten eines Reisebüros in Dienstkleidung, Händlern und Straßenkindern. Die Haare hat die vielleicht Fünfzigjährige mit einem ebenfalls rosafarbenen Tuch zusammengebunden. Als sie die vorderste Reihe erreicht, beginnt sie misstrauisch zu schnauben und läuft hin und her, verfolgt von den müden Blicken der schwarzen Polizisten. Auf der anderen Straßenseite hört man kleine Trommeln und Djambén, die im Rhythmus der Sprechchöre in den Fußballstadien und der Volkslieder ertönen. Es sind rund fünfzig Männer und Frauen, gewandet mit langen Tuniken in Fantasiefarben, über ihnen das sechs mal drei Meter große Plakat mit dem Foto des Präsidenten. Das Publikum rast, es gibt tosenden Applaus.

Es ist der Morgen des 15. November 2006. Einem schwarzen Mercedes entsteigt der Erste Bürger Senegals, Abdoulaye Wade. König Mohamed VI. ist auf Staatsbesuch in Dakar. Arm in Arm schreiten Präsident Wade und König Mohamed mit stolzgeschwellter Brust in Richtung Handelsministerium. Dem Zug der Herren in Anzug und Krawatte, der Leibwächter, Journalisten und Fotografen folgt die Menge der farbenfrohen Uniformierten und Neugierigen. Plötzlich wirft sich die eine Marokkanerin in Richtung des Königs, damit er Notiz von ihr nimmt. Ein Polizist hält sie rechtzeitig auf. Sie wirft sich auf den Boden und beginnt auf Arabisch zu schreien. Dabei stürzt sie auf die Straße, die man noch in aller Eile bei Nacht und Nebel asphaltiert hat, weil hier die hohen Gäste entlangkommen sollten. Der Umzug ist vorbei. Es bleibt nur noch Zeit für ein Foto und ein paar leere Versprechungen. Dann schließen sich hinter den beiden Mächtigen die Pforten des Ministeriums. Schluss.

Die Soldaten rollen die Fahnen wieder ein und zählen das Kleingeld, das sie für ihre Dienste erhalten haben. Die Schaulustigen kehren in die Betonsilos der senegalesischen Hauptstadt zurück. An jeder Häuserecke bieten Jugendliche lauthals Telefonkarten, vereistes Wasser in Plastiktüten, einzelne Zigaretten, Bananen und Uhren, aber auch Bohrer und T-Shirts an mit der Aufschrift des Fußballspielers Ronaldinho, dem Fußballweltmeister Italien oder Dolce und Gabbana. Waren, die sie, wenn sie sie nicht hier verkaufen, immer noch zu den Märkten nach Corniche zurückbringen können, wo sie versuchen, Amerikaner und Franzosen vor den Ständen mit Ebenholz und kleinen Ohrringen und in den libanesischen Teppich- und Kebabläden ausfindig zu machen. Gebildete Leute, die auch für einen Hinweis oder eine Führung durch die Stadt gutes Geld zahlen.

Die Marokkanerin ist mittlerweile hinter der blauen Rauchwolke eines alten, verrosteten Renault 12 verschwunden. Nur noch die Polizisten warten an den Straßenrändern, unter den senegalesischen Flaggen bei den Blumenbeeten. Sie rauchen, einer von ihnen kocht sogar Tee auf einem kleinen Gaskocher. Ihren Tag haben sie sich bereits verdient und heute Abend werden sie ihr Gehalt noch einmal mit den „Trinkgeldern" der Taxifahrer und den Jungs mit den Motorrollern aufbessern können. Für alle andern in Dakar hat jetzt das normale Leben wieder begonnen. Jeder dritte Senegalese lebt hier in diesem Moloch – und versucht, zwischen Langeweile, Lärm und Verkehr, zwischen Ziegen, Smog und Hip-Hop, irgendeine Tätigkeit zu finden, um sich das Abendessen zu verdienen.

Ich steige in die Straßenbahn, Linie 13, Richtung Pikine, einem der größten Märkte am Stadtrand von Dakar. Hier sieht man keine französischen Häuser, keine Botschaften, keine Regierungspaläste. Nur ein Gewimmel von Menschen zwischen Marktständen, Plastiktüten, Katzen, großen Sonnenschirmen und Wassermelonen. Die Straßen voller Sand und Müll werden durchpflügt von den gelb-schwarz lackierten Taxis, die inmitten der Menschenmenge und den Eselskarren nur langsam hupend voran kommen. Die Mittagshitze ist auf 30 Grad gestiegen. Am Straßenrand wird Frittiertes zubereitet, Café au lait, gegrilltes Huhn oder Schaf. Alte orangefarbene Mercedes-Abschleppwagen wirbeln Staub auf, bei jedem Gasgeben endlädt sich eine schwarze Qualmwolke aus dem Auspuff. Endlich finde ich den Markt, Sindycat, in Talli Bou Bess.

Sand, Internet Point, Ziegen, Western Union, Bananen und Satellitenschüsseln prägen das Bild. Aus dem Radio eines Mechanikers krächzt in voller Lautstärke die letzte Raubkopie von Jay Z, während auf der Straße der *Wolof* schnalzt. Mädchen mit Flip-Flops und kurzen Hosen kaufen für die Familie ein, auf dem Rücken tragen sie Neugeborene, festgebunden mit einem Tuch. Die neuen Zöpfe, die blonden *estensions*, Haarverlängerungen, der neueste Nagellack und die modischen Cremes, die die Haut aufhellen, werden zur Schau gestellt. Barfüßige, nur mit Lumpen bekleidete Kinder, halten Dosen in die Luft um so Almosen zu ergattern. Ihre Freunde kommen in Schulkitteln aus dem Unterricht. Ein Mann schenkt ihnen ein Baguette, es wird ihm Glück bringen, wenn er sich die Zukunft vom *Marabù* deuten lässt. Teenager in chinesischen Versace-Imitaten oder T-Shirts der Mailänder Fußballmanschaft Inter sitzen hinter den Bänken und lassen den Tag verstreichen. Einige kauen auf einem Zweig, um sich die Zähne zu säubern. Pikine ist weiter vom Zentrum entfernt, als die auf der Karte angegebenen zehn Kilometer. Die großen Polizeiautos sind noch nie bis hierher vorgedrungen, nicht einmal das Echo ihrer falschen Versprechungen.

Ein Junge bricht in Gelächter aus und schüttelt den Kopf. Aus dem kleinen Radio dröhnt die letzte Rap-Single von Awadi und Kirikou. Sunugaal, unsere *Pirogen*.

All eure Versprechungen,
alle eure schönen Worte,
und wir, die wir warten.

Ihr habt mir eine Arbeit versprochen,
ihr habt mir versprochen,
dass ich nie wieder hungern würde,
dass ich einen Beruf, eine Zukunft haben würde.
Ich habe es satt zu warten.
Ich will fliehen,
ich will mich in der Piroga umbringen.
Ich schwöre! Hier bleibe ich nicht eine Sekunde länger.
Lieber sterben als in dieser Hölle leben.
Lieber sterben.
Die Journalisten sind im Gefängnis oder unter Anklage.
Die Opposition ebenso.
Jeden Tag höre ich von euren Skandalen im Radio.
Und in der Zwischenzeit kommen die Verbrecher frei
und all das erscheint normal.
Was ist mit der Arbeit, die ihr versprochen habt?
In Wahrheit wird es mit jedem Tag schlechter.
Ich habe es satt zu warten.
Es sind unsere Pirogen, die untergehen,
unsere Jungs, die sterben.

Nun sprechen alle davon. 2006 blutete der Senegal aus. Mehr als 6.000 junge Männer fuhren auf den Pirogen der Fischer von Mauretanien und Senegal in Richtung Kanarische Inseln los. Für die meisten von ihnen endete die Reise mit der Rückführung - im Flugzeug von Las Palmas oder im Autobus von Nouadhibou. Die anderen haben das Spiel verloren. Sie ertranken im Meer oder starben nach tagelangem Treiben auf hoher See durch Austrocknung und Unterkühlung. Die Nachrichten berichten von 102 Toten, ertrunken am 17. Dezember vor Saint Louis, im Norden des Landes. Eine Woche zuvor kam an den Stränden der Hauptstadt, in Yoff, eine Piroge nach neun Tagen auf hoher See wieder zurück. Sie hatte versucht, den Patrouillen der italienischen und spanischen Schiffe auszuweichen, die Brüssel geschickt hatte. Es gab vier Opfer, mindestens 50 weitere junge Männer starben nach und nach und wurden von den anderen dem Meer übergeben. Allein 2006 starben mindestens 1.024 junge

Männer auf dem Weg zu den Kanarischen Inseln. Sie stammten aus ganz Westafrika.

Das Lied ist zu Ende, der Junge schaltet das Radio aus. Youba, geboren 1984, trägt ein rot-schwarzes T-Shirt der Mailänder Fußballmannschaft Milan mit dem Namen des Spielers Schewtschenko. Ich bin mit Youba verabredet. Gemeinsam betreten wir den Laden seiner Familie. Es ist ein Raum voller Säcke und Waagen, die Wände sind blau und weiß getüncht. Auf einer Seite stapeln sich Mais und Weizen, auf der anderen steht der Ladentisch. Es ist amerikanischer Mais, er kommt aus den USA und Argentinien und kostet 100 Francs das Kilo, rund 20 Cents. Die Hirse und Erdnüsse stammen hingegen aus heimischer Produktion, sie sind etwas teurer. Der Boden ist mit Körnern übersät, die aus den Säcken gefallen sind. Hinter dem Ladentisch hängt ein Bild der großen Moschee von Mekka, das Yassir Arafat, Bin Laden und 'Abdel 'Aziz Sand gewidmet ist. *Allahu akbar.* Gott ist der Größte. Youba gibt mir Mineralwasser und schaltet den Ventilator an. Er freut sich, mich wieder zu sehen. Seit 2000 arbeitet er in Dakar zusammen mit seinem Vater und Großvater. Die 400.000 Francs für die einfache Fahrkarte zu den Kanarischen Inseln waren die ganzen Ersparnisse der Familie. Sie sollten eine Investition für die Zukunft von Youba und seinen 15 kleineren Brüdern sein, die im Dorf Meckhe, nahe Saint Louis, im Norden des Landes leben. In Europa hätte er Arbeit und Geld gefunden. Dakar konnte ihm beides nicht bieten. Er wäre nach Italien gegangen, nach Bergamo, zu den Cousins Malik und Gora, die 1995 gemeinsam aufgebrochen waren. Im vergangenen Sommer hatte er eine junge Deutsche in Dakar kennen gelernt, die dort Urlaub machte. Wie versprochen hatte sie einen Einladungsbrief für ihn an die deutsche Botschaft geschickt. Youba hatte alle Dokumente für das Gesuch eines Touristenvisums für das Schengen-Gebiet präsentiert und auch bereits einen Flug reserviert. Ein Teil von ihm, tief im Inneren, war bereits abgereist.

Sein Traum zerbricht am 15. August 2005 durch ein dürres Nein der Behörde. Nachdem die Tränen getrocknet sind, wird er nach und nach richtig besessen vom Wunsch wegzugehen. Jeden Abend, wenn er den Laden bei Sonnenuntergang schließt, die Luft voll der Gebete des Muezzins des Viertels, fühlt Youba die besten Jahre seines Lebens im Dunkeln dahin schwinden, anonym und arm. Was wäre geschehen, wenn...? Zehn Tage später, am 26. August, nachdem er zum x-ten Mal von Leuten gehört hatte, die kurz vor der Abreise stehen sollte, hielt er es nicht länger aus. Er gesellte sich zu einer Gruppe von 25 Zwanzigjährigen aus den Dörfern zwischen Dakar und Saint Louis. Von Nouadhibou in Mauretanien fahren jede Nacht Pirogen in Richtung Kanarische Inseln los, das ist weithin bekannt. Das Echo jeder Piroge, die losfährt, dringt per *chat* bis nach Dakar. Der, der es schafft, loggt sich ein – hier ist Internet die billigste Art zu kommunizieren – und über E-Mail, Messenger oder Skype schickt er an die Freunde die Telefonnummern der *Passeurs* und Ratschläge für die Vermeidung der Polizeikontrollen in Mauretanien und Spanien. Für die Senegalesen ist es leicht, nach Mauretanien einzureisen, nicht einmal ein Visum ist notwendig. Das Wichtigste ist, einen Reisepass dabei zu haben und einen *Grigri*, einen Talisman aus Leder und Muscheln, den die *Marabù* vorbereiten, um vor den Kräften des Bösen und Unglücksfällen zu schützen.

In Nouadhibou wartet Youba fast zwei Monate lang. Mit zehn anderen wohnt er in einem Zimmer im *Cinquiem rubinet.* Das ist das Viertel der Stadt, das man zuerst erreicht, wenn man die einzige, erst vor kurzem asphaltierte Straße benützt, die von der Hauptstadt Nouakchott hierher führt. Endlich geht es eines Nachts im Oktober los. Mit dem Taxi fahren sie in kleinen Gruppen an einen Strand, weit weg von den Lichtern der Stadt. Dort angekommen stoßen 80 junge Männer eine zehn Meter lange Holzpiroge ins Wasser. Aber es ist bereits zu spät! Irgendjemand hat nicht seine Pflicht getan. Die Scheinwerfer der Jeeps der *Shurta*, der Polizei, beleuchten den Strand. Normalerweise genügt etwas Schmiergeld um die Uniformierten fernzuhalten. Es ist ein wenig wie bei einer Fahrkarte: wer nicht zahlt, fährt auch nicht. Panik bricht aus. Im allgemeinen Davonrennen gelingt es der Polizei, vier junge Männer mit Gürtelschlägen aufzuhalten. Einer von ihnen ist Youba. Sie werden zum Hafenkommissariat gebracht, wo sie die Nacht in Haft verbringen. Tags darauf werden sie in das *Centre d'arrestation Ecole six* nach Jardin gebracht.

„Assalamu 'aleykum, École six min fadlik". *„École six? Ah ila guantanamo!"* Der Taxifahrer lacht unter dem schwarzen Turban, als ich ihn bitte, mich in das *Centre d'arrestation* der *clandestini* zu bringen, *les aventuriers*, die Abenteurer, wie sie südlich der Sahara genannt werden. Und mit ihm lachen die sechs Passagiere des zerbeulten grünen Renault 12. Ein verrosteter Eisenhaufen, der dahinstottert und immer wieder eine blaue Wolke verbrannten Öls ausstößt. In Nouadhibou sind neben den Eseln und den Toyotas der Touristen die Kollektivtaxis die einzige Art des öffentlichen Transports. Sechs Personen haben Platz und für 15 Cents, 50 Oughiyya, befahren sie die wenigen asphaltierten Straßen. Entlang des Asphalts gibt es ringsum nur Palmen und Baracken aus verrostetem Blech. Vor mir befindet sich, verborgen hinter einer Mauer, das, was früher einmal eine Schule war, *École six*. Seit März 2006 wird sie für den Arrest der jungen Afrikaner benutzt, die nach Spanien wollen. Ringsumher sieht man nichts als Blech und die Kartons der Barackensiedlung, einige Kabel, die illegal Strom anzapfen und abenteuerliche Kupferantennen, die an Ästen montiert sind. In der Gegenrichtung, nahe der Goudron, der einzigen richtigen Straße von Nouadhibou, gibt es einen Kilometer lang nur Sand- und Abfallhügel, Autowracks und Scherben. Zwischen all dem Müll versuchen Esel ein wenig Gras zu finden.

Hier enden die Hoffnungen einer Generation im Aufbruch, binnen weniger Stunden werden sie mit einem Schlag zunichte gemacht. Die Regel ist einfach: jeder Ausländer der auf dem Meer, in einer Piroge oder auf dem Strand bei der Abfahrt angetroffen wird, wird sofort verhaftet. Es reicht, nur von einer Überfahrt geträumt zu haben. Ein Gerichtsverfahren gibt es nicht. Noch die ganze Nacht über werden Razzien und Patrouillen entlang der Küste druchgeführt.

Das Zentrum wurde im März 2006 eröffnet. Im Laufe von sechs Monaten waren hier mindestens 4.200 junge Menschen. Die meisten von ihnen kamen aus dem Senegal und wurden in Mauretanien aufgegriffen, nachdem der Motor versagt hatte oder die Vorräte verbraucht waren und sie Tage oder Wochen auf dem offenen Meer dahintrieben. Es sind vor allem junge Männer aus dem Senegal oder aus Mali, aber auch aus Gambia, Guinea und der Elfenbeinküste.

Um ins Zentrum zu gelangen, gebe ich mich als ein Freiwilliger des spanischen Roten Kreuzes aus, das die Insassen mit Sandwiches und Decken versorgt. Finanziert wird das Rote Kreuz mit denselben Geldern, die die Verhaftungen und Abschiebungen ermöglichen. Der Wärter öffnet das Tor für mich. Hinter der weißen Mauer befindet sich ein Hof mit einem Sandboden und ein einstöckiges Gebäude, an der Seite die Toiletten. Eine der beiden Eisentüren ist geschlossen. Während ich auf die Ankunft der Freiwilligen warte, betrete ich das Zimmer der Soldaten, wo drei Männer in Sandalen und Militäruniform Tee zubereiten, geschützt vor den 30 Grad Hitze im November. Auf den Feldbetten der Soldaten sind einige geschlossene Handschellen und aus den kleinen Schränken lugen Schlagstöcke hervor. *14 days here* ist das einzige Zeichen an der weiß getünchten Wand; *Correct man* war hier.

Endlich kommen die Anderen. Ahmed öffnet die doppelt verriegelte Tür. Die jungen Männer schützen sich vor dem Licht, das in den halbschattigen Raum dringt. 29 Menschen sind in dem sechs mal acht Meter großen Raum eingepfercht. Die Fenster sind vergittert, die Tür ist Tag und Nacht versperrt und wird nur zur Essenszeit und für den Toilettengang geöffnet. Es gibt keine Matratzen. Die Gefangegen schlafen aneinander gereiht. Die Luft ist verbraucht und die Kleider kleben an der schweißnassen Haut. „Heute ist niemand hier", scherzt ein Freiwilliger. Ich habe einen guten Zeitpunkt erwischt. Morgen ist *'Id al fitr*, das Fest am Ende des Ramadan, niemand wurde an diesen Tagen verhaftet. Sonst sind bis zu 100 oder 200 Menschen hier im Zentrum. Für gewöhnlich bleiben sie zwei oder drei Tage, erklärt mir Paolo Leotti aus Mantua, der für die Verwaltung der Mission des Roten Kreuzes verantwortlich ist. Sonst sind mehr hier, wie *Correct man* schreibt und mir einige Gambier erzählen, die seit elf Tagen festgehalten werden. Binnen einer Woche, vermutlich nach den religiösen Festtagen, werden sie an der Grenze abgeschoben. Die Senegalesen in Rosso, auf dem

Fluss Senegal, die Männer aus Mali und alle anderen in Nioro. Die Abschiebung erfolgt mit Kleinbussen, gemietet mit spanischem Geld. In der Regel wird mit der Abfahrt so lange gewartet, bis genügend Passagiere zusammen gekommen sind. Im Moment laufen Verhandlungen mit Internationale Organisation für Migration IOM für die Übernahme der Abschiebungen. Bedingung für die IOM ist aber, dass diese Abschiebungen als „freiwillige Rückführung" deklariert werden.

Will u stop like this illegal migration? Die Wände sind voller Graffiti, mit Tinte und Pinsel gemalt. Sie erzählen von der Wut derer, die eine Schlacht verloren haben, jedoch nicht ihren ganz persönlichen Kampf gegen die Not. *Dead or alive we must go.* Vorm Sterben hab' ich keine Angst. *It's time to die, it's time to move.* Ein Gambier zeigt mir die abgestumpften Gesichter seiner Zellengenossen und fragt mich, ob mir all das hier menschlich erscheint. „Wir haben kein Verbrechen begangen, wir sind keine Kriminellen", sagt er. Er schüttelt den Kopf. „Morgen versuche ich zu fliehen, ich lasse mich nicht nach Hause zurückbringen".

„*Look at this!*" Schau! Madi Boy berührt mich an der Schulter. Ich drehe mich um. Er kommt aus Gambia, spricht gut englisch und zeigt mir die Spuren der Schläge, die er abbekommen hat. Neulich Abend war er zusammen mit Youba an der Bucht. Ein Freund aus Gambia war von den Agenten im Kommissariat beraubt worden und Madi hatte ihn verteidigt, wobei er sich Schläge und Fußtritte einhandelte. „Draußen hätte ich ihn geschlagen, aber wenn einer Uniform trägt ist es besser, sich nicht noch mehr Probleme aufzuhalsen". „Was machst du, gehst du nach Hause zurück?" frage ich ihn. „Sicher, nie wieder *clandestino*". Madi Boy ist immer noch unter Schock. In Banjul hat er soeben sein Chemiestudium abgeschlossen, zuhause hat er eine Frau und ein eineinhalbjähriges Kind. Er stammt aus einer Familie der Mittelklasse und war bis jetzt noch niemals im Knast. Und noch nie hat er die Not kennen gelernt, der er sich stellen muss, um seine Rückreise von Rosso nach Banjul zu finanzieren. Er will immer noch nach Europa, in Afrika kann er mit seinem Studienabschluss nichts anfangen. Aber für nichts in der Welt würde er noch einmal die Hölle durchqueren, die er hier drinnen erlebt hat. „Noch zwei Wochen in diesem Mäusekäfig und du verlierst den Verstand“. Er wird sich um ein Visum bemühen. Mustafa jagt ihn scherzhaft zum Teufel. Er weiß sehr wohl, dass die Schengen-Visa in Niemandes Reichweite sind[1]. Er kehrt nicht nach Hause zurück. Spanien ist jedes Risiko wert. Und wenn er in Rosso abgeschoben wird, nimmt er ein Taxi nach Nouakchott, der Hauptstadt von Mauretanien, wo ihn seine Mutter erwartet. Von dort wird er versuchen, erneut loszufahren. Mit leeren Händen kehrt er jedenfalls nicht zu seiner Frau und den Kindern in Dakar zurück.

Wer weiß, was mit dem vierten Mann der Gruppe um Youba und Madi Boy geschehen wird, er ist unter Arrest im Polizeikommissariat am Fischerhafen. Mir gelingt es erst, ihn zu sehen, als wir uns mit den mauretanischen Freiwilligen des Roten Halbmond, der islamischen Schwesterorganisation des Roten Kreuzes, dort treffen. Youba erzählte mir, dass sie in der Nacht der Verhaftung mit Gürtelschlägen und Fußtritten traktiert wurden. Den vierten kannte keiner. Er wollte weder seinen Namen noch seine Nationalität preisgeben. Er schwieg. Die Polizisten schlugen ihn, um ihn für sein Schweigen zu bestrafen und schlugen die anderen, als ob sie seine Komplizen seien. Als wir den kleinen Raum der s*hurta* betreten, finden wir dort drei Männer mit weißer Hautfarbe und in Uniform, ausgestreckt auf einer Matte. Das Radio läuft, ein vierter Mann bereitet Tee zu. Auf der Schwelle zur Sicherheitszelle sitzt ein Junge mit verschränkten Beinen, seine Augen sind gerötet, sein Blick wirkt verloren, wie bei jemandem, der nicht schlafen kann. Madame Amina grüßt den Korporal, sie bringt dem Gefangenen das Essen. Der Mann erinnert sich an den Jungen, der *en cellule* festgehalten wird,

[1]Das Schengen-Visum ermöglicht die Einreise in Schengen-Länder, d.h. in die Mitgliedsländern der Europäischen Union – abgesehen von Großbritannien und Irland – aber auch nach Norwegen und Island, auf der Basis des Abkommens, unterzeichnet 1985 in der gleichnamigen Stadt in Luxemburg; in Kraft getreten zwischen 1995 und 2005. Die Schengen-Verträge sehen die Abschaffung der Grenzkontrollen zwischen den Unterzeichnerstaaten, gemeinsame Grenzkontrollen an den Außengrenzen und eine gemeinsame Visumpolitik vor.

er schreit auf *Hassaniya*, dem mauretanisch-arabischen Dialekt, dass er in seine Zelle zurückgehen soll. Der Junge bleibt davon unberührt, er zuckt nicht einmal mit der Wimper. Der Soldat kommt näher und hebt drohend seine Hand, um an die Schläge von gestern zu erinnern. Aber der Junge, gekleidet in Jeans und einem T-Shirt der Los Angeles Lakers sieht das nicht. Wütend beginnt der Oberst zu schreien, reißt Amina das Sandwich und den Joghurt aus der Hand und wirft sie auf den Boden der ein Mal zwei Meter großen Zelle. Der Junge schafft es in letzter Sekunde dem Fußtritt auszuweichen, indem er einen Meter zurückspringt. Das reicht, der Mann in Uniform sperrt die Zelle wieder zu. Vielleicht hat er sich deshalb nicht bewegt. Wer weiß, wann sich das Dunkel wieder öffnen wird. Vielleicht heute Abend zum Essen, vielleicht auch zur Strafe erst morgen. Wer weiß.

Die Grausamkeit überrascht die mauretanischen Freiwilligen nicht sonderlich, noch weniger die spanischen und italienischen Verantwortlichen des Roten Kreuzes. Im Gegenteil, sie verbieten mir ein weiteres Mal die *École six* aufzusuchen. Meine Empörung über die Behandlung der jungen Männer im Zentrum und im Kommissariat hat sie wohl plötzlich misstrauisch gemacht.

Aufgrund des in Mauretanien deutlich spürbaren erhöhten Rassismus ist das Risiko schlechter Behandlung der jungen Afrikaner, die wegen irregulärer Migration in Haft sind, noch größer. Seit der Erlangung der Unabhängigkeit von Frankreich 1960 sitzt in Mauretanien eine weiße Minderheit der Mauren an allen Schaltstellen der Macht. Vor dem Militärputsch durch Ely Ould Mohamed Vall im Jahr 2005, waren 20 von 27 Ministern Weiße, obwohl die Mehrzahl der mauretanischen Staatsbürger Abkömmlinge schwarzer Sklaven sind oder den schwarzen Bevölkerungsgruppen der Haalpulaar, Soninke oder der Wolof angehören, die aus Mali oder Senegal in den Jahren der Unabhängigkeit eingewandert sind. Der Rassismus macht sich im Zusammenleben bemerkbar, im Fortleben der Sklaverei im häuslichen Bereich und in den Razzien der Polizei in den Vierteln der Schwarzen. Die Sklaverei wurde erst 1981 per Gesetz abgeschafft, und doch arbeiten weiterhin Tausende von Männern und Frauen, die als Schwarze im Haus ihrer weißen Arbeitgeber geboren wurden, im Haus und auf den Feldern für einen Teller Couscous am Abend und einen Schlafplatz. Im März 2006 wurde der freischaffende Journalist Mohamed Lemine Ould Mahmoudi wegen seiner Reportage über die Sklaverei in Mederdra, im Südwesten Mauretaniens, verhaftet. Ihm wurde vorgeworfen, die Sicherheit und die diplomatischen Interessen des Landes anzugreifen. Eine gerechte Verurteilung, meint der Zeitungsverkäufer vor meinem Campingplatz, denn „es ist nicht wahr, dass wir unsere Sklaven schlecht behandeln".

Heute ist *'Id al fitr*, das Fest zum Abschluss des Ramadan, der Tag an dem das Fasten des heiligen Monats beendet wird. Jede Familie hat sich zum Mittagessen versammelt und den Nachmittag in der Stadt verbracht, um Freunde zu begrüßen und einander Glück zu wünschen. Dasselbe taten einige Männer aus Mali in Keirant, dem Viertel hinter dem Hafen, wo sich Tausende junger Männer versammelten, um in Richtung Spanien aufzubrechen. Abends begannen sie, auf dem Platz Musik zu machen, begleitet von Tänzen und Djambé. Eine provozierende Kontrollaktion der Polizei dient als Auslöser. Die Leute besitzen keine Erlaubnis, auf einem öffentlichen Platz zu feiern. Ein Wort zu viel und das Chaos bricht aus. Auf der Straße blockiert die Menge der Neugierigen den Verkehr. Unter dem Licht der Lampions halten die Polizisten zwei oder drei junge Männer fest und bedrohen sie. Die Menge der Neugierigen auf der Straße johlt, die mit schwarzer Hautfarbe rennen lieber davon. Aber ein Jeep der *shurta* bahnt sich bereits einen Weg in den schmalen Straßen zwischen den Baracken und Abfallbergen, die nach dem Markttag übrig bleiben.

Glücklicherweise ist Mamadou nichts geschehen. Er arbeitet als Wächter am Eingang des Campingplatzes Baie des Lévriers auf dem ich übernachte, genau gegenüber vom Kommissariat. Wie die anderen ist er auf dem Weg in Richtung Kanarische Inseln. Geboren in Mali 1972 und aufgewachsen in Gambia, spricht er korrektes Englisch, Französisch, Bambara und Wolof. Drei Jahre sind es nun schon, seit er für *en aventure*, aufgebrochen ist, wie sie hierzulande sagen. Im Dorf in Mali, in dem er geboren wurde, lebt nur noch seine Mutter. Mamadou hat Krieg und Armut kennen gelernt. Sein Vater starb 1981 und seine fünf älteren Brüder hat dasselbe Schicksal ereilt, aufgrund verschiedener Krankheiten. Auch sie waren an die Elfenbeinküste und nach Gambia emigriert. Als er die Teekanne vom Tisch nimmt, um unsere Tassen zu füllen, erzählt er mir von seiner ersten Fahrt auf der *Piroga* und schüttelt dabei den Kopf. Es war Ende 2005. Sie waren 38 Mann und fuhren nachts gerade los. Aber schon nach 200 oder 300 Metern setzte ein Motorboot allen Hoffnungen ein jähes Ende. Mamadou schwört, dass die *Passeurs* mit der *shurta* unter einer Decke steckten, dabei lacht er bitter. Hier kauft man alles, sagt er.

Das zweite Mal hingegen, ein Jahr später, ist es der Motor, der sie mitten im Meer im Stich lässt. Der Mann am Steuerrad hängt vermutlich mehr als alle anderen Passagiere an seinem Leben und entscheidet – nachdem er den alten 40 PS Motor wieder in Gang gebracht hat – unter Protest wieder nach Cap Blanc zurückzukehren. Bei ihrer Ankunft werden sie schon von den Uniformierten der Gendarmerie erwartet. „Natürlich versuche ich es noch einmal“. Mamadou hat bereits entschieden. Mit Afrika ist er fertig. Er ist die Korruption und Not leid und verführt vom europäischen Traum. Er möchte nach Italien oder nach Dänemark und will eine weiße Ehefrau. Mamadou hat keinen Beruf und hat nicht studiert, er kann gerade einmal mehr schlecht als recht lesen und schreiben. Hier arbeitet er für wenige Euro im Monat auf dem Campingplatz von ‘Ali. Er bittet mich, ihn nach Keiran zu begleiten.

In den kleinen Straßen des Viertels ist es richtig dunkel, aber Mamadou kennt jeden Winkel, ihm reicht das grüne Licht des Nokia-Handys, mit dem er nach wenigen Minuten ein kleines Schloss anleuchtet. Einmal den Schlüssel herumgedreht, einen Schlag gegen die alte Eisentür und wir sind in seinem Reich, ein zwei Mal zwei Meter großes Zimmer. Hier schläft er zusammen mit einem anderen Freund aus Mali, der sich nachts das Brot in einer Fischfabrik unten am

Hafen verdient. Er zündet eine Kerze an. Von der niedrigen Decke hängen Kleider, ein paar Hosen und kurzärmlige Hemden. Es gibt keine Fenster, nur eine einzige Tür. Auf der Erde liegen zwei Schaumstoffmatratzen, vier Zentimeter hoch. „Es ist eng hier, aber billig“. Mit fünf oder sechs Euro im Monat schaffen sie es eine Monatsmiete zu begleichen. Mamadou wühlt hinter einem Berg von Wäsche und zieht schließlich eine durchsichtige Dose hervor. Im Kerzenlicht leert er den Inhalt auf die Schaumstoffmatratze. Es ist das Trinkgeld der Touristen des Campingplatzes. Ein paar Euromünzen und marokkanisches Kleingeld, Dirham. Er bittet mich, seinen Schatz in Oughiyya umzutauschen. Er weiß nur zu gut, dass er ein Jahr brauchen wird, um die 500 oder 600 Euro zu verdienen, die Aidra, der *Passeur* der malianischen Gemeinde in Keiran, für einen Platz in der *Piroge* verlangt. Im Ausland hat er keine Verwandten die ihm helfen könnten und mit dem Gehalt, das ‘Ali ihm zahlt, kann er gerade mal überleben. Er sitzt in einem fremden Land fest, ohne Geld und vor allem ohne Rechte. Wenn er aus irgendeinem Grund die Polizei rufen würde, würde das erneut *École six* und dann Mali bedeuten. Aber eine Rückkehr steht außer Frage. Von den 38 jungen Männern, mit denen er sich zum ersten Mal eingeschifft hat, sind nur noch drei in Nouadhibou. Die anderen arbeiten mittlerweile in spanischen Fabriken oder auf spanischen Feldern, oder sie liegen auf dem atlantischen Friedhof. Gebeine und Hemden von mindestens 2.929 jungen Menschen, für immer versunken in den Abgründen des Vergessens auf dem Weg ins Paradies.

In Wirklichkeit gäbe es eine Möglichkeit. Nicht alle Reisen werden von den großen *Passeurs* organisiert, es gibt auch *Pirogen*, die von den Fischern selbst verwaltet werden, aber sie sind seltener und werden eher von den Patrouillen der Küstenwache ins Visier genommen. Trotzdem reicht die geheime Information eines Freundes der losfährt, um den Ort und Zeitpunkt der Abfahrt zu erfahren. Der Rest geht schnell. Es reicht, aus dem Dunkeln der Nacht zu kommen, während alle ins Boot steigen und es ist geschafft. Eingepfercht wie die Sardinen, wird man kaum bemerken, wenn einer mehr an Bord ist – und falls man es entdeckt, ist es schon zu spät. Einmal losgefahren, kommt es nur noch darauf an, anzukommen. Mamadou hofft, dass er solch eine Chance bekommt, um von hier loszufahren.

So macht es auch Marcel aus der Elfenbeinküste. Er war in Libyen, um von dort nach Sizilien aufzubrechen. Sein Bruder hatte ihm aus Dänemark das notwendige Geld mit *Western Union* geschickt. Das Boot ist jedoch nie losgefahren, denn die Passagiere wurden von der libyschen Polizei verhaftet. Nach sechs Monaten im Gefängnis von Fellah in Tripolis, ist es ihm gelungen, einen Wärter zu bestechen und er ist in den Süden zurückgekehrt, den Ratschlägen eines Freundes folgend, der von Mauretanien aus nach Spanien eingereist ist. Heute arbeitet er mit Mamadou auf dem Campingplatz von ‘Ali. Er hat jedoch weder das Geld, um die Reise fortzusetzen, noch genug, um nach Abidjan zurückzukehren – selbst wenn er das wollte.

„You can't blame them". Du kannst es ihnen nicht verübeln. „Die Gesellschaft in unseren Ländern ist auf allen Ebenen korrupt, das, was in Europa Rechte sind, sind hier Gefälligkeiten, die im Austausch von Geld oder Wählerstimmen gegeben werden. Unsere Politiker denken nur an die unmittelbare Zukunft. Sie verschwenden das Geld des Landes, um die eigenen Familien zu bereichern, es gibt nicht einmal ansatzweise einen Plans für die wirtschaftliche Entwicklung. Wir haben nichts, das wir unseren jungen Leuten bieten könnten, nämlich denen, die aufbrechen, um in der *Piroge* zu sterben". Der, der das sagt ist der Präsident einer der Gemeinden Westafrikas in Kairan. Er bittet darum, anonym zu bleiben, während wir am Schreibtisch in seinem Schlafzimmer sitzen, unter einem alten Plakat von Rambo III. Unser Gespräch wird hin und wieder vom Ballspiel der Kinder im Hof unterbrochen. Seine Frau ruht sich derweil hinter einem Vorhang aus. Die irreguläre Einwanderung? „Sicherlich wird sie zunehmen. Die Kontrollen nützen nichts. Hier wächst die Not, es ist jedoch unmöglich in Europa mit einem Reisepass einzureisen, um eine Arbeit zu suchen". In Nouadhibou, erklärt er, fährt man von den leicht zugänglichen Gebieten nahe der Hafenbucht los. Die Kandidaten warten

wochenlang, zusammengepfercht in kleinen Zimmern, *Ghettos* genannt, in Nimoro, in Cinquiem rubinet, außerhalb der Stadt in Richtung Nouakchott, aber auch hier in Kairan. Sie werden nachts an den Strand gebracht, versteckt in einem Kühltransporter der Fischereien im Hafen oder in kleinen Gruppen in Taxis. Die Polizeikontrollen sind lediglich ein Geldproblem. Um sicher zu sein, auch wirklich losfahren zu können, muss man für die Fahrt über Land die *shurta* kaufen, für die auf dem Meer die Gendarmerie.“ Die Organisation ist in den Händen der *Passeurs* aller ethnischen Gruppen, aber besonders in der von Senegalesen, Gambiern und Maliern. Oft stehen sie in Kontakt mit Vermittlern in den Herkunftsländern, den sogenannten Rekruteuren. Die idealen Klienten sind jung, ungebildet und kommen aus den ärmsten Dörfern. „Viele sehen in Nouadhibou zum ersten Mal in ihrem Leben Elektrizität“.

Die mauretanischen Boote nehmen zwischen 30 und 60 Personen an Bord, maximal 80, im Unterschied zu den 100 - 200 der senegalesischen *Pirogen*. Eine Überfahrt kann zwischen 1 und 2 Millionen Oughiyya kosten, das entspricht 3.000 - 6.000 Euro. Mehr als eine Million zahlt man für jeden der beiden Motoren – einer wird zusätzlich mitgeführt – und für 200 Liter Treibstoff, dazu kommen die Kosten für den Kompass oder, im besten Fall, für ein GPS-Satellitennavigationssystem. Der Boom der Einschiffungen begann erst Ende 2005. Zuvor fuhr man nur selten los, und wenn, versteckt in den Frachtladungen. Das kostete 2.000 bis 3.000 Euro. In diesen Jahren fuhr man von der Westsahara aus los, von der Küste zwischen Tarfaya und El ‘Ayun. Tausende Jugendlicher aus ganz Westafrika kamen dort an, nachdem sie Mali, Algerien und Marokko durchquert hatten. Aber die von Rabat und Algier angeordneten Massenverhaftungen im Jahr 2005 und die gleichzeitige Militarisierung der Küsten der Sahara, verschoben die Abfahrten zum Archipel in den Süden. Die Reise dauert jetzt länger, aber den senegalesischen Fischern flößt das Meer keine Angst ein. Die Zunahme der Abfahrten 2006 hat den Markt der heimlichen Einwanderung angeregt und die Preise bis zu 300 bis 500 Euro pro Kopf gesenkt. Vor allem Männer brechen auf, aber auch

Frauen sind darunter, für gewöhnlich zwei oder drei auf jedem Schiff, und Kinder, selbst Neugeborene. In der Mehrzahl sind es Senegalesen, Gambier und Malier. Die Mauretanier legen sich mit dem Meer lieber nicht an.

„Sie sind mutig, ihnen fehlt jedoch die Abenteuerlust. Auch hier herrscht Not, doch warum sollte man weggehen? Gott wacht und trifft Vorsorge. *Insha'allah*". Ahmadou Ould Faye, Präsident des mauretanischen Roten Halbmonds erklärt sich so die Tatsache, dass aus Mauretanien alle außer den Mauretaniern selbst losfahren. Von den 4.200, die im zweiten Halbjahr 2006 im *Centre d'arrestation École six* interniert wurden, sind nicht mehr als etwa hundert Mauretanier. Die Beobachtung von Ould Faye ist gar nicht so unwahrscheinlich. Wer losfährt, weiß, dass er dem Tod entgegen geht. Die Nachrichten zirkulieren und die Gerüchte verbreiten sich in Windeseile. Viele haben Reisegefährten sterben sehen oder die Geschichten von ertrunkenen Freunden gehört. Und doch macht das Sterben keine Angst mehr. Weggehen wird zur Obsession und die fetischistische und fatalistische Kultur Schwarzafrikas hilft, die Ängste zu betäuben. Alle Jungen, die die Dörfer und Städte Westafrikas verlassen, haben ein *Grigri* bei sich. Die Ledergürtelchen oder Armbänder aus Leder und Muscheln kaufen sie bei den *Marabù*, den Medizinmänner und Wächtern über die traditionelle Medizin in diesen Ländern. Die *Grigi* dienen dazu, den Schutz der Geister anzuziehen, sie helfen gegen die Kräfte des Bösen und schützen vor dem bösen Blick. Es gibt welche gegen das Ertrinken, gegen Pistolenschüsse und sogar dafür, dass man in gefährlichen Situationen unsichtbar wird. Von Dakar bis Kinshasa begleitet die Magie und ihre Riten das Leben der Reichen und Armen, Gebildeten und Analphabeten. Präsidenten, Minister, Geschäftsmänner, Fußballspieler haben ihren *Marabù,* dem sie vertrauen, um in die Zukunft zu sehen oder dem bösen Blick zu entgehen. Sie haben einen *Grigri* für jede Gelegenheit. „In den afrikanischen Ländern", sagt Ould Faye, „würde das Wort eines *Marabù* gegen die *hijra sirriya*, die irreguläre Einwanderung, mehr gelten, als tausend Sensibilisierungskampagnen im

Radio oder im Fernsehen. Die Jungen nehmen es wie ein Komplott der Mächtigen wahr. Sie wollen nicht, dass wir weggehen, sagen sie sich. Aber man braucht sich nichts vorzumachen, die *Marabù* werden kaum aufhören, *Grigri* an die Abenteurer zu verkaufen. Das kommt daher, weil sie gute Geschäfte damit machen, aber vor allem weil ihr soziales Prestige daran hängt". Und für den, der es nicht schafft, gibt es nur mageren Trost. Der Fatalismus rät: wenn es so geschehen ist, heißt das, dass ein Gott es so entschieden hat.

2006 sind mindestens 1.024 junge Afrikaner entlang der Atlantikroute auf dem Weg zu den Kanarischen Inseln gestorben. Dies geschah aufgrund der totalen Gleichgültigkeit Spaniens, der gesamten Europäischen Union und der Herkunftsländer der Opfer. Alle diese Länder waren und sind nur in der Lage, alte Abkommen gegen die irreguläre Immigration zu erneuern und die Grenzen noch mehr zu militarisieren. Dies geschieht durch gemeinsame Patrouillen, Zurückweisungen auf hoher See und kollektive Abschiebungen gegen eine „Invasion", die es nicht gibt.

Von Madrid aus verweist die spanische Regierung auf die Rekordzahl von 31.000 Ankünften auf den Kanarischen Inseln im Jahr 2006, dies seien rund sechs Mal so viele wie 2005. Aber hinter solch angeblich alarmierenden Zahlen verbirgt sich eine ganz andere Realität. Im Jahr 2005 legalisierte Spanien 690.000 irreguläre Einwanderer: 20% waren Ecuadorianer, 17% Rumänen, 12% Marokkaner, gefolgt von Kolumbianern, Bolivianern und Bulgaren. Die Anfragen aus dem Afrika südlich der Sahara – von wo alle die Invasion der iberischen Halbinsel befürchten – betrug nicht mehr als 4%. Die Daten sprechen eine klare Sprache. Die Mehrzahl der irregulären Einwanderer in Spanien kommen im Flugzeug aus Südamerika oder mit einem Autobus aus Osteuropa, fast immer mit einem Touristenvisum, das irgendwann ungültig wird. Sie kommen im Vertrauen auf eine Legalisierung, so wie sie im Jahr 2005 erfolgte. Die Wahrheit ist, dass die Mechanismen der legalen Einreise für Arbeitszwecke nicht funktionieren. Aber im Unterschied zu anderen Ländern sind die Möglichkeiten für auswanderungswillige Afrikaner ein

Touristenvisum zu erhalten, fast gleich Null. Anstatt die Tore für die Afrikaner zu öffnen, zieht Europa es vor, von einem „nie da gewesenen Druck" zu sprechen und gibt Millionen von Euro für die Abwehr einer Invasion aus, die es nicht gibt.

Eine Milliarde und 820 Millionen Euro sind nicht wenig. Das ist der Betrag, der für die nächsten sieben Jahre zur Kontrolle der EU-Außengrenzen vorgesehen ist. Das ist fast die Hälfte der Mittel, die das Europäische Parlament Ende 2006 dem Kapitel Immigration als Budget zugedacht hat. Dabei kommt auch Frontex ins Spiel. Das ist die Europäische Agentur für Grenzkontrollen, deren Budget für 2007 auf 34 Millionen Euro verdoppelt wurde. Erklärtes Ziel von Frontex ist, ein ständiges System von Patrouillen an den Südküsten Europas einzurichten. Ein Beispiel ist die Mission Hera II., eine gemeinschaftliche Patrouille von Flugzeugen und Schiffen, die vom 11. August bis zum 15. Dezember 2006 zwischen dem Senegal und Mauretanien getestet wurde – von Dakar bis Nouadhibou.

Der alte Hafen von Nouadhibou erscheint wie ein Spiegel des Meeres und des Lichts, bestehend aus Sand, Landungsbrücken und Zement. Auf dem Wasser treiben hunderte von Fischerbooten, *Cayucos*, enge, niedrige Boote, vier bis fünf Meter lang, zwischen dem Grün und Blau, eng aneinander gereiht an den Landungsbrücken verankert. Hier und dort gibt es große senegalesische *Pirogen*, oft doppelt so lang, erkennbar an den phantasievollen Dekorationen in rot, weiß, grün, blau, gelb und orange, darauf der Name Allahs auf Arabisch und der des Bootsbesitzers auf Französisch. *Merci papa et maman*. Im November wird nicht gefischt. Heute fahren die Boote nicht hinaus. Nur ein alter Mann flickt die zwischen seinen Füßen ausgebreiteten Netze, während zwei Burschen auf einem Karren einen Motor schieben, der auf den *Cayuco* des Besitzers montiert werden soll.

Geht man zu Fuß auf der Mole in Richtung der großen Fischerboote weiter, springen einem die vier neuen weißen 15 Meter langen Motorboote sofort ins Auge. Sie sind mit Radar und einem Rettungsboot ausgerüstet. Auf dem Schiff prangt das Schild *Gendarmerie nationale*. Die Motorboote sind ein Geschenk von Madrid. Gegenüber sind vier Männer der *Guardia Civil* damit beschäftigt, den Reifen eines BMW mit spanischem Kennzeichen zu wechseln. *„Ola! Que tal?"* Madrid hat mir nicht die Erlaubnis erteilt, mit seinen Polizisten in Mauretanien zu sprechen, aber für einen angeblichen italienischen Touristen reichen ein paar Worte, um ihr Vertrauen zu gewinnen. Sie sind seit August hier und unterstützen die mauretanische Gendarmerie in einem Ausbildungsprogramm für die Patrouillen entlang der Küsten. Sie sind alles andere als zufrieden. *„Esto pays es una mierda"*. Dieses Land ist Scheiße. Der Polizist in kurzen Hosen spricht Klartext. Er zeigt mir die gelb-rote Fahne, die auf dem grünen T-Shirt aufgedruckt ist. „Siehst du das? Wir sind Spanier, in Mauretanien sind uns die Hände gebunden. Ja, am Morgen machen wir die Ausbildung, aber am Abend können wir nur dann ausgehen, wenn wir von ihren Männern begleitet werden. Wenn man uns zur Unterstützung ruft, heißt das nur, dass sie nicht bezahlt haben. Du hast das nicht verstanden. Hier kauft man alles. Der, der zahlt, passiert. Es ist also nutzlos, wenn wir ihnen die Ausrüstung erklären, wenn dann alles von der Korruption entschieden wird. Die hier machen rein gar nichts vom Morgen bis zum Abend. *Siempre de siesta tomando alegremente su té*".

Im freien Hafen von Nouadhibou liegt seit Juni die *Rio Duero* vor Anker, ein 30 Meter langes Schiff der *Guardia Civil*, während ein zweites Schiff der *Vigilancia Aduanera*, *Petrel*, weiter südlich in den Gewässern der Hauptstadt Nouakchott liegt. Sie sind Teil der Flotte der Operation Hera II. Außer den spanischen Schiffen ist auch die portugiesische Korvette *Baptista de Andrade* auf den Kapverdischen Inseln und die *Diciotti* der italienischen Küstenwache in Dakar, Senegal, aktiv, zusammen mit den spanischen Schiffen *Rio Gabriel* und *Rio Ara*.

Entlang der senegalesischen Küste sorgen auch ein Helikopter der spanischen Polizei und ein ATR42 der italienischen *Guardia di Finanza* für Luftunterstützung. Das Ziel ist, die Abfahrten der *Pirogen* zu verhindern und sie dazu zu bringen, umzukehren. Kosten der Operation: Dreieinhalb Millionen Euro, inklusive dem Versenden von Experten zu den Kanarischen Inseln, die für die Feststellung der Nationalität der neu Angekommenen zuständig sind. Nach vier Monaten Tätigkeit wurde die Operation am 15. Dezember 2006 abgeschlossen. Resultate: 57 *Pirogen* auf hoher See abgewiesen, also 3.887 Passagiere. Das war mehr oder weniger jedes sechste Schiff, das losgefahren ist, da im selben Zeitraum auf dem spanischen Archipel 246 *Cayucos* mit 14.572 Menschen an Bord abfuhren. Ein Erfolg? Keineswegs, wenn man die Berichte der Zeitungen näher betrachtet.

Am Morgen des 12. August 2006 kreuzt vor Nouadhibou ein Fischerboot eine 20 Meter lange *Piroge*, die Richtung der Mauretanischen Küste unterwegs ist. An Bord befinden sich 70 junge Senegalesen. Sie erzählen, dass sie in internationalen Gewässern von Schiffen der spanischen Polizei abgewiesen wurden, diese leugnet das jedoch ab. Tatsache ist, dass auf der Rückfahrt 27 Männer an Austrocknung und Unterkühlung sterben. Ein weiterer Mann stirbt nach der Rettung im Krankenhaus von Nouadhibou. Dasselbe geschieht am 14. Dezember, als am Strand von Yoff, in Dakar, im Morgengrauen eine *Piroge* auf Grund läuft. An Bord befinden sich lediglich 40 der hundert Passagiere. Neun Tage auf dem Meer haben nicht genügt, um den Kontrollen der Flotte Hera II. zu entgehen. Am Ende entschied der Kapitän, wieder die Küste anzusteuern. Nachdem sie dann mehr als eine Woche in derselben Position saßen, die Beine steif von Krämpfen, der Kälte der Nacht und der glühenden Sonne, die Haut ausgetrocknet vom Salz, starben mindestens 50 der jungen Männer an Austrocknung und Unterkühlung. Weitere vier Leichen fand man später am Strand von Yoff. Das sind mindestens 82 Tote. Ein zu hoher Preis, um weiterhin mit den Erfolgen der Rückschiebungen auf hoher See zu prahlen. Ein Preis, den Frontex, die am 15. Februar 2007 eine weitere Mission im Atlantik begann, weiterhin beharrlich verschweigt.

Doch vermutlich sind noch weitaus mehr indirekte Opfer des repressiven Apparats zu beklagen. Um den Kontrollen zu entkommen, wählen die Pirogen immer längere und daher immer gefährlichere Routen. Das Meer macht den senegalesischen Fischern keine Angst. Mit einem guten Satelliten-Navigationssystem, einem Reservemotor und ein paar zusätzlichen *Grigri*, zögern sie nicht, immer weiter südlich loszufahren, von Gambia, dem separatistischen Casamance, Guinea Bissau, Guinea Conakry und sogar Ghana. Um die Ferngläser und Radarsysteme zu vermeiden, nehmen sie Kurs in westliche Richtung, bis zu 300 Meilen vor der senegalesischen Küste, um dann erneut in Richtung Kanarische Inseln zu fahren. So steht es in einem Bericht der italienischen Küstenwache, die in Dakar an den Frontex-Operationen teilnahm. Die Reise kann auch länger als zwölf Tage dauern, doch es reichen wenige Minuten Sturm, dass das Meer das Schiff kentern lässt und die Körper der vielen verschlingt, die nicht schwimmen können. 300 Meilen vor der Küste gibt es keine Patrouillen, aber es gibt auch keine Rettungsschiffe.

Aus einer stürmischen Nacht auf See konnten sich Babacar Ndiaye und die hundert Passagiere der *Piroge* seines Onkels retten. Der Geist, der sie vor den Kräften des Meeres bewahrt hatte, half jedoch nicht bei der *Guardia Civil*. Als sie in Gran Canaria landeten, wurden sie von der Küstenwache in ein Flugzeug Richtung Senegal verfrachtet und nach Saint Louis gebracht, derselben Stadt, von der aus sie wenige Tage zuvor voller Träume und Hoffnungen aufgebrochen waren. Sie sind nicht die einzigen. Im Mai 2006 unterzeichnete Spanien eine Vereinbarung mit Dakar über die Rückführung aller senegalesischen „Abenteurer“ per Flugzeug. Ergebnis: 4.761 junge Menschen zurück an den Absender, also die Hälfte der Afrikaner, die von Madrid 2006 zurückgeführt wurden, weitere 3.891 sind Marokkaner. Afrika zahlt einen hohen Preis. Senegal, Marokko, Mali, Mauretanien, Guinea Bissau und Nigeria nehmen 78% der 12.171 Menschen, die Spanien bis Oktober 2006 abgeschoben hat, und dies obwohl 2005 die irregulären Migranten aus Afrika weniger als 5% aller Ausländer ohne Aufenthaltsgenehmigung ausmachten. Den größten Anteil stellen vor allem jene Südamerikaner oder Osteuropäer, die am europäischen „Haupteingang“ ganz legal mit Touristenvisum einreisten, und es dann auslaufen ließen.

„Ce sont les clandestins.“ Das Dröhnen der Motoren eines Flugzeugs im Anflug zum nahen Flughafen durchbricht die Stille und *Maman* ‘Aisha knurrt wütend, als sie den Ingwer für den Fruchtcocktail schält. Im Innenhof kontrolliert die Hausangestellte den Reis. Der Duft der Fischsauce öffnet den Magen der 20 jungen Männer, die am Eingang auf einer großen Strohmatte zwischen dem Fernseher und den falschen Plastikblumen sitzen. Ich habe sie in Saint Louis zum Essen im Haus von Monti Nana eingeladen. Die Alte schimpft über die *clandestins* von Pikine, die wenige Wochen zuvor mit einem dieser Flugzeuge gelandet sind.

Babacar Ndiaye, Jahrgang 1984, ist Maurer. Mitte Oktober wurde er zurückgeführt. Zwei Monate zuvor war er vom 600 Kilometer weiter südlich gelegenen Guinea Conakry aus aufgebrochen, um so den verstärkten Kontrollen entlang der senegalesischen Küste zu entgehen. 102 Menschen auf einer *Piroge* statt einer Besatzung von zehn Fischern. Hier gibt es keine Mafia oder Schleuser für die Reisen der *modou modou*, so das Wort für Emigranten auf *Wolof*. Es ist nicht wie in Marokko, Mauretanien, Libyen oder der Türkei. Eine Gruppe von Fischern entscheidet loszufahren und sucht die Passagiere, um die Kosten abzudecken: sechs Millionen Francs, rund 10.000 Euro werden für den Kauf einer *Piroge* benötigt, außerdem für zwei 40 PS Motoren, vier Reissäcke, einen Gasherd, Trinkwasser und zwei GPS-Navigationssysteme, um sich auf der 3.000 Kilometer langen Route zu orientieren.

Die *Piroge*, die am 11. August 2006 von Conakry aufbricht, steuerte der Onkel von Babacar, Madicke Djallo, 25 Jahre alt, Fischer. Das Schiff stach um Mitternacht in See und befuhr elf Tage lang die Gewässer vor dem gelobten Land. „Wir hätten nicht so lang gebraucht“, rechtfertigt sich Madicke, „aber zwei Nächte hintereinander gab es einen Sturm“. Starke Unwetter verlangsamten die Reise, die in einer Katastrophe hätte enden können, wenn nicht der erfahrene Fischer am Steuer gewesen wäre. Fischer, von denen es in Saint Louis immer weniger gibt. „Die Zahl der *Pirogen* hat sich halbiert“, unterbricht die alte Maman, „und der Fischpreis hat sich verdoppelt. Sie sind alle nach Spanien gegangen“. Am Dienstag, den 22. August erreicht die *Piroge* die spanischen Gewässer vor Gran Canaria. Um 19 Uhr wird es von der Küstenwache aufgespürt. Drei Kranke werden in ein Spital, die anderen werden in ein Verwaltungsgefängnis auf Teneriffa gebracht. Binnen einer Woche landeten also mehr als 1.100 junge Männer auf dem Archipel. Einige senegalesische Mitarbeiter befragen die Gruppe nach ihren Namen und ihrer Nationalität, um – so drücken sie es aus – ihnen die Einreise nach Spanien zu erleichtern. 44 Tage danach die bittere Überraschung: der Flug in Richtung Süden, Saint Louis, die Rückkehr. Aber in Wirklichkeit kennt keiner das Flugziel. „Die Freunde haben mir gesagt, dass sie einen mit dem Flugzeug nach Barcelona bringen“, schüttelt Babacar den Kopf, „als ich sah, dass sie unsere Hände mit Plastikbändern zusammenbinden, habe ich begriffen, dass etwas nicht stimmte“. Die Vorahnungen bestätigen dies. Sobald sie abheben, wird klar: es geht in die andere Richtung. „Die Senegalesen im Zentrum waren keine Kulturvermittler, sondern Polizisten in Zivil“, ereifert sich Madicke. Nach der Landung in der Heimatstadt geben ihnen die Agenten der *Guardia Civil* ein Getränk und 10.000 Francs, 15 Euro, für die Weiterfahrt. Versuch es erneut, du wirst mehr Glück haben. Alle heben die vom Reis ölige Hand, als ich während des Essens frage, wer bereit wäre, erneut aufzubrechen. Sie sind jung, wollen losziehen, aber in den Sandstraßen von Saint Louis ist alles still. Da sind nur die neuen Autos der *modou modou.* Das sind die, die es geschafft haben und zurückgekehrt sind, die vor den Augen aller auferstanden sind.

Auch Lamine Gueye will wieder los. Die Reise im Mai ist schief gegangen. Auf dieser *Piroge* waren sie 75 Mann. Sie waren von Gandiol losgefahren, hinter dem Hafen von Saint Louis, wo das Meer den Fluss Senegal kreuzt. Neun Tage Fahrt haben nicht gereicht, um Oberhand über die stürmische See zu gewinnen. Erschöpft und ohne weitere Vorräte an Bord hat der Kapitän es vorgezogen, in Nouadhibou anzulegen. Damit hat er die Marokkanischen Behörden herausgefordert, die die Gewässer der besetzten Westsahara kontrollieren. Nachdem sie die mauretanische Militärmarine abgefangen hatte, wurden die Passagiere verhaftet und in die *École six* gebracht. Sie blieben zehn Tage hinter Gittern, bevor sie die Motoren der vier kleinen Lieferwagen hörten, die sie schließlich bis Rosso brachten. Das ist der letzte mauretanische Vorposten am Fluss Senegal, dessen grünes Wasser die Grenze zwischen den beiden Ländern markiert. Als sie übergesetzt hatten, legte die Gruppe zusammen, damit alle genug Geld für die Heimfahrt besäßen. Heute, beim Appell nach der Rückkehr, fehlen jedoch zwei Personen. Sie starben, bevor sie in Nouadhibou ankamen, ihre Körper sind in Mauretanien begraben. „Nicht nur sie“, unterbricht plötzlich Mansour, die feuchten Augen unter einer Nike-Kappe versteckt, „viele aus diesem Viertel sind tot, aber niemand hat den Mut, den Familien die Wahrheit zu sagen“. Leise hört er zu reden auf, die anderen nicken nur mit dem Kopf.

Die Jungen von Pikine beweinen das eigene Unglück. Sie waren die Hoffnung ihrer Familien, die Geld und Erwartungen in sie investiert hatten. Heute schlafen sie bis in den späten Morgen. Die Hoffnung ist in Spanien geblieben. An ihre Stelle sind nur Schulden und Schande getreten.

Die Nacht des Schicksals

Die Sonne geht über den rosafarbenen Terrassen von El 'Ayun unter, auf halbem Weg zwischen der Wüste und dem Meer. Gierig verschlingt die Nacht die letzten Lichtstrahlen vor den Toren, entlang eines Horizonts aus Dünen und Hochspannungsleitungen. Ein Soldat durchblättert meinen Reisepass mit einer Taschenlampe und liest in meinen Augen. Was tut ein italienischer Tourist in dieser Stadt? Es ist die letzte Kontrollstelle entlang der einzigen Straße in Richtung Süden. Schon wieder wird mein Name in Einreiseverzeichnissen vermerkt. Zehn Minuten später öffnen sich die Türen des Autobusses auf einer überfüllten Straße des Stadtzentrums, das taghell von den Leuchtreklamen, Marktständen und Scheinwerfern der Moschee erleuchtet ist. Frauen unter dem Schutz der Schleier der farbenfrohen *melhfas* und Männer, versteckt hinter schwarzen Turbanen und weiten blauen oder weißen *daraás* verlieren sich zwischen den hellen Gesichtern von jungen Männern in Jeans und Hemd. Ich begebe mich zwischen die Stände voller Schuhe, kleinen *funduq* und Läden mit Mobiltelefonen. Ich habe eine Verabredung mit einem Geheimkurier in einer nahen Teleboutique. Aus den weit offenen Türen der kleinen Restaurants steigt der Geruch von Kardamom und frittiertem Fisch auf, vermischt mit den Rußwolken, die die alten Jeeps ausstoßen, die nur durch lautes Hupen zwischen den Leuten und den Eselkarren vorankommen. Der Lärm wird von der Stimme der Lautsprecher der Moschee durchbrochen. *Allahu Akbar. Allahu Akbar.* Entlang der Gehsteige gibt es Schaufenster voller Süßigkeiten, *Shebbakia* mit Honig, Berge von Baguettes und Gewürzen. Auf dem Platz, vor dem *Masjid,* gibt es die schwarzen Plastikeimer voller Wasser, die die Gläubigen dazu benutzen, um sich vor der Versammlung zum Gebet auf den Teppichen vor der übervollen Moschee Gesicht, Hände und Füße zu waschen. Es ist eine besondere Nacht. *Laylat al Quadr*. Die Nacht des Schicksals: am 27. Tag des heiligen Monats Ramadan. Die Tradition erinnert an die Wiederkehr der Nacht, in der der Erzengel Gabriel dem Propheten Mohammed den ganzen Koran offenbarte. Rund tausend Menschen blicken, in geraden Reihen auf den Teppichen rund um die Moschee sitzend, in Richtung Mekka. Alle sind barfuß.

Ich betrete den Telefonladen, den ich gesucht hatte. Ein Junge drückt mir die Hand und lächelt. Er muss der Freund von M. sein. „*Assamalu 'aleykum*". „*Wa 'aleykum salam*". Eine der Telefonzellen ist offen. Ich trete ein und tue so, als ob ich jemanden anrufen wolle. Unbemerkt stecke ich die hinter dem Telefon verborgene CD-Rom meines Komplizen in meine Tasche. Als ich hinausgehe, ist er bereits gegangen. Der Verkäufer nickt mir zustimmend zu. Ich grüße. Nichts Subversives. Auf der CD befindet sich ein französischer Dokumentarfilm sowie Fotos eines vor kurzem erfolgten Schiffbruchs, in dem 27 junge Sahrawi ertranken. Das reicht, um in El 'Ayun festgenommen zu werden. Das Zentrum ist ruhig, der abendliche Spaziergang wirkt nicht verdächtig, die Gesichter der Menschen sind freundlich. Doch man muss nur ein Taxi nehmen, um Waffen zu sehen. In den Bars und gegenüber von der Kaserne kontrollieren Soldaten die Passanten. Entlang der Straßen wehen von allen Laternen die marokkanischen Fahnen und rote Plakate des Königs von Rabat, Mohamed VI. Ein kleiner Lastwagen mit Männern in Tarnkleidung parkt an der Ecke. Die ganze Stadt ist militarisiert. Das ist nichts Neues. Ich bin soeben in der Hauptstadt der Westsahara angekommen, der letzten Kolonie des afrikanischen Kontinents.

Hier leben die Wüstenvölker, die Saarawi, rund vierzig Stämme. Sie gingen aus einer Jahrhunderte währenden Verschmelzung der Sanhadja Berber mit den erobernden Arabern hervor, die um 1200 aus Jemen kamen. 1973 lancierte die neu entstandene Polisario, die *Volksfront zur Befreiung von Saguia el Hamra und Río de Oro*, den bewaffneten Kampf gegen die spanischen Kolonisten. Beim Rückzug Madrids 1975 wurde die Sahara jedoch im Norden von Marokko und im Süden von Mauretanien militärisch besetzt. Die Mauretanier zogen hat sich 1984 zurück, die Marokkaner blieben jedoch, um die historischen Grenzen des Königreichs Alawita zu verteidigen, das es hier schon vor der Ankunft der Spanier im

Jahr 1884 gegeben hatte. Ein 1987 vollendeter Erdwall von 2.720 Kilometern teilt das Land in zwei Teile. Im Westen besetzen 160.000 Soldaten aus Marokko die sieben Achtel der Sahara. Zusammen mit hunderttausenden marokkanischen Emigranten, die hier von Rabat spezielle Unterstützung erhalten, bilden sie die neue Bevölkerung der Sahara. Im Osten befinden sich die Milizen der Polisario, die offizielle Regierung der Sahara und die Flüchtlingslager der Exilanten in Tindouf, Algerien.

In einem Teppichladen wechsle ich 200 Euro in ein Bündel von 2.160 Dirham. Auf den alten 100 Dirham-Banknoten erinnert auf der Rückseite das Gesicht des früheren, 1999 verstorbenen Königs Hasan II. an den „Grünen Marsch" von 1975. Damals marschierten, zusammen mit dem Heer von Rabat, 350.000 Marokkaner um El 'Ayun zurückzuerobern. Dreißig Jahre danach ist die Partie noch immer offen. Die Lösung der UNO, der EU und der afrikanischen Union zu Gunsten der Sahrawi wurde vertan. Seit 1974 spricht man von einem Referendum, das die Unabhängigkeit des Landes bekräftigt. 1991 wird ein Waffenstillstand erklärt und die UNO schickt ihre Männer nach El 'Ayun, um das Referendum innerhalb von 12 Monaten zu organisieren. 14 Jahre später, müde vom Warten, den Tarnanzügen und den Jeeps der UNO, proklamieren junge Sahrawis 2005 die Intifada, den Aufstand. Rabat ließ sich diese Gelegenheit, die Unabhängigkeitsbewegung hart zu unterdrücken, nicht entgehen.

Arbeitsplatz. CD. Vorschau anzeigen. Auf der CD sind Fotos mit niedriger Auflösung, Standbilder eines Videos des spanischen Fernsehsenders TVE. Ein halbversunkenes Schlauchboot mitten auf dem Meer ist zu sehen. Darin sind elf junge Männer, eng aneinandergepfercht, dort, wo die Luftkammern noch nicht so leer sind. Die Nahaufnahme zeigt einen Schnitt im Gummi des *Zodiac*. Nichts weiter. Ich schließe rasch die Dateien und treffe M. und Yahdih in einer anonymen Bar eines anonymen Viertels auf eine Tasse Tee, *binnana*, mit Minze. Yahdih, dreißig Jahre alt, mit italienischem Hemd bekleidet, ist Fischer aus El 'Ayun, einer der wenigen

Sahrawis, der als Seemann in einem der wichtigsten Häfen der Welt für den Export von Sardinen arbeitet. Unter den nur unscharf zu erkennenden Gesichtern dieser elf jungen Männer befindet sich auch ein Cousin zweiten Grades von Yahdih. Noch ein Cousin Yahdihs war dabei, aber er ist unter den Gesichtern nicht zu finden. Das bedeutet, er ist einer der 27, die an jenem 5. Oktober vom Schlauchboot ins Wasser fielen, als 120 Meilen südlich von Gran Canaria die Luftkammer der *Zodiac* explodierte und alle Insassen im Meer versanken. Yahdih pustet auf den Tee und erzählt. Die 38 jungen Männer waren alle Sahrawi, sie stammten aus den zwei Familien Azarguiyin und Aitlahcen. Mit einem Schlauchboot, der *Zodiac*, waren sie gestartet, hatten aber unterwegs einen Motor mit einem längeren Lauf der Schiffsschraube auf das Boot montiert. Von Boujdour aus, 175 Kilometer südlich von El 'Ayun, waren sie um vier Uhr nachts losgefahren. Sie wollten nachts in Gran Canaria ankommen, um nicht von den Patrouillen der *Guardia Civil* abgefangen zu werden. Deshalb, so erzählt Yahdih weiter, hielten sie sich tagsüber in internationalen Gewässern auf, um den Sonnenuntergang abzuwarten. Beim Warten hat das Schlauchboot jedoch aufgrund der Überladung einen Druckabfall erlitten, wodurch auch der Motor abgesenkt wurde. Laut Yahdih hat, nachdem sie erneut losgefahren waren, ein falsches Manöver die Schiffsschraube gegen das Gummi gepresst und so die Luftkammer zerschnitten. Die Bilder zeigen jedoch einen Riss weit weg von der Umgebung des Motors. Es ist schwierig zu erfahren, was genau passierte. Sicher ist nur der Tod der 27 jungen Männer, unter ihnen sogar ein 16-jähriger Jugendlicher. Einem Elfjährigen gelang die Rettung.

Entlang der Schiffsrouten zu den Kanarischen Inseln sind 2006 nicht weniger als 500 junge Sahrawis verschwunden. Mindestens 100 sind niemals angekommen. Nun versucht man mit den *Zodiacs* loszufahren, das sind halbfeste Gummiboote, die aus einem aufblasbaren Schlauchreifen und einem festen Boden bestehen. Sie kosten 80.000 Dirham, rund 8.000 Euro, fünf Mal so viel wie ein altes Holzboot. Aber sie gelten als sicherer, abgesehen vom Unfall am 5. Oktober. Sie werden importiert – häufig aus Italien – und bequem in zwei Paketen auf einem Jeep bis ans Meer gebracht. Dort genügt ein Kompressor zum Aufblasen und ein Schraubenschlüssel, um die Bolzen des Motors festzuziehen. Auch die Kosten für die Überfahrt sind höher: 10.000 Dirham im Vergleich zu 4.000 für ein Holzboot. Die ganze Küste der Sahara wird von den Kontrollposten der Militärs überwacht: jeden Kilometer gibt es ein Tarnzelt, weniger als 200 Meter vom Wasser entfernt. Trotzdem fährt man los. „Korruption?" frage ich? M. beginnt zu lachen und schüttelt den Kopf.

Wir verlassen die Bar, nehmen das Auto und begeben uns in die dunklen kleinen Straßen des Zentrums von El ‘Ayun. Es ist drei Uhr morgens, aber wir sind soeben zum Abendessen eingeladen worden. Schließlich ist es der 27. Tag des Ramadan und es ist eine Festnacht. Salaka, eine der Schwestern von B. öffnet uns die Tür der Wohnung im ersten Stock. Wir werden in einem Zimmer mit blauen Teppichen empfangen. In der Ecke stehen ein großer Fernseher und eine Stereoanlage. An den Seiten des Zimmers sind farbige Kissen und ein Bild der Moschee von Mekka an der Wand, zwischen kleinen, dekorierten Suren des Koran. Eine weitere Schwester von B. kommt mit einem Kind und zwei Cousins. Sie bringt uns ein Tablett mit Hühnerreis, gut gezuckerte saure Ziegenmilch und Tee. Die anderen Familienmitglieder sind in die Moschee gegangen. Keiner von ihnen wusste von der Abfahrt der Jungs. Und niemand wollte Hasanna, Dahmani und Laghzal glauben, als sie zwei Tage später anriefen und erzählten, dass sie auf den Kanarischen Inseln sind und dass B., Ch. und H. es nicht geschafft haben. Aber über so etwas konnte Dahmani nicht scherzen, auch wenn er erst 14 ist.

‘Ali zeigt mir die Fotos seines Cousins Ch.. Sie sind etwas unscharf, aber man braucht keine Vergrößerung, um die lilafarbenen Striemen auf dem lebendigen Fleisch zu sehen. Auf dem Rücken von Ch. sind die Blutkrusten von zehn Schlägen zu sehen, am Unterleib erlitt Ch. eine große Brandwunde, auf seinen Armen wurden Zigaretten ausgedrückt und sein Gesicht ist von den blauen Flecken der Schläge gezeichnet. Auf dem folgenden Foto hält Ch. die Fahne der Sahara hoch, auf der anderen Seite erkennt man H. Sein Gesicht ist hinter einem weißen Turban versteckt, er hat die

Finger der rechten Hand zum V-Zeichen hochgehoben, dem Siegeszeichen.

Ch. war dreißig Jahre alt, arbeitslos und mehrmals aufgrund seiner politischen Aktivitäten für die Unabhängigkeit der Sahara festgenommen worden. Von der marokkanischen Polizei wurde er gesucht. Sein Bruder erzählt, dass er eine Woche bevor er losfuhr, den Chef der Polizeikräfte von El 'Ayun, Ishi Abu al-Hassan getroffen hatte, der ihn mit neuerlichen Festnahmen und Folter bedrohte, falls er nicht sofort die Sahara verlassen würde. Dasselbe gilt für B., Jahrgang 1985. Im Januar 2006 war er während einer Demonstration in der Stadt festgenommen worden. Erst sechs Monate später kam er wieder aus dem „schwarzen Gefängnis" von El 'Ayun frei. Er war nicht mehr derselbe wie vorher. H. war der jüngste, er war erst 15, doch alt genug, um im Mai 2006 verhaftet und gefoltert zu werden. Drei Geschichten, die zu ähnlich sind, um ein Zufall zu sein. Das Spiel ist einfach. Die Polizei macht den politischen Aktivisten das Leben mit psychologischen und physischen Verfolgungen, willkürlichen Festnahmen und Beschattungen unmöglich. Und die *Passeurs* raten ihnen, nach Spanien aufzubrechen, oft auch gratis. Die Familienmitglieder kennen die Namen derer, die die Fäden dieses schmutzigen Spiels in der Hand halten. Zum Beispiel Malaini Lambarki. Im Jahr 2000 wurde er wegen Menschenhandels in El 'Ayun verhaftet, nach drei Jahren Haft wieder freigelassen. Derzeit arbeitet er zwischen Agadir und El 'Ayun, er ist der Boss des Netzwerks, das die Reisen der *Pateras* von der Sahara zu den Kanarischen Inseln organisiert. Es gibt vermehrt Stimmen, die ihm beste Beziehungen zu Hassan Abu Jaaj, Funktionär des marokkanischen Geheimdienstes Dag und zu Baija Bunaj, einem anderen Funktionär, nachsagen. Für jeden Mann, der die Sahara verlässt, schwört 'Ali, erhält Lambarki eine Geldprämie. Ob die in Spanien ankommen oder sterben ist nicht so wichtig. Nach den Toten im Mai 2005 wiederholt sich dasselbe Muster immer wieder. Zwei Monate nach dem Tod von B., Ch., H. und ihren Kameraden, ertranken rund 20 Kilometer von Boujdour entfernt weitere 31 junge Sahrawis in der letzten Novemberwoche. 17 Leichen werden vermisst. „Beim

Schiffbruch der zwei *Pateras* liegt die Verantwortung direkt bei der marokkanischen Regierung. Die spanische Nichtregierungsorganisation CEAR, die Spanische Hilfskommission für Flüchtlinge, *Comision española de ayuda al refugiado,* klagt Rabat an. Die Zeugenaussagen, die in Gran Canaria gesammelt wurden, stimmen mit den Gerüchten von El 'Ayun überein: „In vielen Fällen stacheln die marokkanischen Polizeikräfte die jungen Aktivisten dazu an, wegzugehen." Das sagt auch die Polisario: „Die marokkanischen Sicherheitskräfte haben Abkommen mit den *Passeurs*, die größere Geldbeträge für jeden Sahrawi, der das Land verlässt, empfangen". Unter den Toten vom November findet man auch den Namen von Naji Dohatem, Jahrgang 1976, seit Jahren im Kampf für die Unabhängigkeit aktiv. Fünf Monate zuvor, am 8. Juli 2006, war ein *Zodiac* mit der Fahne der Sahara in Las Palmas gelandet. Unter den 41 Sahrawis an Bord war auch Buchara Nafá, ein Kämpfer für die Unabhängigkeit, der im März 2006, nach zehn Monaten Haft im *Carcel Negra* von El 'Ayun, frei gekommen war. Sie hatten ihn im Mai 2005 festgenommen, nachdem die Demonstrationen von El 'Ayun blutig niedergeschlagen worden waren. Ein Bericht von amnesty international dokumentiert Folterungen und Misshandlungen hunderter Aktivisten, die zwischen März und Dezember 2005 festgenommen wurden. Zwei sahrawische junge Männer starben, nachdem die marokkanischen Soldaten sie blutig geschlagen hatten. Dasselbe wiederholte sich ein Jahr später. 2006 haben die Sicherheitskräfte von Rabat 685 Menschen festgenommen. Seither haben ebenso viele den Weg über das Meer eingeschlagen. Aber nicht alle *Pateras* sind voller politischer Exilanten.

Müde von der Militärbesetzung und frustriert von der Arbeitslosigkeit verblassen in den Augen vieler junger Leute die Träume eines neuen El 'Ayun mehr und mehr. Dem Widerstand ziehen sie die Satellitenschüsseln vor, den Kamelen die Champions League und Skype. Die Kanarischen Inseln sind weniger als eine Tagesreise über das Meer entfernt. Sie sind ein gastfreundliches Land, da Madrid die Republik Sahrawi anerkennt, gegen den Willen Rabats. Das Wichtige ist, in Fuerteventura mit einem der alten Familienzertifikate aus der Kolonialzeit anzukommen, bzw. anzugeben, minderjährig zu sein. Tarfaya ist der Ort an der Küste, der dem spanischen Archipel am nächsten ist. Im kleinen Hafen des Städtchens wissen das alle Jungs, die unter den Flügeln der Möwen, hinter dem Museum von Antoine de Saint Exupéry, Fisch verkaufen. Viele von ihnen haben zumindest einmal einen Fuß auf Fuerteventura gesetzt. Schließlich ist hier der Euro weniger als hundert Kilometer entfernt – eine Spazierfahrt für die grünen *Cayucos* der Fischer, die jedoch keine Geschäfte mit den *Harrag* machen: für das Schleusen der Migranten riskieren sie derzeit jahrelange Gefängnisaufenthalte. So befinden sich auf den Booten, die aufbrechen, immer öfter Männer, die noch niemals ein Steuerrad gesehen oder eine stürmische Nacht auf See erlebt haben. Viele Schiffe versinken in den ersten Minuten im Meer. So wie im Juni in Naila.

Die Lagune von Naila ist eine Meereszunge zwischen zwei Sandstreifen, bevölkert von rosa Flamingos, Fischen und bei Ebbe Ziegen. Sie ist nur wenige Kilometer von Tarfaya entfernt. Hier ist das Salzwasser ruhig, weiter draußen aber bereitet das Meer Angst. Yusuf hatte niemals das offene Meer gesehen, aber mit 14 fürchtet man kein Risiko. Seit etwas mehr als zwei Monaten arbeitete er mit den Fischern der Lagune. Er lernte mit dem kleinen Boot seines Vorgesetzten zu fahren. Ein niedriges Holzboot, blau und rot bemalt, auf dem weißen Bug steht der Name eines Mannes, Hamza und die Bootsnummer 101281. Yusuf hatte begonnen, scherzhaft seinen Freunden zu erzählen, dass er ein Boot gefunden habe und sie losfahren könnten. Mit Geld in der Tasche läuft in der Nacht des 27. Juni ein Junge ganz außer Atem die Holzstufen der Mole hinab. Er lichtet den Anker und startet den Motor des Boots, das unbewacht zwischen Wüste und Meer liegt. Aufgeregt und mit lachenden Augen erreicht er den Ort auf der Lagune, wo ihn die 16 Passagiere erwarten. Es sind allesamt Sahrawis, aus der nahen Provinz von Tan Tan, aber auch aus Guelmil, El 'Ayun und Boujdour. Auf der Hamza ist es eng und man hält einander fest, als der Motor das Boot mit voller Kraft auf dem glatten Wasser der Lagune vorantreibt. Aber der Ozean ist etwas anderes als die Lagune, was sich schnell zeigen wird.

Gleich nach dem Verlassen der Lagune füllt eine zwei Meter hohe Welle das Boot mit Wasser, eine weitere lässt es kentern. Alle ertrinken. Das ist das Ende. Nur einem Jungen aus Boujdour gelingt es, in den Wellen zu überleben, er klammert sich bis zum nächsten Tag an einem Holzstück fest. Als der Besitzer der Hamza davon Wind bekommt, zeigt er den Diebstahl an und die Suche beginnt. Drei der Leichen werden in den ersten 48 Stunden gefunden, die anderen 13 im Laufe einer sechs Tage langen Suche. Unter den Opfern ist auch eine Frau von 28 Jahren. Sie hinterlässt ein zwölfjähriges Kind. Sechs Monate danach liegt die Hamza immer noch im kleinen Hafen von Naila, zwischen den Dünen der Wüste und dem blauen Wasser der Lagune. Vom Scherz eines Jugendlichen und den Leben der Passagiere, die aufgrund eines leichtfertigen Spiels mit dem Schicksal ertrunken sind, gibt es keine Spur mehr. Nur die Fische könnten von der Erinnerung des fleischfressenden Meeres erzählen. Ein Meer, das in dem Jahr hunderte von Leichen zwischen der Sahara und Las Palmas verschlungen hat. Der Großteil der Opfer waren jedoch keine Sahrawis, sondern Senegalesen, Malier, Nigerianer und Kameruner, die für eine Überfahrt nach Europa nach monatelangen Reisen über tausende von Kilometern bis hierher gekommen waren.

Viele von ihnen sind in El 'Ayun beerdigt: auf dem Friedhof an der Straße zum Hafen, hinter den Lagerräumen der UNO, mitten in der Wüste. Die Stadt der Toten ist ein Horizont von Dünen und ganz feinem Sand, den der Wind verstreut. Über hunderte Meter erzählen sorgsam aufgereihte Kieselsteine auf dem Sand von der Erinnerung an die Toten. Zwei Steine für eine Frau, auf der Höhe des Kopfes und eine an den Füßen des Sarges. Drei für einen Mann, der Dritte auf der Höhe des Beckens. Die Gräber der *clandestini* erkennt man daran, dass sie keine Grabsteine haben, weder Namen noch kleine Gottesverse. Nur die Steine und mitunter ein Holzstab, Symbol des untergegangenen Schiffes. Manchmal sind sie lediglich von einer dünnen Schicht Sand bedeckt. Der Vater Mohammeds erinnert sich daran, dass beim Begräbnis eines Verwandten der Wind den ranzigen Geruch des Todes von der Erde aufwirbelte. Er verbrannte die Nasenlöcher. Nicht weit davon entfernt, ragten aus dem Sand die verwesenden Reste einer schwarzen Leiche hervor, die wenige Tage zuvor aus dem Wasser gefischt worden war. Die starken Winde der Nacht hatten sie wieder freigelegt.

Hierher kommen jedoch nur die, die Glück hatten. Der Großteil der Leichen wird von den Soldaten in Massengräbern entlang der Wüstenstrände begraben, dort, wo die Leichen nach den Schiffbrüchen aufgefunden werden. Selten haben die Opfer Dokumente bei sich. Ein Gebet in Uniform löscht für immer die Erinnerung an sie aus. Den Verwandten in den afrikanischen Dörfern bleibt nichts anderes übrig, als irgendwann ein Begräbnis der Hoffnung zu feiern. Vielleicht in fünf oder zehn Jahren, wenn sie nicht länger darauf warten, dass das Telefon klingelt.

Für die Bewohner des Subsaharaums stellt die Westsahara seit Jahren eines der Tore nach Europa dar. Von hier sind die Kanarischen Inseln nur eine Nacht entfernt. Für die irreguläre Migration ist die Küste zwischen Tarfaya und Dakhla seit 1999 zu einem der wichtigsten Orte für die Abfahrt geworden. Es waren die Jahre, in denen Spanien die Grenze von Ceuta und Melilla, den zwei spanischen Enklaven auf afrikanischem Boden, mit kilometerlangen Stacheldrahtzäunen abriegelte. Und es waren die Jahre, in denen die Patrouillen in der Meerenge von Gibraltar das hell erleuchtete und nur wenige Seemeilen von Afrika entfernte Europa sehr viel ferner erscheinen ließen.

Im Jahr 2002 schifften sich nur 9.929 junge Menschen in Richtung Kanarische Inseln ein, im Durchschnitt ein *Cayuco* mit 25-30 Passagieren pro Tag, während bis 1999 sogar nur wenige hundert Menschen pro Jahr ankamen. 2002 war die Zahl der *Pateras*, die in Fuerteventura landeten, erstmals höher als die der Schiffe, die in der Meeresenge von Gibraltar abgefangen werden. Seit Madrid und Rabat entlang der Nordküsten Abschottungsmaßnahmen ergriffen haben, nimmt deren Zahl kontinuierlich ab.

Die neuen Routen in Richtung des Archipels beginnen an den Küsten von Tarfaya, an der Grenze zwischen Marokko und der Sahara, der den Kanarischen Inseln am nächsten gelegenen Küste. Auch Tarfaya ist auf seine Weise eine Insel, umgeben von Wüste und Meer. Seit Jahrtausenden treibt hier der Wind den Sand der Dünen bis El 'Ayun weht und überquert die Salinen der *Sabkha*. Zunächst war Tarfaya eine englische Kolonie, dann wurde sie spanisch und schließlich französisch. Cap Lucy. Hier machte Antoine de Saint Exupéry mit seinem Postflugzeug der französischen Kolonialbehörde Halt auf der Strecke Toulouse-Casablanca-Dakar. 1927, als er zum Verantwortlichen des Sandflughafens von Tarfaya erklärt wurde, lernte er die Wüste und die Sahrawi kennen, deren Ursprünglichkeit ihn zum „kleinen Prinz" inspirierte. Der kleine Hafen von Tarfaya ist nicht weit entfernt von den gelben Mauern der halbzerstörten Häuser der alten spanischen Kolonie. Hinter einer Mauer, die den Sand fernhalten soll, beherbergt der Hafen etwa hundert flache olivgrüne Boote. Sie sind vom selben Typ wie diejenigen, die für die Reisen der *clandestini* verwendet werden. Offenbar fährt man nicht von der Mole los, sondern entlang des Wüstenstreifens weiter nördlich oder südlich. Es ist schwierig, den mehr als 300 Militärposten entlang der 350 Kilometer langen Küste zwischen El 'Ayun und Tan Tan zu entkommen. Allein auf den 28 Kilometern der Küstenstraße gibt es 20 davon. Aber im Norden von Tarfaya gibt es nochviel mehr, nämlich alle 800 Meter. Ein Militärzelt, ein Walkie-Talkie, eine Angel und ein kleines Steinhäuschen. Drei oder vier Männer, Fernrohre und Funk. Jeder Posten ist in Sichtkontakt mit dem nächsten. Ein solches Ausmaß an Militarisierung hat die Anzahl der Abfahrten in Richtung Kanarische Inseln im Jahr 2005 drastisch reduziert, als aus der Sahara weniger als 5.000 anstatt der 9.000 des Jahres zuvor aufbrachen. Das hatte den vorhersehbaren Effekt, dass die Orte für die Einschiffung in Richtung Sahara sich noch weiter in südliche Richtung verschoben. 2006 kamen 31.000 junge Menschen in Las Palmas an, die von Mauretanien und Senegal, aber auch von Gambia und Guinea aufgebrochen waren. Trotzdem fährt man immer noch von der Sahara los, wenn auch seltener als früher, aufgrund der einfachen Tatsache, dass in Marokko immer noch tausende Jugendliche ankommen. Die Militarisierung der Küste ist kein unüberwindbares Problem. Es reicht, dass die *Passeurs* das Geld für die Bestechung der zwei oder drei Kontrollposten auf die Seite legen. Am 2. Juli 2006 gelang es einem Boot sogar, von der total überwachten Hafenzone von El 'Ayun loszufahren, wenige Kilometer von den Touristenstränden entfernt. 30 junge Subsaharianer starben. Der Oberst und Statthalter der Militärkräfte El 'Ayuns, Al Kharci Babia, sah sich gezwungen, seinen Rücktritt einzureichen.

Die Westsahara ist aber auch der Ort, der am schwierigsten zu erreichen ist. Um zu verstehen warum das so ist, genügt ein Blick auf die Militärkarte des Gebiets. Ein 2.720 Kilometer langer Erdwall, den das marokkanische Heer in den 1980er Jahren hinter der Ost- und Südgrenze errichtet hat, isoliert die Sahara von Mauretanien und Algerien. Die Sandgrenze wird mit 160.000 Soldaten verstärkt, 240 Batterien schwerer Artillerie, 20.000 Kilometer Stacheldraht, tausende Militärfahrzeuge und Millionen von Minen. Das Resultat: um Tarfaya zu erreichen, muss man aus dem Norden von Marokko kommen. Das verlängert die Reise um einige Monate. Wenn alles gut geht, sind es mindestens 5.000 Kilometer mehr. Es gibt keinen sicheren Punkt für die Überquerung der Grenze, außer man will das Kriegsgebiet von Tindouf durchqueren. Eine sehr gefährliche Option, die allerdings denen, die in Sierra Leone, eher noch als in Liberia, Elfenbeinküste, Casamance, Kongo, Angola oder Nigeria, mit Gewehrpulver in der Nase aufgewachsen sind, keine Angst einjagt. Sie kommen in kleinen Gruppen oder allein in die Flüchtlingslager von Tindouf, in Algerien, und zahlen die Männer der Polisario, damit sie sie bis zur Mauer geleiten. Das ist ein Gebiet, in dem man die Barriere überwinden kann, ohne auf einer Mine zu explodieren oder von den Radarsystemen und Projektilen der Armee von Rabat abgefangen zu werden. Für den Rest des Weges sorgen die Sahrawi *Passeurs* von El 'Ayun.

Für die anderen ist die Reise länger und mühsamer. Aus ganz Westafrika laufen die Routen an den Toren der Wüste der Sahara zusammen, in Gao in Mali oder in Agadez in Niger. Man braucht kein Visum, um dort hinzugelangen. Von dort geht es, an Bord eines Lastwagens oder Jeeps der Organisationen, die sich dem Schmuggel von Waren und Drogen verschrieben haben, weiter entlang der Transsahara-Routen in Richtung Tamanrasset in Algerien. Einige reisen als *Clandestini*, andere mit falschen Reisepässen aus Mali, die eine Einreise ohne Visum in Algerien ermöglichen. Von Tamanrasset wird die Fahrt in Richtung Nordosten, ans Mittelmeer, bis nach Maghnia fortgesetzt. Das ist die Endstation der algerischen Strecke, 13 Kilometer von Oujda entfernt, der ersten marokkanischen Stadt jenseits der Grenze. Von Oujda aus geht es dann zu Fuß weiter oder heimlich in den Nachtzügen in Richtung Fez, Rabat oder Casablanca.

Die Anwärter auf die irreguläre Auswanderung leben versteckt in den Häusern der einfachen Viertel dieser Städte. Sie leben in kleinen Wohnungen, manchmal auch 20 in einer Wohnung und warten, bis sie dran sind. Die Neuankömmlinge wenden sich an die Kameraden, die sie auf den Gehsteigen kennen lernen, nachdem sie mehrere Nächte auf der Straße verbracht haben. Die schwarze Hautfarbe ist ein Vertrauensmaßstab. Nachdem man beim marokkanischen *Passeur* das Ticket bezahlt hat, wartet man bisweilen einige Wochen, bis die Agentur genug Reservierungen hat, um eine *Patera* zu füllen. Dann geht es los. Auf einem voll beladenen Jeep oder Lastwagen geht es mit beleuchteten Scheinwerfern auf der Küstenstraße hinunter bis nach Agadir. Normalerweise besticht die Organisation die Polizei entlang der Strecke, damit es keine Probleme mit den Kontrollposten gibt. Aus Sicherheit jedoch verlässt der Wagen hin und wieder für einige Kilometer die Landstraße und fährt ohne Scheinwerfer auf den unasphaltierten, löchrigen Wüstenstraßen weiter, um nur ja nicht abgefangen zu werden.

In der Nähe des Verstecks angekommen, fährt der Wagen stundenlang unbeleuchtet auf der Wüstenpiste weiter. Den Weg kennt der Fahrer auswendig. Er führt zu den geheimen Orten zwischen Dünen und Sand. Die Passagiere sitzen wie die Sardinen zusammenngepfercht in dem Wagen und werden völlig durchgeschüttelt. Manchmal sind es *barraqa*, Blechbaracken, die früher einmal von den nomadischen Hirten benutzt wurden und nun verlassen sind. Ein andermal sind es natürliche Zufluchtsorte, unter Umständen die Grotten entlang des Flusses as-Saquia el Hamra oder die wenigen Sträucher, die inmitten dieser Mondlandschaft wachsen. Hier werden sie ohne große Umstände ausgeladen und mit einem Wasserkanister und einigen Päckchen Keksen versorgt. Bei 40 Grad Hitze wartet die Gruppe unter der Sonne oder in einem der Blechöfen tagelang, manchmal wochenlang auf die Rückkehr der *Passeurs* mit den Booten. In der Zwischenzeit gehen oft die Essensvorräte zur Neige, und um zu Überleben isst man alles, von Mäusen bis zu Baumwurzeln, manchmal trinkt man sogar den eigenen Urin. Das alles in der ständigen Angst, von den Patrouillen abgefangen zu werden, den marokkanischen Hilfspolizisten, die die Wüste der Länge und Breite nach absuchen, auf der Suche nach *Clandestini*.

Den *Passeurs* ist das nicht so wichtig, das Geld für ihre Arbeit haben sie ja schon kassiert, mindestens 800 - 1.000 Euro pro Passagier, oftmals mehr. Dann bricht endlich der sehnlichst erwartete Tag an. Der bekannte Jeep kommt zurück mit dem Holz für das Boot, Hammer, Sägen, Nägeln, Kitt und Teer. Die Arbeit beginnt. Unter der sengenden Sonne bauen Männer aus Dörfern in halb Afrika, von denen die meisten noch nie zuvor das Meer gesehen haben, ein Boot, mit dem sie der Hölle entkommen wollen. So lässt sich zwischen einem Gospelsong und einem Hammerschlag Hunger und Durst vergessen und in den Augen, die das Ende der eigenen Qualen näher kommen sehen, beginnt wieder die Hoffnung zu leuchten. Oft muss das Boot nur repariert werden. Es gibt große Löcher, die gestopft werden müssen, Platten, die festzunageln sind und dann muss der Teer aufgetragen werden, mit dem es innen und außen bedeckt werden muss, damit es undurchlässig wird. Manchmal beginnt der Schiffsbau bei Null, bloßen Holzstücken, die zusammengebaut werden müssen. Aber das ist noch nichts. Wenn der Rumpf fertig ist, kommen die *Passeurs* nach weiteren Tagen oder Wochen mit dem Motor zurück, der fixiert und getestet wird. Es sind stets alte Motoren mit 15 bis 20 PS, bei denen die *Passeurs* in der Regel sparen, um einen in jedem Fall gesicherten Gewinn einzustreichen: ein altes Boot kostet nicht mehr als 1.000 Euro, das heißt nur eine der rund 40 Fahrkarten, die für jede *Patera* gelöst werden. Vierzigtausend Euro kommen so zusammen. In der Erwartung des festgesetzten Abfahrtags sind die Vorbereitungen eifrig im Gange. Die, die Dokumente haben, verstecken sie in den Schuhsohlen. Der, der Geld hat, faltet es so lang, bis kleine Bällchen daraus werden und steckt sie in eine Plastikhülle, damit sie nicht vom Meereswasser durchnässt werden. Manche fragen um Rat, welche Nationalität man am besten bei der Ankunft angeben solle, um eine Abschiebung zu vermeiden. Dann, eines Nachts, ist der Lärm eines Motors zu vernehmen. Es ist nicht die Polizei. Es geht los. Das Holz wird quer auf der Pritsche des Pickup verladen, über den Köpfen der Passagiere. Ohne Scheinwerfer fährt man zwischen den Löchern in Richtung Meer. Endlich am Strand angekommen wird die *Patera* ins Wasser gelassen. Es ist eine schwierige Operation. Die Küste wird vom Militär überwacht. Pro Kilometer gibt es einen Kontrollpunkt. Die Passagiere können nicht wissen, ob das Militär bestochen wurde oder nicht. Die *Passeurs* schreien, es muss schnell gehen, oft sind sie bewaffnet. Alle gehen an Bord. Auf einem Boot von zwei oder drei Metern Länge passen oft bis zu 40 Personen. In der Zwischenzeit zeigt man einem Freiwilligen, der sich bereit erklärt hat, am Steuer zu sitzen, auf einem Kompass in welche Richtung es gehen muss und wie viele Stunden es dauert, bis man am Horizont Fuerteventura erblickt. Der Motor springt nicht an. Endlich geht es zwischen den schwappenden Wellen los. Jeder klammert sich am Holz und dem *Grigri* des Medizinmannes seines Dorfes fest, damit er es schaffen möge. Diesmal wird das Glück lachen.

Oft endet alles jedoch sehr bald. Vielfach steuern Männer das Boot, die das Meer noch nie zuvor gesehen haben. Die *Passeurs* heuern keine Fahrer mehr an, einerseits um Geld zu sparen, andererseits um ihnen nach der Ankunft in Fuerteventura die Haft zu ersparen. Der einzige Weiße auf einem Schiff ist leicht erkennbar als der Organisator der Operation. Die Mehrzahl der Schiffbrüche erfolgt bereits in den ersten 500 Metern. Es reicht die erste Welle, um die *Patera* mit

Wasser zu füllen, eine zweite, um sie kentern zu lassen. Für gewöhnlich können nur wenige der jungen Männer schwimmen. Die anderen gehen mit ihren falschen Vorstellungen unter und bevölkern den Friedhof am Grunde des Atlantiks. Geschieht dies nicht gleich zu Beginn, tauchen die Probleme auf halbem Weg auf. Die Boote, die benutzt werden, sind „Seelenverkäufer", voller Löcher im Rumpf. Langsam dringt Wasser ein und alle Insassen versuchen mit auseinandergeschnittenen Wasserflaschen und Dosen das Wasser loszuwerden. Die Reisebedingungen sind fürchterlich. Einige sind seekrank und übergeben sich wieder und wieder. Die Beine sind steif, 24 Stunden aneinandergepfercht in der Kälte der Nacht oder der Hitze der Sonne, in den Ohren dröhnen stundenlang die 10.000 Umdrehungen des Motors. Ein Motor, der sich oft überhitzt und abstirbt, wenn er sich nicht sogar auf hoher See festfrisst. Aber die Tragödien geschehen auch wenige Kilometer vor dem gelobten Land. Wenn sich ein Schiff der Küstenwache nähert, stehen oft alle Passagiere auf, um die Retter zu grüßen. Der erste Befehl der Spanier lautet, sitzen zu bleiben und sich nicht zu bewegen. Es reichen in der Tat einige wenige gewagte Bewegungen die engen Holzboote kentern zu lassen und die Passagiere, die oft nicht schwimmen können, über Bord zu werfen. In den Gewässern der Kanarischen Inseln sind auf diese Weise mindestens hundert Menschen gestorben. Am 14. August 2004 starben sogar 34, verschluckt vom Atlantik vor den Augen ihrer Retter.

Wer nicht in den ersten 100 Metern im Meer ertrinkt, hat noch weitere 100 Kilometer vor sich, auf denen es passieren kann. Und wenn es nicht das Schiff ist, in das zu viel Wasser dringt und dann kentert, so ist es der Motor, der versagt und das Boot und seine Insassen tage- oder wochenlang ohne Essen und Trinken treiben lässt und so die Fracht nach und nach tötet. Man kann wirklich von Fracht sprechen, denn für die, die sich bezahlen lassen, um die Menschen zum Sterben auf das Meer zu schicken, sind sie nichts anderes als eine Ware. Eine gute Ware, da sie zuerst zahlt und in keinem Fall eine Rückerstattung verlangt. Auch für die Frachter und Schiffe, die die Boote in Seenot auf den Atlantikrouten kreuzen und weiterfahren, handelt es sich, entgegen aller grundlegenden Konventionen der Seefahrt zur gegenseitigen Hilfeleistung, um Ware. Wenn doch einer *Clandestini* an Bord nimmt, so kann dies viele Probleme mit sich bringen, von der Beschlagnahmung des Schiffes bis zur Anklage wegen Begünstigung illegaler Einreise.

Auf den Routen zu den Kanarischen Inseln sind auf die eine oder andere Weise mindestens 1.663 junge Menschen gestorben. 23 sogar eine Woche vor meinem Besuch in El 'Ayun, wenige Meter von der Küste entfernt, nahe Tarfaya. Die 25 Überlebenden wurden prompt von den marokkanischen Hilfssoldaten verhaftet und in das *Centre d'arrestation* von El 'Ayun gebracht, das ich zusammen mit Mohamed Bakka besuchen kann, einer der Verantwortlichen der Vereinigung *Alter Forum*, die einzige in El 'Ayun, die sich vor Ort mit der irregulären Migration befasst.

Das Zentrum, eine ehemalige Schule im Viertel Tantan, ist nicht ein richtiges Gefängnis. Der rote Putz an den Wänden ist abgebröckelt und es gibt einen Hof voller Sand hinter den grünen Gittern über der kleinen Mauer. Gutmütige Soldaten halten Wache, sie sitzen auf Hockern hinter dem Eingangstor. In der Mitte des Hofs steht ein graues Zelt, in dem die Männer schlafen, die das Zentrum bewachen. Die Migranten, die darin festgehalten werden, kennen nur Tarfaya, 300 Kilometer nördlich und Nouadhibou, 800 Kilometer weiter südlich. Im Zentrum werden junge Männer aus Mali, Senegal, Gabun und der Elfenbeinküste festgehalten. Sie wurden in den Gewässern der Sahara aufgegriffen und warten auf einen Autobus, der sie an die algerische Grenze, 1.600 Kilometer weiter nördlich, in Oujda, abschieben wird. 39 sind allein gestern angekommen. Sie wurden im Meer in der Nähe von El 'Ayun aufgefischt, nachdem der Bootsführer aufgrund der Schwierigkeiten bei der Überfahrt umgekehrt war. Die jungen Männer sind fast alle barfuß, die Schuhe haben sie beim Schiffbruch verloren. Sie sind jung und robust und sprechen Französisch. Die Alten des Viertels bringen ihnen Kleider, sie reichen sie ihnen durch die Gitter, während die Wärter eine Zigarette rauchen und am Radio hängen. Die Kinder hingegen kommen in kleinen Gruppen, um sie zu ärgern. Ein Polizist in Uniform geht hinaus, um einen Jungen zum Telefonieren zu begleiten. Das Tor bleibt offen. Der Milchwagen kommt, es gibt was auszuladen. Sie lassen mich nicht hinein. Das Zentralbüro in Rabat hat die Erlaubnis verweigert. Während der Kapitän mich befragt und dabei meinen Reisepass durchblättert, sehe ich im Augenwinkel wie ein Gendarm die Wangen aufbläst, den Kopf schwingt und mit dem kleinen schwarzen Neugeborenen plappert, den er im Arm hält. Hinter ihm folgt ihm jemand, die die Mutter sein könnte. Die Reisen der Frauen sind besonders hart und die Kinder sind oft die Erinnerung daran. Wenn sie nicht die 2.000 Euro für die Reise zahlen können, verkaufen sich einige Mädchen an die *Passeurs* und die Reisegefährten. Die anderen rasieren sich hingegen die Haare ab und ziehen Männerkleider an. Ein junger Mann mit einem vier Wochen alten Bart trägt die traditionelle marokkanische Tunika, die *Djallaba* und eine kleine rote Kappe von Nike. Er fixiert mich durch die Gitter während der Polizist die Fragen an mich wiederholt und behauptet, dass ich nicht die Wahrheit sage. Eine Frau hinter einem Baum im Hof der alten Schule weint. Beim Schiffbruch wurden vier ihrer Kinder vom Meer verschlungen. Vielleicht war einer ihr Sohn. Oder vielleicht hat er einen Freund sterben sehen und nichts tun können, um ihm zu helfen. Vielleicht ist sie auch allein und fühlt sich ganz einfach am Ende aufgrund der x-ten Niederlage, die in wenigen Stunden ihren einzigen Trumpf, die Ersparnisse eines ganzen Lebens, aufgebraucht hat. Die Familie wird sie dafür hassen. In einigen Tagen wird sie erneut abgeschoben und muss ganz von vorne anfangen.

In wenigen Stunden wird ein Touristenbus vor dem Zentrum parken, um die *clandestini* nach Oujda zu bringen. In einer Halbwüste werden sie sich selbst überlassen, dort wo die Landkarte die Grenze mit Algerien zeigt. Alle kennen Oujda, da sie von dort Monate oder sogar Jahre zuvor in Marokko eingereist sind. Und von dort aus werden sie erneut ihr Glück versuchen. Keiner wird mit der Last der Schande nach Hause zurückgehen. Sie haben schon alles verloren, genauso gut können sie ihren ganz persönlichen Kampf gegen die Armut fortsetzen. Vielleicht werden sie in einem Monat ohne einen Cent in Rabat festsitzen, oder dazu gezwungen sein, in Oujda zu betteln. Wenn aber ein Verwandter aus dem Ausland Geld über *Western Union* schickt, sind sie vielleicht in einem Monat alle in Las Palmas. Oder begraben am Grund des Atlantiks, von Fischen angenagt, nur noch Knochen und Kleiderfetzen.

Camarades

Die Tür schließt sich, der Schlüssel wird zweimal umgedreht. Das Echo der Sirenen einer Ambulanz überdeckt den Verkehrslärm. Um sechs Uhr abends ist es in Casablanca bereits dunkel. „Taxi! Taxi!“ Paulin hält sich an seiner Lederjacke fest, als er die Hand zu der weißen Mercedesflotte ausstreckt, die aneinandergereiht an der Ampel unter den Wolkenkratzern im Neonlicht der Yaqoub Mansour Straße stehen. Auf der Straße tummeln sich in Mäntel gehüllte Passanten. Der Geruch von gegrilltem *kafta* und Caffé Lavazza durchdringt die Luft. Vor den Tankstellen steht eine Autokolonne, lautes Hupen ist zu hören.

Die Taxis sind voll. Endlich fährt ein Taxi an den Rand, 50 Meter vor uns. Wir fahren in ein Wohnviertel, das erst vor kurzem gebaut worden ist – Beton und Fensterfronten in der Peripherie von Dar al baida', der arabische Name von Casablanca.

Paulin lebt mit kongolesischen Mitbewohnern in einem der vielen hochgezogenen Wohnblocks, einer im Schatten des anderen. Ein kleines Schlafzimmer mit einem großen Bett, Kleiderbügel und Hemden, Koffer. Seine Erinnerung besteht aus einer Dokumentenmappe, die er eifersüchtig in einer Lade des kleinen Tisches aufbewahrt, auf dem wir unsere Ellbogen aufstützen. Unsere Blicke treffen sich. Er nimmt seine schwarze Jacke und die kleine Kappe ab und beginnt die Dokumente sorgfältig durchzublättern.

Paulin, geboren 1967, ist der Sohn eines jener Politiker, die die Opposition gegen die Diktatur in Angola prägten, ein Engagement, für das dieser 1994 vergiftet und getötet wurde. Die Last des Familiennamens, der schon vorher hinderlich war, wurde nach dem Mord unerträglich und Paulin war innerhalb weniger Monate gezwungen, zusammen mit der Schwester, seiner Frau und dem kleinen Sohn von fünf Jahren in einem anderen Land Zuflucht zu suchen.

Kinshasa, Demokratische Republik Kongo. 1996 versuchte die Schwester nach Luanda zurückzukehren, um zu sehen, ob sich die Sicherheitslage verändert hätte. Wenige

Wochen später fanden sie ihre Leiche. Seit damals hat Paulin für immer mit seinem Land abgeschlossen. In Kinshasa hatte ihn das UN-Flüchtlingshochkommissariat als politischen Flüchtling anerkannt. Ein Status, der ihn schützen sollte, der jedoch wenig oder gar nichts nützte, als er 2001 verhaftet wurde. Er arbeitete als Journalist und filmte die Eröffnung eines neuen Bürogebäudes der Oppositionspartei Fonus von Josepf Olenghankoy. An jenem Sonntag verlangte die Polizei nach der Pressekonferenz seine Dokumente zu sehen. Flüchtling, Angolaner und Journalist? Die Polizisten begannen zu lachen, um dann furchtbar ernst zu werden. Den Flüchtlingen war jegliche politische Aktivität im Gastland verboten. „Ich bin kein Politiker“, versuchte Paulin zu vermitteln, „ich bin Journalist“. Wenige Stunden später war er im Kommissariat, in einer dunklen, doppelt verriegelten Zelle. Als seine Frau davon erfuhr, verkaufte sie Fernseher und Videokamera, um die Kaution zu bezahlen und ihn aus dem Gefängnis zu holen. Aber zwei Tage danach kamen die Polizisten erneut, um ihn vor seinem Haus abzufangen. Er wurde bedroht. Die Angst veranlasste ihn, seine Frau und die drei Kinder von zwölf, drei und zwei Jahren zu verlassen. Er würde nicht so wie sein Vater enden, er war es, der gesucht wurde. Er überquerte den Kongo-Fluss in Richtung Brazzaville. Aber in Brazza gab es das Gerücht, dass eine Gruppe von politischen Flüchtlingen kürzlich nach Kinshasa abgeschoben worden sei. Besser kein Risiko eingehen. Er entschied, noch weiter weg zu gehen und brach erneut auf. Diesmal nach Kamerun. Aber in Yaoundé erklärte man ihm nach monatelangem Warten, dass Kamerun den Flüchtlingsstatus nicht anerkennt. So zog er weiter in das nahe Nigeria, aber die englische Sprache half ihm nicht. Erneut weiter. Zu Fuß, nunmehr ohne Ziel. Weiter nördlich. Benin, Zentralafrika, Niger, die Sahara, zwei Monate in Tamanrasset, Algerien und dann Algier *ville*. Schließlich Oran, Maghnia, Oujda, Marokko. Ein Jahr Rast zwischen den Gerbereien und den Touristen von Fez. Erneutes Einsetzen für die Rechte der Migranten bei der *Afvic* zwischen Casablanca und Rabat. Aber nicht einmal in Marokko ist ein Flüchtling sicher. Im Gegenteil.

Sei es wegen fehlender Asylgesetzes, sei es wegen des Standpunkts der Vereinten Nationen bezüglich der Unabhängigkeit der Westsahara – Rabat akzeptiert den Flüchtlingsstatus der vom UNHCR anerkannten Flüchtlinge nicht. Diese sind dadurch gezwungen, im Verborgenen und in ständiger Angst zu leben, so wie es hunderten junger *Aventuriers* aus dem Subsahararaum ergeht, die sich auf der Durchreise entlang der geheimen Routen in Richtung Europa befinden.

Paulin hat es in den vier Jahren, die er hier ist, fünf Mal durchgemacht. Das letzte Mal am 2. August 2006 in Rabat. Vor dem Sitz der UNO organisierte das Netzwerk der Sub-Sahara Vereinigungen ein Sit-in. Rund hundert Personen verlangten die Anerkennung des Flüchtlingsstatus', Integrationspolitik und eine Aufenthaltserlaubnis, um arbeiten, studieren, für sich selbst sorgen - um leben zu können.

Nach seinem Beitrag geht Paulin mit seinem Kollegen Marcel ins Café Balima. Sie sitzen auf der Terrasse vor dem Parlament, zwischen den Palmen und den Ampeln der Straße Mohammed V. Um 21 Uhr läutet sein Telefon. Es sind Journalisten vom Schweizer Fernsehen, die vor der Bar in einem metallicblauen Peugeot auf ihn warten. Schon am Morgen hatten sie sie wegen eines Interviews in Casablanca kontaktiert. Aber da Paulin und Marcel in Rabat waren, sind sie hierher gekommen. Das Auto parkt am Gehsteig. Beide steigen in den Wagen ein. Merkwürdig: die beiden Schweizer Journalisten sprechen auf *Darija* miteinander, einem marokkanischen Dialekt. Paulin versteht nicht was sie sagen. Schließlich werden sie auf Französisch gefragt, wie die Debatte gelaufen sei und welche Rechte sie reklamieren. Paulin legt seine Ideen dar. Nach einigen Kilometern öffnen sich an einer Kreuzung die Türen. Zwei weitere Männer steigen ins Auto, einer an jeder Seite, es sind Marokkaner. Hinten ist es eng zu viert. Paulins Telefon klingelt, aber der Fahrer dreht sich um und befiehlt ihm, es auszuschalten. Die Vorstellung ist zu Ende: sie sind verhaftet. Die Straße führt bis Meknes. In der Zwischenzeit werden sie durchsucht. Die Polizisten in Zivil nehmen sich 2.000 Dirham aus der Tasche von Paulin für ihre Überstunden. Paulin wird laut. „Das könnt ihr nicht machen, wir sind politische Flüchtlinge, wir stehen unter dem Schutz des UN-Flüchtlingshochkommissariats!" Das Lachen des Mannes am Steuer genügt, um sie daran zu erinnern, wie sie ein Polizist einen Monat zuvor am Bahnhof von Rabat nach ihren Papieren fragte und das Flüchtlingszertifikat vor ihren Augen zerriss. „Ich arbeite nicht für den UNHCR. Ich habe einen Ausweis verlangt", hatte der Polizist damals gesagt.

Im Auto zeigt ihnen einer der vier Männer die Fotos der Führer der Vereinigungen aus dem Subsahararaum im Maghreb und fragt, ob sie sie kennen, aber die beiden antworten nicht. Unwichtig, am Stadtrand von Meknes wartet ein Touristenautobus der CTM auf sie: einfache Fahrt in Richtung Oujda, der letzten Stadt des südlichen Marokko vor der Grenze zu Algerien, fast schon in der Wüste gelegen. Mitten in der Nacht werden sie in einem Niemandsland ausgesetzt, kilometerlang gibt es nur Steine und Sträucher unter dem Sternenhimmel. Aber Paulin kennt die Straße und sie gehen in Richtung der Lichter von Oujda am Horizont. Nach drei Stunden Fußmarsch erreichen sie den Stadtrand von Oujda. Hisham, ein Kollege, erwartet sie, der sich im Universitätscampus versteckt. Dort verbringen sie die Nacht. Am Tag darauf ruft Paulin beim UNHCR an und bittet um Erklärungen. Die Polizei wird informiert und die Karten für die Rückfahrt treffen ein. Dieselben Agenten, die ihn am Abend zuvor mit den anderen aus dem Autobus stießen, begleiten ihn bis zum Bahnhof, um sich zu versichern, dass es keine Probleme gibt. Aber die Probleme kehren zurück. Drei Monate später, als er um 23 Uhr von der Arbeit kommt, nähern sich ihm zwei Männer und laden ihn auf einen Kaffee ein. Er bedankt sich, aber es ist spät. *„Tranquille Paulin, tu es chez toi"*. Ganz ruhig Paulin, du bist bei dir zuhause. Als ihn die Unbekannten mit seinem Namen ansprechen, gefriert ihm das Blut in den Adern. Er geht nach Hause, aber die zwei Schatten bleiben vor der Tür. Einer von beiden greift zum Telefon. Paulin versucht, mehr herauszufinden, versteckt hinter den Jalousien. Das Licht ist aus, sein Mobiltelefon läutet. Unbekannte Nummer. *„Tranquille Paulin, tu es chez toi"*.

Diese Geschichte ist kein Einzelfall. Seit mindestens drei Jahren ist es wie eine Strafe mit schwarzer Hautfarbe in Marokko zu leben. Politische Flüchtlinge, Asylsuchende, junge Menschen ohne Pass auf der Reise nach Europa, Zufallstouristen, Einwanderer, die ständig in Marokko sind, Studenten außerhalb des Campus oder *Clandestini*, die hier ohne einen Cent in der Tasche für ihre Weiterfahrt oder Rückkehr festsitzen, riskieren verhaftet und an die algerische Grenze verbracht zu werden. Es sind die Schwarzen, die das riskieren, die *Camarades*, wie sie im Maghreb genannt werden. Männer, Frauen, Kinder. Verhaftet in den Wäldern der Berge rund um Ceuta und Melilla, gerettet aus dem Meer auf den Routen zu den Kanarischen Inseln oder bei nächtlichen Razzien in den Arbeitervierteln Rabats und Casablancas im Schlafzimmer überrascht…

„Wir sind Gefangene in Freiheit", beklagt sich Dede. Weder er noch Doudou haben das Abenteuer gewählt, aber eines Tages waren sie gefangen zwischen Bürokratie und Repression. *Clandestini* auf afrikanischem Boden. Sie haben keine Verbrechen begangen, außer dass sie ein Dreimonatsvisum auslaufen ließen. Aber heute leben sie versteckt vor der Polizei, ohne Arbeit und ohne Gesundheitsversorgung. Weit weg von zuhause und von ihren Familien.

Dede ist nicht älter als 25 Jahre alt, Kongolese. Als er 2005 ins Flugzeug nach Rabat stieg, musste er in Kinshasa seine Arbeit als Elektriker, seine Frau und seine zwei Kinder, vier und fünf Jahre alt, zurücklassen. Nach drei Monaten in der Stadt, auf der Suche nach einer legalen Einreisemöglichkeit nach Europa, ist sein Visum abgelaufen. Als ob das alles noch nicht genug wäre, wurde er eines Abends in den Straßen der Medina ausgeraubt. Sie haben ihm alles weggenommen, auch den Pass. Heute ist er ohne Dokumente, ohne Geld und ohne Arbeit. Das hat er sich nicht erwartet, nein. Er hätte sich nicht auf die Reise gemacht, wenn er gewusst hätte, was ihn erwartet. Aber *„Dieux est grand"*, Gott ist groß", sagt er, „er wird mich aus dieser Situation herausholen". In der Zwischenzeit, weit weg von ihm, wachsen die Kinder heran und seine Frau wartet geduldig. Sie sind alle müde. *„C'est difficil"*, „Es ist schwierig", schüttelt er den

Kopf, als er auf einem kleinen Hocker vor einem Lipton-Tischchen voller Brot und Krümel sitzt, im Schlafzimmer einer kleinen Wohnung, die von zehn Kongolesen bewohnt wird. Cheminau, so heißt das Viertel, man spricht Lingala, eine kongolesische Sprache. Aber hier sind auch Nigerianer, Kameruner, Malier und Ivorianer. Sie leben alle *caché*, verborgen. In Casablanca kann jeder Blick, der einen trifft, die Verhaftung und die Abschiebung bedeuten. Abschiebung, das heißt in Sandalen in der Wüste verlassen zu werden, entlang einer Grenzlinie, die nur auf der Karte eingezeichnet ist. Auch in dramatischen Fällen schrecken sie nicht davor zurück. Dede erinnert sich an einen Freund, einen Nigerianer, der im letzten Jahr abgeschoben wurde. Er hatte das Krankenhaus angerufen, weil seine Frau zuhause verstorben war. Oder der Fall der Nigerianerin, die im neunten Monat schwanger war. Sie brachten sie für die Geburt ins Krankenhaus, es gab Komplikationen bei den Wehen. Fünf Tage danach stillte sie das Kind im Sand der Wüste, in der brütenden Mittagshitze und der bitteren Kälte der Nacht. So manch einer nennt das die Politik der heißen Kartoffel. Niemand will sie.

Doudou stammt von der Elfenbeinküste, aus Yamassoukro, der Stadt, die sich rühmt, die größte Kirche der Welt zu besitzen. In Fez in Marokko lebt er seit drei Jahren. Er war Student des Ingenieurswesens, als 2004 in der Elfenbeinküste erneut der Bürgerkrieg ausbrach. Im Laufe der Unruhen im Norden des Landes wurde sein Vater, ein Journalist, ermordet. Das Haus wurde geplündert, die Familie floh. Seit dem Tod des Vaters hat Doudou kein Geld mehr fürs Studium und kann auch nicht nach Hause zurück, ohne zu riskieren, ermordet zu werden. In der Zwischenzeit ist seine Aufenthaltsgenehmigung zu Studienzwecken abgelaufen. Er ist allein und plötzlich zum Statisten degradiert, verbannt hinter die Kulissen eines Stücks, in dem man seine kleine Rolle nicht mehr braucht. Jahrgang 1980 ist er der Erstgeborene von vier Geschwistern, 23, 19 und zehn Jahre alt, und er sitzt richtiggehend in Casablanca fest. Er hätte das Recht auf den Status eines UNHCR-Flüchtlings, er fürchtet jedoch, dass ihn das benachteiligen könnte, wenn er einmal in Europa angekommen ist. Ja, denn sowohl Doudou als auch Dede träumen jetzt von Norwegen. „Das Leben in Marokko ist zu schwierig. Der Flüchtlingsstatus ist nichts wert, die Polizisten zerreißen das Papier vor deinen Augen und fragen dich, was das sein soll, sie sagen, dass sie nicht für den UNHCR arbeiten. Das ist kein Leben, das wir führen. Es gibt keine Arbeit, von der du leben kannst, wir müssen uns immer nur verstecken." Die Rückkehr ist wegen der eigenen Sicherheit unmöglich. Außerdem haben wir nicht genügend Mittel, um neue Dokumente zu besorgen. Wenn du niemanden im Ausland hast, der dir mit *Western Union* Geld schickt, ist es noch schlechter. Dedes Bruder William lebt in Italien, in Turin. Er ist Pastor in einer protestantischen Kirche. Aber er glaubt seiner Geschichte nicht und will ihm nicht helfen. Bis Ceuta sind sie nie gekommen, nicht einmal bis El 'Ayun. Sie kennen nur wenige Strassen in Casablanca und Fez. Aber *in sha'allah* werden sie das Geld auftreiben. Sie scheren sich nicht um die Risiken, „schlechter kann es nicht werden" sagen sie.

30 Tage später rennt die Polizei von Casablanca die Türen der Arbeiterviertel von Rabat, Casablanca und Nador ein. Mehr als 500 Personen werden verhaftet und in einem Niemandsland zwischen Marokko und Algerien ausgesetzt. Seither habe ich von Dede und Doudou nichts mehr gehört.

„Dokumente!" brüllen die Uniformierten. Es ist sieben Uhr morgens am 23. Dezember 2006. Unter Rufen und Schreien werden die Lichter angemacht. „Dokumente!" Die Polizei stellt das Haus auf den Kopf, treibt alle mit Schlagstöcken in ihre Zimmer. Die Durchsuchung beginnt. Mobiltelefone, Geld und Schmuck werden den Besitzern weggenommen. Einer der Jungs zeigt seinen Pass mit einem Touristenvisum, das noch gültig ist. Er beschwert sich. Und ein anderer Mieter winkt mit dem Asylersuchen beim UNHCR. Der Chef der Truppe antwortet, das sei ihm egal, er habe den Befehl, alle mitzunehmen. Sie könnten sich ja bei den Spaniern beschweren. Unterdessen versucht der Asylsuchende lautstark, sein Telefon und seine Papiere wieder zu bekommen. Ein gleichaltriger Weißer in Uniform zerreißt vor seinen Augen den Pass mit seinem Flüchtlingsstatus, vor lauter

Nervosität knirscht er mit den Zähnen. Sie werden die Treppen hinab gestoßen, in einen kleinen Lieferwagen verfrachtet und zum Kommissariat gebracht. Dort stehen sechs Autobusse mit jeweils 50 Sitzplätzen, teilweise schon voller Afrikaner. Einige von ihnen bitten, man solle ihnen ihre persönliche Habe wiedergeben, die ohne Grund beschlagnahmt worden sei. „Verpisst euch", macht einer der Soldaten kurzen Prozess und schließt die Türen der Busse, die um neun Uhr früh losfahren. An Bord ist ein Mann, der tränenüberströmt *„Ma femme! Ma femme!"* schreit. Seine Frau ist draußen zurückgeblieben. Ohnmächtig liegt sie in der Zelle des Kommissariats.

Die Polizei ist mitten in der Nacht um vier Uhr früh in ihr Haus eingedrungen. Mit den Füßen traten sie gegen die Tür. Die Frau ist krank, hat hohes Fieber. Ihr Mann besteht darauf, dass sie sie nicht unter diesen Bedingungen wegbringen. Aber die Agenten bringen sie mit Gewalt in den Minibus, der vor dem Haus steht. Die Frau bricht in Tränen aus, der Mann bittet darum, eine Jacke oder einen Pullover holen zu können, sie kann nicht im Morgenrock hinaus. Aber die Motoren laufen schon. Nun klopft er an das Fenster und ruft nach seiner Frau. Als sie getrennt wurden, um ihn in den Bus zu verfrachten, lag sie auf dem nackten Boden, eingesperrt in der Zelle des Kommissariats. Einige Tage später sollte er erfahren, dass sie ohnmächtig geworden war und ins Krankenhaus gebracht wurde. Unterdessen verlässt der Buskonvoi den Parkplatz des Kommissariats.

Zwischen dem 23. und 29. Dezember 2006 werden mindestens 488 Ausländer in Rabat (248), Nador (zwischen 40 und 60) und El 'Ayun (200) festgenommen und binnen 24 Stunden nicht weit entfernt von Oujda in der Wüste an der Grenze zu Algerien ausgesetzt. Unter ihnen befinden sich zehn Frauen, drei davon schwanger, und elf Kinder zwischen zwei und elf Jahren, eines davon mit Behinderung. Alle sind Afrikaner, alle Schwarze. *Camarades*. Auch zehn vom UNHCR anerkannte Flüchtlinge werden abgeschoben, sowie 60 Asylsuchende und einige Studenten und Touristen, die ordentliche Papiere haben.

An Bord des Busses herrscht Hochspannung. Eine halbe Stunde nach der Abfahrt bricht eine Revolte aus. Eine Gruppe von Abgeschobenen attackiert die Polizisten an Bord, rund 30 Männern gelingt es durch die Fenster zu entkommen. Der Buskonvoi bleibt stehen, aber die restliche menschliche Fracht, rund 40 bis 50 Personen pro Bus, will lieber die Mündungen der Gewehrläufe, die neben dem Fahrer sitzen, nicht herausfordern. Von Rabat geht es über Fez direkt nach Oujda. Sie halten nur kurz am Straßenrand um zu tanken. Zehn Stunden Fahrt liegen vor ihnen. Nach Gutdünken der Soldaten erhalten einige der Abgeschobenen Wasser und Baguette und es wird ihnen erlaubt, eine Toilette aufzusuchen. Das ist Luxus, denn für andere gibt es bei jedem Halt lediglich erneut Quälereien. Einige Soldaten verbieten den Abgeschobenen die Toilette aufzusuchen, wenn der Konvoi hält. Man darf nur in Handschellen aussteigen. Ein Junge weigert sich. Er sieht nicht ein warum er so behandelt wird. Schließlich ist er kein Krimineller, kein Dieb, er hat nichts Schlimmes getan, er muss nur pissen. Er wird laut. Der Mann in Uniform fordert ihn heraus. Er zieht die Handschellen so fest, bis sie ihm wehtun und zwingt ihn, vor allen zu urinieren. Zwei Stunden danach erneut ein Halt. Viele bitten darum, die Toilette aufsuchen zu dürfen, aber die Polizei insistiert: es ist verboten auszusteigen. Es bleibt nichts anderes übrig, als die Halbliterflaschen, die sie zuvor erhalten hatten, dazu zu verwenden. Bei Sonnenuntergang erreichen die Busse Oujda, die nordöstliche Grenze zu Algerien, 50 Kilometer südlich des Mittelmeers. Zwei der Busse passieren die Stadt, sie halten weiter nördlich am Straßenrand an. Die Landschaft ist karg, voller Sand, Steine, Sträucher und kahler Bergen am Horizont. Rund 60 Personen steigen aus. Es fehlen die 30, denen es kurz nach der Abfahrt gelungen war zu fliehen. Die Polizei eskortiert sie ein Stück weit, zu Fuß, bis sie ihnen die Richtung der Grenze mit Algerien zeigt, zehn Minuten zu Fuß entfernt. Auf halber Strecke schießt die algerische Armee in die Luft, um sie zu erschrecken und sie zur Umkehr zu zwingen. Aber auf der anderen Seite schießen Männer der marokkanischen „Hilfskräfte“. Es ist verboten, weiterzugehen und verboten zurückzukehren. Bis spät in die Nacht wandert die Gruppe erschöpft entlang eines schmalen Korridors von Niemandsland, eingeengt zwischen zwei Fronten, hin und her. Aber das Schlimmste sollte erst noch kommen. Im Laufe der Nacht hält die Gruppe, nunmehr total verirrt, auf algerischem Territorium an, um ein paar Stunden unter den Sternen auszuruhen. Plötzlich wird die Kälte von den Schritten einiger algerischer Soldaten durchbrochen, die alle mit Schreien aufwecken und sie zwingen, wegzugehen. Davon ausgenommen sind drei Frauen, die erst durchsucht, dann betatscht und schließlich vergewaltigt werden und dann, einfach so, beschmutzt mit Erde, Tränen und Sperma, liegen gelassen werden.

Unterdessen hat sich die Gruppe in der Panik zerstreut. Um vier Uhr morgens gelingt es einem Dutzend den Stadtrand von Oujda zu erreichen, sie folgen den schwachen Lichtern am Horizont. Sie verstecken sich am Campus der Universität, geschützt vor den Razzien der Polizei, aber nicht vor der Kälte. Im Dezember sinkt im Rif die Nachttemperatur unter null Grad. Zur selben Zeit vagabundieren die Passagiere der anderen Busse immer noch im Nichts. Die Polizei hat sie rund 30 Kilometer von Oujda entfernt bei einem Bauernhof aussteigen lassen. Einer der Soldaten befiehlt, dass sie sich hintereinander hinknien und die Arme ausstrecken sollen, um den Abstand zum Vordermann zu messen. Jeder, der sich traut, etwas zu sagen, erhält mit dem Gewehrlauf einen Stoß in den Magen. Schließlich werden sie in Gruppen von je einem Dutzend aufgeteilt und losgeschickt, vor und hinter jeder Gruppe jeweils zwei Soldaten. Der Marsch dauert einen Kilometer. „Wenn ihr nach Marokko zurückkommt, schießen wir auf euch“, sagen die Soldaten. Am Ende zeigen sie auf die kleinen Lichter hinter dem pechschwarzen Horizont. „Dort ist Algerien, dort haben sie viel Geld, geht dorthin und kommt nie mehr wieder“. Dann befehlen sie ihnen zu laufen, sie schreien sie an, immer schneller zu laufen. Um die kleinen Gruppen in alle Richtungen zu zerstreuen, reicht der Lärm aus den Patronenkammern.

„Ich war allein“, erzählt der Mann der kranken Frau, der in Rabat verhaftet worden war, „ich wusste nicht, ob sie die Wahrheit gesagt hatten und ob das wirklich Algerien war. Aber in jedem Fall, hatte ich keine Veranlassung dorthin zu gehen, mein Leben ist in Rabat. Ich sah die Polizisten nicht, aber im Dunkel der Nacht und mit all den Schwierigkeiten des Geländes, konnte ich nicht wissen, ob sie sich irgendwo versteckten. Ich hatte vor jedem kleinsten Geräusch Angst. Und wenn ich Schritte hörte, wusste ich nicht mehr, ob es Freunde waren oder die Polizisten, die gekommen waren um mich zu töten“.[2]

Schließlich trifft er nach einigen Stunden eine kleine Gruppe von jungen Männern und Frauen. Keiner von ihnen will nach Algerien. Nach einigen Kilometern treffen sie auf weitere 15 Personen, bis sie am Ende die marokkanischen Soldaten hören, ohne jedoch in der Dunkelheit der Nacht irgendetwas zu erkennen. Die Soldaten rufen ihnen aus Spaß zu: „Kommt hierher, kommt“ und ballern aus den Patronenkammern. *„Venez ici, venez ici“*. Die Gruppe flieht in die andere Richtung. Die Spannung und die Müdigkeit bereiten Kopfschmerzen. Am Ende entscheiden sie, sich in kleine Gruppen zu teilen, denn niemand kennt den Weg und die möglichen Richtungen sind entgegengesetzt. Sieben Männer und vier Frauen setzen ihren Weg in Richtung eines Hauses fort. Dort wohnt ein Bauer. Mit einer Petroleumlampe geht er ihnen freundlich entgegen – er glaubt, dass es sich um verirrte Schmuggler handelt – und zeigt ihnen, wo Algerien liegt. Die Gruppe geht weiter und umrundet den Bauernhof. Die Kälte ist mittlerweile unerträglich. Einige haben nicht die ausreichende Bekleidung. Niemand hat die geringste Ahnung, wo sie sich befinden. Am Horizont tauchen schwache Lichter auf. Einer der jungen Männer ruft in Rabat an. Er hat einen Freund, der schon mehrmals abgeschoben wurde. Er sagt ihm, was sie sehen: auf einer Seite Lichter, die näher dran sind, jedoch nicht so stark, auf der anderen hellere Lichter, die aber weiter weg sind. Er rät ihm, die letzteren anzusteuern. Nach einigen Stunden Fußmarsch gelangen sie

[2] Quelle: http://www.atmf.ras.eu.org/article.php3?id_article=856

zur Mauer des internationalen Flughafens von Angad und nicht weit weg davon ist die Straße nach Oujda.

Es ist noch dunkel. Auf der Straße treffen sie auf eine Bande. Sogar in Rabat hat man von der Al Pacino Bande gehört. So heißt der Typ, der die 30 - 40 Freibeuter anführt. Sie radebrechen auf Englisch und greifen die Gruppen von Abgeschobenen an, noch bevor es die algerischen Uniformierten tun. Mehr als einer wurde bereits entführt und mit der Forderung eines *Western Union* Lösegelds wieder freigelassen. Andere sprechen von Mördern und Handlangern, die in die Gruppen von Abgeschobenen eingeschleust werden, um herauszufinden, bei wem was zu holen ist. Aber die Männer der Gruppe sind vorbereitet. Eilig bewaffnen sie sich mit Steinen und nehmen eine bedrohliche Pose ein. Die Nigerianer verschwinden streunend in die Nacht zurück, aus der sie kamen.

Die Kälte wird nun unerträglich. Sie versuchen auf einen Flussdamm zu gelangen, aber wegen der starken Strömung kommen sie nicht durch den Fluss. Es ist so kalt, dass einige sogar hoffen, festgenommen zu werden. So könnten sie wenigstens im Warmen sein, sagen sie. Nachdem sie an einer Militärbasis vorbeigekommen sind begegnen sie auf der Straße anderen Abgeschobenen. Langsam dämmert der Morgen herauf. Gemeinsam entscheiden sie, sich in Gruppen von je drei aufzuteilen und ein Taxi zur Universität zu nehmen, dem einzigen sicheren Ort in Oujda. Das Taxi kommt und der Fahrer erkennt die Dramatik der Situation. Hundert Dirham pro Fahrt, zehn Euro, zehnmal so viel wie der normale Tarif von 12 Dirham. „*Take it or leave it*, ich riskiere die Verhaftung für Schleuserei“. *Take it or leave it.* Die Gruppe legt zusammen.

Eine Woche danach schlafen mindestens 300 Personen hinter den Mauern der Universität. Zusammengedrängt liegen sie in der Kälte der Nacht auf dem Boden des Basketballplatzes, irgendwo zwischen den verglimmenden Feuern und den Hörsälen der juristischen Fakultät. Halb Afrika ist hier: Benin, Kamerun, Tschad, Zentralafrika, Republik Kongo, Demokratische Republik Kongo, Elfenbeinküste, Gambia, Gabun,

Senegal, Guinea, Mali, Äquatorialguinea, Mauretanien, Sudan und Nigeria. Hier ist Schwarzafrika.

Der Campus der Universität befindet sich im Viertel al-Quds, hinter der grauen, zwei Meter hohen Zementmauer, entlang der Zufahrtsstraße zur Straße Mohamed V. In der Stadt ist dies der einzig verbliebene sichere Ort. Die Polizisten dringen üblicherweise nicht in das Universitätsgelände ein. Nach Sonnenuntergang tauchen zwischen den Zweigen der Bäume Dutzende Schatten aus der Nacht auf. Auf der Mauer ist ein Kommen und Gehen. Es sind die Bewohner des Campus. Die Abgeschobenen. Sie wohnen hinter dem Basketballplatz, hinter der Mauer der Fakultät, unter den Bäumen. Jetzt haben sie ein paar Feuer entzündet, um etwas Reis zu kochen, und endlich heißen Tee zu trinken. Die, die am meisten Glück hatten, besitzen noch braune Decken. Die anderen hocken zähneklqappernd neben den Kleidern, die zum Trocknen aufgehängt sind.

Fünf Frauen erzählen, dass sie vergewaltigt wurden. Drei von marokkanischen Polizisten, eine sofort in Rabat und die anderen beiden an der Grenze. Eine weitere Frau wurde von algerischen Soldaten vergewaltigt und eine fünfte wurde Opfer der Gewalttätigkeiten der nigerianischen Bande an der Grenze. Man spricht auch von einer sechsten Vergewaltigung, aber das Opfer ist noch nicht gefunden worden. Für sie und ihre elf kleinen Kinder, die am Campus angekommen sind, versuchen die Alten einen *Tranquillo* zu organisieren, einen sicheren Schlafplatz in einer Wohnung, außerhalb der Stadt, weit weg von Kälte, Almosen und Razzien.

Der eiskalte Wind wirbelt den Staub auf. Eine Gruppe von Glücklosen ist nur mit T-Shirt und Sandalen bekleidet. Es sind fast null Grad, sie zittern. Es sind die Abgeschobenen von El 'Ayun. Sie wurden 1.600 Kilometer weiter südlich in der Sonne bei 30 Grad verhaftet. Als sie versuchten, sich von den Stränden der Wüste in Richtung Kanarische Inseln einzuschiffen, wurden sie ohne große Bedenken in die Busse nach Algerien verfrachtet, also zum Sterben geschickt.

Die, die aus Nador kommen, erkennen einander an den Verletzungen an den Füßen. Sie rechneten mit der Religiosität der *Guardia Civil* und versuchten in der Weihnachtsnacht zu 50 den sechs Meter hohen doppelten Stacheldrahtzaun zu überqueren, der die spanische Enklave von Melilla von den gründn Wäldern der Berge von Gourougou und den Zementvierteln von Nador trennt.

Sie hatten soeben aus Zweigen gefertigte Leitern an den Draht gelehnt, um am Zaun hochzuklettern. Aber das marokkanische Heer war ihnen schon auf den Fersen. Ein Junge aus Kamerun breitete seine Arme aus und ließ sich aus fünf Metern Höhe zurückfallen. Der dumpfe Klang des noch warmen Körpers und ein letztes Zucken, das aus seinen glasigen Augen in wenigen verzweifelten Muskelspasmen verschwand, ließ die Freunde des Jungen einen Moment lang erstarren. Es konnte nicht wahr sein. Binnen eines Augenblicks waren sie umzingelt und verhaftet. Der Hauptmann der Einheit, der als letzter gekommen war, versetzte dem Soldaten, der geschossen hatte, eine Ohrfeige. Wenige Minuten später kamen über Funk Anweisungen an die anderen, die Verletzten abzuschieben. Im Kommissariat machten sich die Soldaten einen Spaß daraus, ihre Schuhe vorne aufzuschneiden, damit sie damit nicht mehr bis zur Grenze gehen könnten. Für die, die sich beschwerten, gab es Stock- und Gürtelhiebe auf die Fußsohlen.

Die in Oujda jedoch kamen zurück, auch ohne Schuhe. Sie sitzen barfuß in einer Ecke, die Füße vereitert und verschorft, ausgestreckt rund um einen Topf mit weißem Reis auf dem Feuer. Sie kehrten dennoch zurück.

Unter denen, die an Weihnachten abgeschoben wurden, waren mindestens 60 Asylsuchende und zehn vom UNHCR anerkannte Flüchtlinge. Für sie rührt das Büro des UNHCR in Rabat keinen Finger. Die Weihnachtsfeiertage und Silvester gehen vorbei. Unterdessen berichten die marokkanischen und internationalen Medien von den Vorkommnissen. 13 Tage sind nötig, um sich von den Schlemmereien des Jahreswechsels zu erholen - erst am 5. des neuen Jahres erhält die Polizei von Oujda eine Liste mit den Namen derer, die unter dem Schutz des UN-Flüchtlingshochkommissariats stehen. Ihnen wird es möglich sein, im Zug oder Bus bis Rabat zurückzukehren. Es ist nicht das erste Mal dass das geschieht, dem UNHCR ist das bekannt. Aber jedes Mal trifft es die Menschen unvorbereitet. Paulin hat mir schon davon erzählt. Jede Woche kommen kleine Gruppen, die auf den Busbahnhöfen oder auf der Straße verhaftet wurden.

Ein Monat vor den Abschiebungen anu Weihnachten hatte ich zwei von ihnen kennen gelernt, die soeben von der Grenze zurückgekommen waren – zu Fuß. Michael und Peter aus Igbo in Biafra, Nigeria. Sie warteten vor der kleinen Mauer auf mich. Ich erinnere mich an Michael in den schwarzen Jeans und der weißen gefälschten italienischen Markenjacke. Ihm war kalt, aber er zitterte noch nicht so sehr wie Peter, der kaputte Schuhe, Jeans und eine lila Nylontrainingsjacke bei nur fünf bis sechs Grad trug. Sie waren die letzten beiden einer kleinen Gruppe von fünf UNHCR-Flüchtlingen, die aus Rabat abgeschoben worden waren. Die anderen drei waren am Vortag aufgebrochen, sie mussten den Bus um 22 Uhr nehmen. Sie lebten in Casablanca. Michael, Jahrgang 1986, hatte in Baida' eine Frau und ein kleines Kind. Sie verkauften Kleidung und Accessoires, die sie aus Nigeria importierten. An diesem Montag mussten sie aus Rabat nach Casablanca zurück. Am Busbahnhof der *CTM* warteten sie auf den Bus. Michael hatte 850 Euro von seinem Schwager in der Tasche. Er musste für ihn die Fahrkarte nach Gran Canaria kaufen, einfach. Aber ein Ghanaer der Gruppe ließ das Geld verschwinden. Also rief er die Polizei, um den Diebstahl anzuzeigen. Anstatt sie zu verteidigen, verlangten die Polizisten jedoch ihre Dokumente.

Drei Stunden später wurden sie in eine der Zellen des Kommissariats eingesperrt. Sie blieben drei Nächte dort, unter dem Vorwurf, *Clandestini* zu sein. Michael und Peter hatten aber Papiere mit UNHCR Flüchtlingsstatus. Die Polizei erkennt diese Dokumente jedoch nicht an, obwohl das Gesetz 02/03 das vorsieht. Man weiß ja, die *Camarades* fälschen jede Art von Reisedokument. Michael rief das Büro des UN-Flüchtlingshochkommissariats an, es war aber spät. „Entschuldigen Sie, im Büro ist niemand, Sie können morgen wieder anrufen". Er rief am nächsten Tag wieder an, aber bis das Büro aktiv wurde, um die Abschiebung der fünf zu verhindern, war der Minibus schon unterwegs Richtung Oujda. Bevor sie an der Grenze ausgesetzt wurden, verbrachten sie weitere zwei Tage in der Zelle. Insgesamt waren sie fünf Tage in Haft, natürlich ohne Prozess und ohne Anwalt. Das Menü sah weder Wasser noch Nahrung vor. Der, der wirklich essen wollte, bezahlte es mit seinem eigenen Geld und musste außerdem dem Polizisten Trinkgeld geben, der Brot und Milch für alle besorgte. Als sie den Hunger, die Kälte und den Durst nicht mehr aushielten, erzählte Michael, begannen sie gegen die Eisentüre der Zelle des Kommissariats von Oujda zu klopfen, um die Polizisten zu rufen. Aber die Gendarme verloren kein Wort an sie. Die einzige Antwort waren Prügel bis sie ruhig waren und weiter auf dem eisigen Zementboden schliefen. Als sie mitten in der Wüste ausgesetzt worden waren, riefen sie den UNHCR in Rabat an. Dort wurde ihnen empfohlen, *La Fac* zu suchen, die Universität. Dort sollten sie nach der Telefonnummer von Jalloul fragen. Er arbeite für eine Organisation, die ihnen helfen könne. Ohne Vermittlung einer solchen Organisation würde sie die Polizei in keinen der Autobusse nach Rabat steigen lassen.

Doch Jalloul kam an diesem Abend nicht zu ihrer Verabredung. In der Zwischenzeit hatten ihn zwei Agenten in Zivil vor seinem Haus für eine zwei bis drei Stunden lange Befragung in einem Auto mitgenommen. Sie wollten wissen, was die beiden belgischen Journalisten hier in der Stadt tun. Sie hatten bei ihnen eine Videokamera entdeckt. Die beiden besaßen eine offizielle Erlaubnis für Recherchen zur Migration, aber die Zivilbeamten wollten wissen, was dahinter steckte.

Vermutlich liegen die verspäteten Interventionen des UN-Flüchtlingshochkommissariats an der bürokratischen Trägheit der Kommunikationsketten des UNHCR – Außenministerium, Innenministerium, Präfektur von Oujda. Aber reicht das wirklich, um die Abwesenheit des UNHCR angesichts andauernder, offensichtlicher und wiederholter Verletzungen des Asylrechts zu rechtfertigen?

Der erste Kommentar des UNHCR zu den Abschiebungen von Weihnachten kommt am 8. Januar. 16 Tage sind seit der großen Razzia von Rabat vergangen: 248 Personen wurden wenige Kilometer entfernt vom Sitz des UNHCR verhaftet, 70 der Verhafteten standen unter dem Schutz des UNHCR. „Das UN-Flüchtlingshochkommissariat bittet Marokko um die Einhaltung des Asylrechts", lautet das knappe Kommunique von *France Press*. Sonst nichts. Schließlich sind die Beziehungen des UNHCR mit dem Königshaus nicht die allerbesten. Die UNHCR-Funktionäre sind nicht autorisiert, Rabat zu verlassen und die Flüchtlinge haben keinen Zugang zu Arbeit und Gesundheitsversorgung. Es handelt sich nur um wenige Personen, 450 Flüchtlinge in ganz Marokko, in der Mehrzahl stammen sie aus dem Kongo oder der Elfenbeinküste. Durchschnittlich gibt es 1.200 Ersuchen um politisches Asyl im Jahr, von denen lediglich rund 20 anerkannt werden. Unhaltbare Zahlen für Marokko! Aber Europa gibt hier vor, was zu tun ist. Rabat bittet um Geld und tut dafür das, was verlangt wird.

Am 10. Januar brechen die letzten acht Flüchtlinge aus Oujda auf, die die Erlaubnis haben, nach Rabat zurückzukehren. Seit dem 23. Dezember konnten nur rund 100 Personen in ihre Häuser zurückkehren. Mindestens 200 sind erneut zu Fuß unterwegs, in kleinen Gruppen. Sie folgen den Gleisen oder den Hochspannungsleitungen zwischen den Feldern. Für viele bedeutet die Abschiebung auch, dass sie ihren Schlafplatz verloren haben. Die Häuser werden rasch neu belegt und zwischenzeitlich sind die Zimmerpreise für die Schwarzen ganz gewaltig gestiegen.

Nicht alle jedoch sind wieder in Richtung Rabat unterwegs. Am Campus verbleiben mindestens 300 Personen. Einige haben keinen Cent in der Tasche. Andere haben keine Kraft mehr. So manch einer hat seine Energie verloren, wie ein 21-jähriger junger Senegalese. Am 12. Januar fanden sie ihn am Ast eines Baumes hängen. Ein anderer Abgeschobener sieht ihn von weitem. Gerade noch schafft er es, den Knoten zu lösen. Der junge Mann ist gerettet. Fünf Tage danach, am 17. Januar, überfällt die Polizei den Campus.

Es ist fünf Uhr früh, Panik bricht aus. 40 Personen werden verhaftet, die anderen können in den Wald fliehen. Die

Maßnahmen sind brutal, Schlagstöcke prasseln auf die Leute nieder. Für die Verhafteten geht alles von vorne los. Wieder eingesperrt, wieder an die Grenze abgeschoben. Unterdessen werden im Schlagschatten der internationalen Medien die Abschiebungen fortgesetzt. In der Nacht vom 19. zum 20. Januar verhaftet man 103 Jugendliche bei einer neuen Welle von Razzien in Rabat. Weitere vier Flüchtlinge werden in Tetouan aufgegriffen und nach Oujda verbracht. In Handschellen müssen sie unter den Passagieren eines Linienbusses sitzen.

Zehn Tage zuvor, am 7. Januar, besteigen in El 'Ayun 80 *Camarades* unter Tränen und nur mit Sandalen bekleidet, eskortiert von Männern in Tarnanzügen, einen Autobus in Richtung Oujda. Unter ihnen sind auch 20 Frauen und vier Kinder, eines davon nur eineinhalb Jahre alt. Sie haben ihre Reisegefährten sterben sehen. Aber es ist noch nicht vorbei. Sie sind die Überlebenden eines Schiffbruchs an der Küste der Sahara. Das Schiff ist gekentert, kaum dass es losgefahren war. Der Junge am Steuer kannte das Meer nicht. Sie hatten ihm nur einen Kompass gegeben und den Motor angeworfen. Er musste ihn beschleunigen, immer geradeaus, bis zum Morgen. Der Atlantik hat dieser Herausforderung nicht widerstanden. Unter dem Schaum einer Welle verschlang das Meer 20 Passagiere, wenige Meter vom Ufer entfernt. Unter den Opfern sind auch vier Mädchen und vier kleine Kinder. Aber Oujda schließt sicher nicht wegen Trauer. Im Gegenteil, Ende Januar nehmen die Razzien zu.

Rabat erwischt es erneut am 30. Januar. Am selben Tag wird Casablanca im Viertel Marif, in Mohammedia, nahe der Medina durchkämmt. Resultat: 130 Festnahmen. Erneut werden die Flüchtlingsbescheinigungen vor den Augen der Abgeschobenen zerrissen. Zwei Tage danach, in der Nacht vom 1. zum 2. Februar, wird der Campus von Oujda erneut von der Polizei attackiert. In einem großen Feuer werden die Decken, Kartons, Vorräte und Kleider verbrannt. Die Verhafteten werden in kleine Transporter verfrachtet und zur Grenze gefahren, ohne dass sie vorher zur Präfektur gebracht wurden. Die anderen fliehen. Die schwarze Minderheit wird nunmehr so sehr unterdrückt, dass die Gewalt, die dabei angewendet wird, schon zum Alltag gehört. Oujda gewöhnt sich langsam daran.

Erbaut im Jahr 994 von Ziri Ibn Attia, wurde Oujda ein Jahrhundert später von den Almoraviden als strategischer Punkt für die Verteidigung des Maghreb und Andalusiens besetzt. Seit dieser Zeit wurde Oujda neun Mal zerstört und wieder aufgebaut, bis zum Zweiten Weltkrieg. Heute ist es der Schauplatz des Kriegs gegen die irreguläre Migration.

Seit mindestens zwanzig Jahren kommen die Bewohner Schwarzafrikas und Algeriens hier durch, um nach Marokko zu gelangen. Sie wollen Richtung Spanien, über die Meerenge von Gibraltar oder weiter südlich zu den Kanarischen Inseln, oder sie versuchen es über den Landweg – über Ceuta und Melilla. Die algerische Grenze liegt 13 Kilometer vom Zentrum entfernt. Offiziell wurde sie 1994 nach dem Attentat gegen das Hotel Asni in Marrakesch geschlossen, bei dem zwei spanische Touristen ums Leben kamen. Die Stadt ist wie ein Sieb. Nicht Wenige der 500.000 Einwohner leben vom Wirtschaftszweig Schmuggel. Um aus dem nahen Maghnia nach Oujda zu kommen reichen 15 Euro und ein Taxifahrer. In den letzten Jahren sind Zehntausende von illegal Reisenden hier durchgekommen. Ein Fluss, der stets angewachsen ist, bis zur großen Unterdrückung von Ceuta und Melilla im Herbst 2005. Damals zerstörte das marokkanische Heer die illegalen Camps in den Wäldern der Berge von Gourougou und Bel Younes und schob mindestens 1.500 Ausländer ab.

Der Campus ist seit 1999 zur Zuflucht geworden. Damals waren es nur Wenige. Sie konnten sich verstecken und unter den 340 Studenten aus Schwarzafrika untertauchen. Wenn auch die Polizei, wie schon erwähnt, das Universitätsgelände nicht betritt, um Proteste und Demonstrationen der Studenten zu vermeiden, gibt es in den Ferien, nachts oder in den frühen Morgenstunden relativ häufig Attacken durch Uniformierte. Vor der Ankunft des Königs oder europäischer Minister in der Stadt wird der Campus gesäubert, mal jede Woche, mal alle sechs Monate. Die Ältesten wissen das. Und sie haben begonnen, wachsam zu sein. Wenn die Uniformierten kommen, flüchten sie, manchmal bleiben sie einige Tage zwischen den Felsen außerhalb der Stadt versteckt. Dort helfen ihnen die Familien der nahen Dörfer. Arme Leute, oft Eltern oder Verwandte von jungen Leuten, die selber als *Clandestini* aufgebrochen sind, von al Hoceima, Nador und Tanger auf den *Zodiacs* in Richtung Spanien. Auf dem Campus gibt es die, die gerade erst angekommen sind und die, die seit Jahren hier leben und längst resigniert sind. Mousa lebt seit 2004 hier. Er fühlt sich sicherer als in Rabat *ville*. Und er hat das Leben im Wald satt. Er hat ein Ticket nach Spanien von den Nigerianern gekauft. Sie sollten von Hoceima losfahren. Er wartet nun schon seit einem Jahr.

Die Geschichte der Frauen ist ein Kapitel für sich. Im letzten Jahr haben Jalloul und Pater Joseph, der französische Pfarrer der kleinen post-kolonialen Pfarrei von Oujda ein nigerianisches Mädchen aufgenommen. Sie wurde stets von zwei Männern begleitet, die angaben, ihr Bruder und ihr Cousin zu sein und sie mit nach Rabat nehmen zu wollen. Aber sie war hartnäckig und wollte bleiben. Am Ende gab sie nach und erzählte die Wahrheit.

In den armen Vororten von Benin City boten die nigerianischen *Passeurs* ihrer Familie eine Reise nach Europa an. Sie würden sie begleiten, sie wüssten ganz genau den Weg. Es gab scheinbar kein Risiko und der Preis war niedrig: sie würden ihnen einen Gefallen tun. Eine handvoll Dollar in bar und ein Voodoo-Ritus um die Tochter unauflöslich an den Pakt mit den *Passeurs* zu binden. Aber die Realität sah anders aus: Die ganze Reise hindurch wurde das Mädchen gezwungen, sich für sie zu prostituieren. Eine monatelange Reise begann, bald eine Reise mit Kinderbauch. Auch das Kind war Teil des Budgets. Es war gewissermaßen die dritte Rate. Die schwarze Haut konnte schließlich Gold wert sein auf dem internationalen Adoptionsmarkt. Über das Mädchen ist nichts mehr bekannt. Wenn sie nicht ertrunken ist, wird sie wohl schon in Spanien sein. Einige Jahre anschaffen auf den Straßen Barcelonas werden ihr reichen, um die Schulden zu bezahlen oder um verrückt zu werden. „Dieses Jahr“, sagt Jalloul, „sind mindestens vier Frauen direkt aus dem Kreißsaal abgeschoben worden, nachdem sie entbunden hatten.“ Und zwei Frauen waren Teil der Gruppe von acht Personen, die im Dezember 2002, 15 Kilometer von Oujda entfernt, erfroren aufgefunden wurden. Fünf der Leichen wurden im christlichen Friedhof von Pater Joseph begraben. Wo die anderen drei Muslime, begraben wurden, weiß Jalloul nicht.

Ende Januar schlafen 400 Menschen auf den Basketballfeldern der Universität, zwischen Unkraut und Zement. Die humanitären Hilfsorganisationen schätzen jedoch, dass weitere 2.000 - 3.000 auf der anderen Seite der Grenze in Maghnia, Algerien lagern. Eine große Zahl für eine Stadt mit 130.000 Einwohnern. Eine Zahl, die weitere massenhafte Aufbrüche in Richtung Sahara, 2.000 Kilometer weiter südlich, an der Grenze zu Mali, befürchten lässt. Dasselbe geschah ein Jahr zuvor, im Dezember 2005, als hunderte von Abgeschobenen, die in Maghnia Zuflucht gefunden hatten, mit Gewalt auf algerische Lastwagen gepfercht und mitten in der Sahara ausgesetzt wurden.

Rund 800 Jugendliche leben versteckt in kleinen Gruppen in den Grotten des Grenzgebietes. Sie sind in der Nähe der Dörfer und Bauernhöfe zu finden, oder in einem Umkreis von 50 Kilometern in den Bergwäldern zwischen Oujda und Berkane, in Pinienhainen, gepflügten Feldern, Olivenhainen und Orangenplantagen. Dies ist eine Schätzung der Organisation *L'homme et l'environement*, Der Mensch und die Umwelt, die in Berkane die Verstecke der *Aventuriers* im Umkreis von 20 Kilometern kennt.

Zwei Mal pro Woche kommen sie in die Stadt. Am Dienstag zwischen den Zitronenständen im *Suq* und am Freitag beim Ausgang der Moschee. Friedvoll sitzen sie da und strecken lächelnd den Passanten die Hand hin, sie betteln um Almosen. Das haben sie in ihrem Land nie gemacht. Aber die Müdigkeit und die Frustration einer Reise, die jahrelang dauert, die Strafen und die ständigen Erniedrigungen haben den Jugendlichen auch die Würde geraubt. Die Heuchelei der neuen Gendarme des Mittelmeers haben sie in Monster verwandelt und zu *Clandestini* gemacht, den Unberührbaren unserer Tage. Es ist schwierig, auf Dauer eine solche Rolle einzunehmen. „Einige sind vollkommen verrückt geworden“, sagt Nagib kopfschüttelnd, der Präsident von *L'homme et l'environement*. „Vor einiger Zeit lief ein Mann nackt auf der Straße herum und hielt die Autos auf. Die Polizei hat ihn festgenommen, aber die Ärzte wussten nicht, was sie mit ihm machen sollten.“

Manchmal ist die Last der Niederlage so groß, dass auch der Verstand daran zerbricht. Jahre, die zwischen Wüste und Gefängnis verbracht werden, kilometerlange Fußmärsche, Schiffbrüche und erneut der Stacheldraht. Ohnmächtig, gemieden, gehetzt. Oft ohne Geld in einem fremden und feindlichen Land festgesetzt. Vor einem das Versagen, weil andere zu diesem Zeitpunkt bereits am Ziel sind. Hinter einem die Schuldgefühle, weil man selbst überlebt hat und weil es vielleicht besser gewesen wäre, wenn man selbst und nicht all die anderen gestorben wäre. In der Wüste zum Beispiel. Ein *Aventurier* in Bamako erzählte mir, dass er mit ansehen musste, wie zwei Freunde von ihm, in der Sahara von der Sonne ausgetrocknet, starben, nachdem sie dorthin von Algerien aus abgeschoben worden waren. Er entfernte sich jede Nacht 500 Meter von der Gruppe, um einen Verschlussdeckel voll Wasser des letzten Liters zu trinken, der in einem versteckten Kanister übrig geblieben war. Nur so konnte er sich retten. Wenn sie ihn entdeckt hätten, wäre er auf dieselbe Weise gestorben. In den Tagen danach durchwühlte er die Taschen der Leichen, die ausgestreckt im Sand lagen, auf der Suche nach Geld und Reisepässen. Es waren nur noch Mumien in Hemden, die letzten Überreste einer Reise, die im Zenith der Sonne zu Ende ging. Ihnen nützten die Habseligkeiten nichts mehr, ihm konnten sie das Leben retten. Es ist nicht leicht zu sehen, dass all ihre Mühen vergeblich waren.

Für die *Clandestini* wird es immer schwieriger in Marokko zu arbeiten. Früher einmal halfen sie den Bauern auf dem Feld, nahe den Wäldern, in denen sie versteckt lebten. Aber mit der Zunahme der Kontrollen, wollen die Bauern nichts mehr riskieren. Die Soldaten verbreiten böse Gerüchte. Sie behaupten, es sei gesetzlich verboten, den *Clandestini* zu essen und trinken zu geben. Sie hätten womöglich Krankheiten und würden Kinder stehlen, um sie zu schlachten. Das sind Gerüchte, aber hier läuft alles über Hörensagen. Auch die Strategien der *Clandestini*. Während der Fußballweltmeisterschaften in Deutschland versammelte einer per Mobiltelefon mehr als 400 Jugendliche auf den Bergen von Berkane. Frankreich spielte gegen Spanien im Achtelfinale und irgendjemand hatte das Gerücht verbreitet, die *Guardia Civil* klebe vor den Fernsehern und würde nicht die *Alambrada* kontrollieren, wie die Spanier den dreifachen Stacheldrahtzaun nennen, der die Grenze zwischen Melilla und Marokko verteidigt. Es war nicht so.

Heute gibt es nur noch Wenige hier in den Bergen. Sie leben in kleinen Gruppen, um nicht aufzufallen. Sie jagen die Tiere des Waldes, Hasen und Schildkröten, klauen verirrte Ziege, sammeln Wurzeln und lassen sich etwas von den Bauern geben. Sie schlafen auf der Erde oder in Höhlen. Wenn sie einen Arzt brauchen, rufen sie Giorgio Calarco an, den sizilianischen Arzt der Hilfsorganisation *Ärzte ohne Grenzen* in Marokko. „Ich glaube, dass meine Mobilnummer mittlerweile Teil der Überlebensausrüstung jedes *Clandestino* ist, der in Richtung Spanien aufbricht", scherzt Giorgio in einer Arbeitspause. Zu jeder Tages- und Nachtzeit erreichen ihn Anrufe von vollkommen Unbekannten. Sie nennen ihm einen Treffpunkt auf der Landstraße und lassen ihn den fiebernden Kranken neben der Straße finden. Bis zum Sommer 2005 behandelte Giorgio die Patienten direkt in den Camps in den Wäldern von Bel Younes und Gourougou hinter Ceuta und Melilla. Hier lebten mindestens 2.000 Menschen, die darauf warteten, den Stacheldraht der spanischen Grenze zu überwinden. Aber seit damals hat sich viel verändert. Die *Clandestini* können es sich nicht mehr erlauben, irgendwelche Verbindungen zu jemandem außerhalb des Waldes zu haben. Die Menschenjagd hat begonnen und diesmal macht man wirklich ernst damit. In Ceuta und Melilla sind innerhalb von zwei Jahren 24 Menschen gestorben, getötet vom Gewehrfeuer der *Guardia Civil* und des marokkanischen Militärs, zerfleischt von den messerscharfen Klingen des Stacheldrahts. Oder sie stürzten von den sechs Meter hohen Zäunen, die zum Schutz der Europäischen Union errichtet wurden. Aber das ist eine andere Geschichte.

Alambrada

Oben an den entrollten Stacheldrähten hängen Lumpenfetzen und Hemden. Sechs Meter weiter unten beleuchten die aufgeblendendeten Scheinwerfer der spanischen Militärjeeps das Schreckensbild der zehn Kilometer langen Grenzanlagen. Ich bin eben in Melilla angekommen, der spanischen Stadt an der marokkanischen Küste, direkt neben Nador. Die Meerenge von Gibraltar trennt Melilla von der Iberischen Halbinsel, eine Metallbarriere schützt ihre Rückseite vor Marokko. Jahrelang ist es Tausenden von jungen Afrikanern gelungen, in die spanische Enklave zu kommen, indem sie über diesen Zaun kletterten.

Die arabischen Beschriftungen sieht man nicht mehr, die kleinen Tische stehen in den Bars und nicht mehr draußen. Die Straßen sauber, die Gehsteige leer und die Autos parken nebeneinander aufgereiht. Alles scheint ordentlicher. Auf der Straße trifft man nur joggende Mädchen in Leggings mit Kopfhörern und einem Hund an der Leine. In den Lebensmitteläden wird Schinken und Schweinefleisch angeboten. Die Landschaft wirkt anheimelnd, aber der Blick will sich nicht vom Stacheldraht lösen. Für einen italienischen Touristen sind für die Einreise nach Melilla nur zehn Minuten Geduld für das Ausfüllen des Ausreiseformulars aus Marokko nötig. Es fehlen nur ein Stempel im Pass und 200 Meter Fußweg zwischen drei Reihen parkender Autos, die vor der mit gelangweilten Polizisten bevölkerten Zollstelle warten. Für einen Jungen, der in Dakar oder Bamako geboren wurde, kann die Einreise nach Melilla das Leben kosten.

Ich verlasse die Stadt entlang der Straße, die die zehn Kilometer lange *Alambrada* säumt. So nennen die Spanier die metallene Grenze, die die Stadt von Afrika trennt. Das orangefarbene Laternenlicht zeigt die Details der sechs Meter hohen Zaunanlagen. Sie laufen parallel, sechs Meter von einander entfernt. Zwischen den beiden ist ein niedrigeres Netz, ca. drei Meter hoch. Der erste Stacheldrahtzaun wird von einem metallischen Netz in Form eines L gekrönt. Wenn man hinaufklettert um es zu überwinden, muss man sich am kürzeren Arm des L festhalten. Durch das Gewicht dreht sich dieser Arm 90 Grad nach unten. Man kann nur noch mit größter Mühe daran hängen. Aber das ist nur der Anfang. Zwischen dem ersten und dem zweiten Zaun ist ein feines Gitternetz, das aus Stahlfäden gewoben ist. Dessen Maschen breiten sich durch Gewicht aus. Menschen die darauf landen, können sich nicht mehr bewegen, falls sie nicht ohnehin schon – aufgrund des Sturzes aus dieser Höhe – schwer verletzt sind. Der Kontakt mit den Drähten aktiviert ein Alarmsystem. Spezialduschen beginnen Wasser und Pfefferspray zu sprühen, die Augen beginnen zu brennen und das Licht der Scheinwerfer, die alle 125 Meter montiert sind, blendet die von der Dunkelheit der Nacht erweiterten Pupillen. Die dritte Barriere zu überwinden bedeutet, sich über zwei Reihen Stacheldraht, die auf sechs Metern Höhe auf beiden Seiten des Zauns befestigt sind, zu werfen. Das alles im Zeitraum von wenigen Sekunden. Durch Radaranlagen, die auf den Kontrolltürmen entlang der Straße montiert sind, spürt die *Guardia Civil* jede Bewegung im Umkreis von zwei Kilometern auf. Binnen weniger Minuten können die Wachleute an Ort und Stelle sein, ausgerüstet mit Gewehren, die mit Projektilen voll Wut und Gummigeschossen gefüllt sind.

Melilla ist eine Art Miniatureuropa und die zehn Kilometer Grenzanlagen, Gitter, Stahlseile, Türmchen und Stacheldraht sind die perfekte Metapher für die Politik aus Brüssel: besessen, abgeschirmt, spendierfreudig und mit zivilem Anstrich. Intelligente Barrieren, Videokameras, Pfefferspray, kleine Scheinwerfer und Gummigeschosse verlangsamen den Lauf der *Clandestini* und ermöglichen das sofortige Eingreifen der spanischen Polizei. Von der anderen Seite des Zauns können sie dann abgeschoben werden. Ein teures System, das die EU 20 Millionen Euro gekostet hat. Eine Antwort auf die Ängste eines Kontinents vor einer Invasion, die es nicht gibt. Die Grenzen von Europas Wachposten sind heutzutage dank der Technologie der neuen Zäune so gut wie undurchdringlich. Diese Technologie erlaubt es zu unterdrücken, ohne weh zu tun. In der Partie gegen die irreguläre

Immigration hat Europa gelernt, Samthandschuhe anzuziehen, um die öffentliche Meinung nicht gegen sich aufzubringen. Die Drecksarbeit wird den Gendarmen auf der anderen Seite der Barriere überlassen.

Um von Melilla nach Nador zu gelangen, geht man zu Fuß an den letzten Häusern der Peripherie der marokkanischen Stadt entlang. Hier streift der Stacheldraht die Wäsche, die auf den Terrassen trocknet. In den Höfen der Wohnhäuser jagen die Kinder einem Ball hinterher, während drei Männer in Tarnkleidung zusammengekauert vor einem grünen Zelt Tee trinken, die Gewehrläufe neben sich. Seit 2005 hat Marokko mindestens 1.600 Männer der Hilfstruppen entlang des Grenzzaunsfür Europa aufgestellt. Es reicht ein Blick, um die Militarisierung der Grenze wahrzunehmen. Alle zehn Meter gibt es ein Militärzelt, alle zehn Schritte einen Soldaten mit einem Gewehr in der Hand. Sie lagern auf eingeebneten Landstrichen zwischen den Wäldern in den Bergen oder unter Balkonblumen und schmutziger Wäsche an den Rändern von Nador. Sie sind die neuen Gendarme des alten Kontinents. Seitdem die Stadt militarisiert worden ist, sieht man keine *Camarades* mehr auf den Straßen. Früher kamen sie auch am helllichten Tag, um zu betteln oder den Müll auf der Suche nach nützlichen Dingen zu durchforsten, Kleider, Schuhe, Handschuhe, Wachstücher, Pfannen, Kanister und Eimer für das Leben im Wald. Seit Jahren leben rund tausend Menschen aus ganz Schwarzafrika in Gruppen in den dichten Pinienwäldern des Gourougou, einem 900 Meter hohen Berg hinter der spanischen Stadt. Sie alle haben die Hoffnung, eines Tages den Zaun zu überwinden.

„Nach den kollektiven Abschiebungen im Jahr 2005, blieben nur noch etwa 100 junge Männer in den Bergen“, schätzt Chakib al Khayyari, Präsident der Menschenrechtsorganisation des Rifs, *Ardh*. Sie müssen sich verstecken, denn wenn sie sich in der Stadt blicken ließen, würden sie verhaftet und binnen weniger Tage nach Algerien abgeschoben. „Es ist eine richtige Menschenjagd“. Chakib kennt ihre Verstecke gut, aber er will mich nicht begleiten. Vor kurzem durchbrach seine Organisation die von der Haschisch- und

Marihuana-Mafia auferlegte Mauer des Schweigens, die jeden Abend tonnenweise Ware nach Spanien bringt. Seit damals lebt er mit Todesdrohungen. „Sie verfolgen mich. Im Wald könnten sie mich umbringen und dann behaupten, es sei ein *Clandestino* gewesen.“

Chakibs Organisation hat die Nebenwirkungen der Repressionen sehr genau dokumentiert, die Madrid in Übereinstimmung mit Brüssel in den Wäldern rund um Melilla sowie in den Bergen von Bel Younes in Ceuta durchgesetzt hat. Ceuta ist die andere, weiter nördlich liegende spanische Stadt auf marokkanischem Territorium. Sie liegt auf der südlichen Seite der Meerenge von Gibralter und ist nur 14 Meereskilometer vom spanischen Festland entfernt. 2005 wurden 13 Menschen in Melilla und vier in Ceuta durch Gewehrsalven der marokkanischen und spanischen Polizei getötet. Eine Frau wurde in der Kaserne vergewaltigt, hunderte Flüchtlinge wurden schwer verletzt, weil sie in die Zaunanlage stürzten oder vom Stacheldraht aufgespießt wurden. Oft wurden sie aber auch von den Soldaten nach der Verhaftung geschlagen und dann nackt und ohne Schuhe im Wald ausgesetzt. Ich puste auf meinen Kaffee, Chakib erzählt weiter.

1997 war die Metallbarriere in Melilla fertig, 1998 die in Ceuta. Drei Meter Stacheldraht isolieren die beiden von Spanien und Marokko umkämpften Städte vom restlichen afrikanischen Kontinent. Der Zaun wurde zwischen 2005 und 2006 verdoppelt und auf sechs Meter erhöht. 1998 wird bereits das integrierte System der Außenüberwachung (SIVE) für die Kontrolle der Gewässer der Meerenge von Gibraltar aktiviert. Damals kamen jedes Jahr tausende Männer nach Spanien. Wenn sie die Zäune überwunden hatten, verschwanden sie in den Wäldern des Tals, ohne dass das Militär sie bemerkte. Es reichten ein paar Gartenscheren und Sprossenleitern, die aus den Bäumen des Waldes gefertigt wurden. Kleine Gruppen von 10-20 Personen gingen in das Tal hinab. Die Glückskinder unter ihnen hatten Handschuhe, um ihre Hände zu schützen, und sie stopften ihre Kleidung aus, um nicht vom Stacheldraht aufgespießt zu werden. Einmal in der Stadt angelangt reichte es, eine Legalisierung in den Aufnahmelagern abzuwarten, oder sich in einem der vielen Lastwagen zu verstecken, die sich jeden Tag in Richtung Spanien einschifften.

Vor der großen Repression im Jahr 2005 lebten in den Wäldern Angehörige von mindestens 30 verschiedenen Nationalitäten aus ganz West- und Zentralafrika. In Gourougou waren etwa 600 - 700 Menschen, in Bel Younes, auf den Bergen, die in Richtung Ceuta und Spanien blicken, mindestens doppelt so viele. Die meisten von ihnen kamen aus Kamerun, Mali und Nigeria. Versteckt zwischen den Bäumen formierte sich eine Parallelgesellschaft, die sich mit eigenen Gesetzen und Institutionen organisierte, aufgeteilt nach den verschiedenen Nationalitäten. Es sind fast alles Männer, das Durchschnittsalter ist 25. Jede Gruppe wird von einem Präsidenten, *Chairman*, und seinem „Exekutivbüro" geleitet, das aus einem Finanzminister und einem für die Sicherheit verantwortlichen Offizier besteht. Sie werden von der Mehrheit aufgrund ihres Alters in einer Versammlung gewählt. Das Exekutivbüro setzt sich dafür ein, dass die Gesetze respektiert und die alltäglichen Notwendigkeiten wie Nahrung, gleichmäßig verteilt werden. Es ist alles sehr demokratisch, in den Wäldern gibt es keine *Passeurs*, man bezahlt niemanden, um die *Alambrada* zu überwinden. Hier versucht jeder selbst sein Glück – mit einer Leiter aus Ästen und einem Paar Handschuhen. Viele leben monatelang so, oft gehetzt von den marokkanischen Militärs.

Dem, der zahlen kann, reichen 2.000 Euro versteckt in einem Sandwich, zwischen Huhn und Salat. Der Chauffeur bietet den Soldaten an der Grenze ein Sandwich an und der Lastwagen passiert ohne große Kontrollen. Versteckt unter Erdladungen gelangt jede Nacht jemand nach Melilla, vor allem Inder, Bangladeschis und Pakisti. Aufgrund ähnlicher Geschichten wurde schon gegen Männer der *Guardia Civil* und der marokkanischen Gendarmerie ermittelt.

Für die Überquerung der Meeresenge reicht dann sogar noch weniger. Vor den Kontrollen der *SIVE* war alles viel einfacher. Aber auch heutzutage fährt man immer noch los, lediglich weiter südlich, von al Hoceima und Larache und von Oran in Algerien aus. Doch das Risiko, in einem Schlauchboot zwischen den Säulen des Herkules zu ertrinken ist extrem hoch. Seit 1988 haben mindestens 1.262 junge Menschen die spanische Küste nicht erreicht.

Im Wald ist es anders. Hier hat niemand auch nur einen Cent in der Tasche. Hier sind die, die alles verloren haben und oft nicht einmal ein Zuhause besitzen, in das sie nach einer jahrelangen Reise zurückkehren können. Europa wird also neben der Obsession auch zur Rettung. Niemand wird sich vom Krieg zurückziehen. Im Wald lebt man zwischen Feuerstellen, Plastikeimern, Pfannen und Schmutzwäsche unter Zelten aus Wachstüchern, die an den Pinien und mit Hilfe von Steinen und Felsblöcken auf der Erde befestigt werden. Als Bett dienen Holzkisten für die neu angekommenen und Decken für die, die schon länger da sind. Jeden Morgen sorgt ein Team dafür, dass die Kanister an den Quellen aufgefüllt werden und Holz für das Feuer gesammelt wird. Darauf wird weißer Reis gekocht, gespendet von marokkanischen Bauern aus dem Tal oder den Nichtregierungsorganisationen, die das Lager besuchen. Der, der die Gesetze nicht respektiert, wird dazu verurteilt, diese Arbeiten für die Gemeinde eine gewisse Zeitlang zu verrichten. In den Wäldern bleibt man mindestens ein Jahr, bis man den Zaun überwindet, oder verhaftet und nach Oujda, 50 Tagesmärsche von Bel Younes entfernt, abgeschoben wird. Jeder Tag wird den Vorbereitungen gewidmet, dazwischen spielt man Karten oder Fußball und versucht mit einem kleinen Radio die spanischen Sender aufzufangen. In der Zwischenzeit kuriert ein der von der Gruppe ernannter Medizinmann die Verstauchungen und Verletzungen mit Kräutern und heißen Umschlägen. Das Gebet wird von einem Imam oder einem Pastor skandiert, der von der Gemeinde damit beauftragt ist, Taufen und Begräbnisse zu begehen. Taufen, weil die wenigen Frauen, die unterwegs sind, während ihrer zwei oder drei Jahre währenden Reise oft Kinder gebären. Begräbnisse, weil alles wahr ist: im Wald stirbt man, getötet von einer Infektion oder Lungenentzündung, aufgespießt beim Überwinden der Zaunanlagen oder erschossen von den Hilfssoldaten.

2005 veröffentlichte die Nichtregierungsorganisation *Ärzte ohne Grenzen* einen Bericht über ihre Arbeit in Marokko.

Von den 9.350 Patienten, die von April 2003 bis Mai 2005 behandelt wurden, wurde einer von vier beim Sturz von den Grenzzäunen von Ceuta und Melilla oder durch die Misshandlungen der marokkanischen oder spanischen Ordnungskräfte verletzt. Mindestens seit dieser Zeit hat Marokko ein systematisches Unterdrückungssystem gegen die Migranten gestartet, das aus Razzien und Abschiebungen besteht. Irreguläre Auswanderung ist ein Verbrechen gemäß Gesetz Nr. 2 vom Januar 2003. Zwischen November und Dezember 2003 wurden rund 1.000 Nigerianer verhaftet und per Flugzeug nach Nigeria abgeschoben. Die Europäische Kommission applaudiert. Brüssel hat die Finanzierung freigegeben und Rabat gehorcht. 2004 werden 18.319 Personen nach Oujda abgeschoben, 2.850 davon wurden zwischen Nador und Melilla verhaftet. Aber mittlerweile beginnt *Ärzte ohne Grenzen* die Grausamkeiten und Tötungen rund um die beiden spanischen Städte anzuprangern.[3]

Am 22. Februar 2004 eröffnen marokkanische Hilfssoldaten in Melilla das Feuer auf eine Gruppe von Senegalesen hinter dem Zaun. Einer der jungen Männer stirbt, als sein Kopf von einem Projektil getroffen wird. Weitere zwei werden verletzt in eine Klinik gebracht – der eine ist an der Schulter, der andere am Arm getroffen. Gleich nach ihrer Entlassung werden sie aus dem Krankenhaus von Nador nach Algerien abgeschoben. Man beginnt Ernst zu machen. Im April besucht der spanische Premierminister José Luis Zapatero Marokko. Seinem Besuch gehen eine Reihe von Verhaftungen und Razzien voraus. Zwei Nigerianer sterben, sie werden bei Melilla vom marokkanischen Militär getötet. In Bel Younes, entlang der Grenze mit Ceuta, ist die Situation ähnlich gravierend. In der Nacht vom 6. Oktober 2004 überrascht eine Gruppe von Soldaten einen jungen Senegalesen, der sich in Panik aus fast vier Metern Höhe vom Zaun fallen lässt, den er gerade überklettert hat. Dabei bricht er sich die Hüfte und erleidet Fleischwunden durch den Stacheldraht. Er kümmert sich nicht um den Schmerz und versucht aufzustehen. Er schafft es nicht und bleibt auf dem

[3] Report on illegal sub Saharan immigrants in Morocco, einsehbar online unter http://www.meltinpot.org/IMG/pdf/Report_MoroccoENG_DFF.pdf

Boden liegen, unfähig sich zu erheben. Die Soldaten umringen ihn, es gibt Fußtritte gegen die Nieren. Als sie bemerken, dass er schwer verletzt ist, gehen sie weg. Am Morgen findet ihn ein marokkanischer Bauer und verständigt die Kameraden im Wald, dank der Nummern, die in seinem noch angeschalteten Mobiltelefon gespeichert sind.

Die marokkanischen Hilfssoldaten haben – faktisch – die Lizenz zum Töten. Aber auch die *Guardia Civil* steht ihnen in nichts nach. Am 3. Januar 2004 gelingt es einem 28-jährigen Kameruner den Zaun von Melilla zu überwinden, er wird jedoch sofort von der spanischen Polizei festgenommen. Die Polizisten misshandeln ihn und binden ihm dann seine Handgelenke mit einem Nylonband zusammen und lassen ihn halb ohnmächtig auf der anderen Seite der Barriere liegen. Einige Kameraden aus dem Wald finden ihn drei Tage später, halb verdurstet und ausgehungert. Von den *Ärzten ohne Grenzen* versorgt, leidet er aufgrund des starken Drucks auf die Handgelenke durch die engen Nylonfesseln weiterhin an Durchblutungsstörungen und neurologischen Problemen. Seine Geschichte ist nur eine unter den vielen Vorkommnissen des Jahres 2004, die im erschreckenden Bericht von *Ärzte ohne Grenzen* dokumentiert sind. Das große Jahr der Repression ist jedoch 2005.

Vom 12. bis 14. Januar 2005 durchkämmen 1.200 Männer der marokkanischen Sicherheitskräfte mit Unterstützung von 25 Jeeps und drei Helikoptern die Täler von Gourougou vor den Toren von Melilla. Die Migrantencamps im Wald werden zerstört, um Platz für ein Militärcamp zu schaffen. In zwei Nächten Menschenjagd werden 270 Männer verhaftet und sofort nach Oujda abgeschoben. Seltsamer Zufall: fünf Tage später, am 19. Januar, kommt der spanische König Juan Carlos auf einen Besuch nach Marokko. Er kann König Mohamed VI. gratulieren.

Am 9. Februar ist Bel Younes an der Reihe. In der Nacht zerstören 600 Soldaten ein Camp in den Wäldern in den Bergen. Zelte, Leitern und Kleider werden verbrannt. Am nächsten Tag kehren sie erneut zurück. Am Ende der Operationen werden 210 Personen festgenommen und an der algerischen Grenze ausgesetzt. Vier Tage später findet ein Team von *Ärzte ohne Grenzen* einen 20-jährigen Mann aus der Elfenbeinküste im Wald mit einer tiefen Wunde am Knie. Er war auf einen Stein gefallen, während er vor den Polizisten und ihren Hunden floh. Zwei Wochen verstreichen und in der Nacht des 26. Februar überrascht die *Guardia Civil* drei Guineer beim Versuch, den Grenzzaun von Ceuta zu überwinden. Die Agenten stoppen sie, öffnen das Tor und sagen ihnen, sie sollen dorthin zurückkehren, woher sie kommen. Unterdessen schießen sie in die Luft, um die marokkanischen Hilfssoldaten herbeizuholen. Die kommen sofort. Die drei versuchen zu fliehen, doch die Soldaten fangen den jüngsten der Gruppe, Jahrgang 1991. Mehr als eine halbe Stunde lang vergewaltigen zwei der Agenten ihn in einer nahen Höhle. Zuerst abwechselnd und dann zusammen, unter der Androhung, ihn nach Algerien zu schicken, falls er jemandem davon erzählt. Die Razzien und Missbräuche wiederholen sich im Mai 2005 in Bel Younes und Gourougou sowie erneut am 5. Juli in Bel Younes.

Die Attacken der Polizei werden immer häufiger. Die Camps werden zerstört und die Verhafteten nach Algerien abgeschoben. Die Quellen von Bel Younes werden von den Militärs überwacht. Alles deutet darauf hin, dass nur noch wenige Monate bleiben, um die Partie zu gewinnen, bevor die Kälte des Winters hereinbricht. Die Verzweifeltsten versuchen in der Nacht die Strände von Ceuta schwimmend zu erreichen. An der Küste von Benzù werden im Laufe des Jahres 2005 fünf ertrunkene Männer gefunden.

Unterdessen haben einige der Männer, die in den Wäldern leben, die Idee, in großen Gruppen aufs Ganze zu gehen. Die alten *Chairmen* sind nicht einverstanden. Sie fürchten den Bumerangeffekt einer größeren Sichtbarkeit und somit eine verstärkte Repression. Aber am Ende gewinnt die Taktik des gemeinsamen Durchbruchs der Neuankömmlinge. Am 25. Juni 2005 versucht eine Gruppe von etwa 500 jungen Männern, den Zaun zwischen Nador und Melilla zu überwinden. Das marokkanische Militär und die *Guardia Civil* bleiben nicht untätig. Sie verstärken die Razzien. Die Camps verlagern sich immer mehr ins Inland. Die Strategie des Massenangriffs jedoch bewährt sich. Am 28. August gibt es einen Toten, als 300 Jugendliche mitten in der Nacht den Zaun mithilfe von Leitern erstürmen. Die *Guardia Civil* kommt und eröffnet das Feuer auf die Menge. Akabang José Abuna aus Kamerun, Jahrgang 1988, wird wiederholt von einem spanischen Polizisten mit einem Gewehrlauf ins Gesicht und in den Bauch geschlagen. Ein Kongolese erhält dieselbe Behandlung. Nach der Übergabe an das marokkanische Militär wird er in das Krankenhaus von Nador eingeliefert. Dort stirbt er. Akabang wird mit einer Gruppe Männer mitten im Wald ausgesetzt. Wenige Stunden darauf stirbt auch er an inneren Blutungen.

Die Nachricht erregt Aufsehen. Journalisten aus aller Welt kommen, um von der Belagerung Europas zu berichten. Fettgedruckte Schlagzeilen sprechen von einem mittelalterlichen Überfall, „Illegalen" und Militärstrategien. Andere meinen, dass sich unter den Männern von Gourougou Miliz-Experten befinden, die aus afrikanischen Ländern fliehen, in denen Bürgerkrieg herrscht. Die Zeitbombe tickt, der Countdown läuft. Am 8. September versucht eine Gruppe von 200 Personen den doppelten Zaun von Melilla zu überwinden, vier Tage danach stirbt einer von ihnen im Krankenhaus von Nador, wohin er aufgrund seiner schweren Verletzungen gebracht worden war. Es wird keine Untersuchung zu diesen Tötungen veröffentlicht, ebenso wenig zu den beiden der darauf folgenden Woche. Am 15. September stirbt ein junger Mann, nachdem er von einem Gummiprojektil der *Guardia Civil* getroffen wurde. Am selben Tag stirbt ein junger Malier nach einem schweren Sturz auf der Flucht vor den uniformierten Marokkanern. Es herrscht Hochspannung. Fast jeden Tag versuchen hunderte Jugendliche in Ceuta und in Melilla die Barrieren zu überwinden. Jeder Versuch wird mit Verhaftungen, Gewalttätigkeiten, Abschiebungen und neuer Alarmstimmung beantwortet. Bis dann die Zeitbombe explodiert, genau an dem Tag, an dem die Regierung von Madrid in Sevilla die Minister aus Rabat empfängt.

Am 29. September attackieren um drei Uhr morgens 500 Männer die Grenze von Ceuta. Die marokkanische Polizei eröffnet das Feuer. Vier Männer fallen auf die Erde, tödlich getroffen liegen sie in einer Blutlache. Die anderen werden verhaftet, 45 verletzt: von den Projektilen, dem Stacheldraht, oder einem Sturz vom Zaun. Die Nachricht eröffnet die spanisch-marokkanische Konferenz in Sevilla. Rabat präsentiert hier die Resultate der zwei großen Razzien, die zwei Tage zuvor auf der Jagd gegen die Schwarzen der Arbeiterviertel von Tanger, Fez, Rabat und Casablanca durchgeführt wurden. Die Unterdrückung der irregulären Migration ist das zentrale Thema des Gipfels, Spanien fordert den Vollzug. Gesagt, getan. An eben diesem 29. schickt Madrid das Militär in die beiden Städte und verspricht neue Grenzanlagen – höher und sicherer. Rabat arbeitet diskret. Die Partie ist mittlerweile gewonnen, das letzte Match endet am 6. Oktober in Melilla, es ist dasselbe Muster. Mehrere hundert Männer, die des Nachts aus den Wäldern kommen, stützen ihre Leitern aus Ästen auf den Stacheldraht und beginnen hinaufzusteigen. Die marokkanischen Hilfssoldaten eröffnen das Feuer, während die Spanier Tränengas und Gummigeschosse einsetzen. Die Schüsse töten sechs Jugendliche, es gibt 30 Verletzte. Am Tag danach stirbt in Nador ein weiterer Jugendlicher, der von spanischen Kautschukpatronen getroffen wurde. Ende. Die Scheinwerfer werden ausgeschaltet, der Vorhang fällt. Keine Horden von Barbaren mehr, der Wald ist geleert worden. In wenigen Wochen werden fast 3.500 Emigranten ohne Reisepass verhaftet. Unterdessen beginnen sich Nichtregierungsorganisationen, Journalisten und Vereinigungen zu fragen, was wohl aus ihnen geworden ist.

„Sie haben uns mitten in der Wüste ausgesetzt, wir wissen nicht wo. Vielleicht 100 oder 200 Kilometer von Bouarfa entfernt. Wir gehen und gehen, aber der, der es nicht mehr schafft, hält an. Wir sind in Richtung Algerien gegangen, aber die Algerier bedrohen uns, sie sind bewaffnet und bereit zu schießen. Es ist ein Fußballspiel, das zwischen Algerien und Marokko ausgetragen wird und wir sind der Ball.“[4]

Das Telefonat eines jungen abgeschobenen Senegalesen löst den Alarm aus. Organisationen und Journalisten brechen auf, auf der Suche nach tausenden von Männern, die in wenigen Tagen verschwunden sind. Sie fahren in die Region

---

[4] *Le livre noir de Ceuta et Melilla*, Das Schwarzbuch von Ceuta und Melilla, online zugänglich auf http//:www.migreurop.org/IMG/pdf/livrenoir-ceuta.pdf

von Bouarfa, Marokko, 350 Kilometer südlich von Oujda, östlich von Rachidia, inmitten der Wüste, entlang der Grenze mit Algerien. Ein Teppich, gewoben aus 1.500 Menschen sitzt rund um die Häuser eines kleinen Dorfes, in T-Shirts und Sandalen, unter der Hitze der Sonne, am Horizont nur Sand. In Turbane gehüllt, bringen die Bewohner von Ain Chouatar immer wieder Brot, Milch, Reis und was immer den Abgeschobenen neue Kraft gibt. Es gibt viel mehr Abgeschobene als Dorfbewohner. Tagelang waren sie zwischen Marokko und Algerien unterwegs, ohne Wasser und Nahrung. Zeugen sprechen von mindestens 28 Bussen, mit je 45 bis 80 Passagieren, die die Region zwischen Samstag, dem 1. und Dienstag, den 4. Oktober durchquert haben. Nachdem sie in Gourougou und Bel Younes und bei den Razzien in Tanger, Rabat, Fez und Casablanca verhaftet worden waren, wurden sie zuerst in Oujda konzentriert, wo die marokkanischen Kräfte ihnen Geld, Uhren und Mobiltelefone abnahmen. Per Autobus brachte man sie in Handschellen nach Buarfa. Dort pferchte man sie in Militärlastwagen und setzte sie in der Dunkelheit der Nacht in kleinen Gruppen an der Grenze aus. Die algerischen Soldaten gaben den ersten Abgeschobenen, die dort auftauchten, etwas zu essen, bevor sie sie zur marokkanischen Grenze zurückbrachten. Aber ein gegenteiliger Befehl von Algier änderte bald die Regeln: unter Waffenandrohung wurden alle anderen von den algerischen Soldaten dazu verpflichtet, zurückzukehren. Offenbar hat Marokko Algerien nicht über die Wiederaufnahme der 1.500 informiert. Sie haben sie einfach in den Tod geschickt, ohne Wasser und Nahrung, ohne Mobiltelefone. Außerdem kappten sie sogar die Elektrizität von Ain Chouatar, dem einzigen Dorf im Umkreis, um den Abgeschobenen jeden Bezugs- und Orientierungspunkt zu nehmen. Offiziell handelte es sich um einen technischen Störfall, aber seltsamerweise passierte es genau bei der Ankunft der ersten Abgeschobenen. Das Dorf blieb eine Woche lang ohne Strom. Wenn es nicht die Beleuchtung einer Verstärkerantenne gegeben hätte und es nicht ein paar Wenigen gelungen wäre, ihr Mobiltelefon vor einer Beschlagnahmung in Oujda zu verstecken, hätte es eine noch nie da gewesene Katastrophe gegeben. Vollkommen desorientiert marschierten die Migranten in Richtung des roten Lichts, das sie hinter dem Horizont aus Sand und Fata Morgana sehen. Es ist eine Telefonantenne in der Nähe des Dorfes Ain Chouatar. Nach einigen Stunden oder Tagen Marsch, je nach dem, an welchem Punkt sie ausgesetzt worden waren, erreichte eine Gruppe nach der anderen das Dorf. Die ersten, die ankamen, wurden erneut von den hartnäckigen marokkanischen Kräften nach Algerien abgeschoben. Dann aber kamen 1.500 Menschen und die Medien zeigten der Welt die Bilder von Dutzenden und Hunderten Menschen, die von den kilometerlangen Wanderungen unter glühender Sonne und ohne Wasser gezeichnet waren. Moralisch und physisch in desolatem Zustand, dehydriert und unterernährt. Übereinstimmende Zeugenaussagen sprechen von mindestens 20 Toten, die entlang der Strecke unter ein wenig Sand liegen gelassen wurden. Zudem wurden etwa 30 Menschen bei den letzten Attacken auf die Grenzanlagen von Ceuta und Melilla verletzt. Die Militärs setzten sie trotz ihres prekären Gesundheitszustands aus, darunter auch Frauen, mindestens zwei davon schwanger, Kinder und politische Flüchtlinge. Ein Universitätsstudent sieht sich unentwegt um, ganz verloren. Sie haben ihn nur wegen seiner Hautfarbe abgeschoben. Noch kann er nicht glauben, was er sieht.

Unterdessen klagen die internationalen Medien Rabat an. Die marokkanische Regierung ändert ihre Strategie. Am Abend des 8. Oktober transportiert ein Konvoi von Bussen und Lastwagen die Abgeschobenen in die von Bouarfa aus nächstliegende Stadt. Malier und Senegalesen werden dort von den anderen getrennt und in einen Autobus Richtung Oujda verfrachtet. Zwei Tage danach organisiert die *Royal Air Maroc* eine Luftbrücke mithilfe von Senegal und Mali, das Flugzeug stellt die *International Organisation for Migration* (IOM) zur Verfügung. Alle anderen werden in der Nacht in rund 20 Bussen zu einem unbekannten Ziel im Süden losgeschickt, in Handschellen und misshandelt. Sie fahren über Rachidia. Ihnen folgen vier neue Busse aus Nador. Mehr als 200 Männer sind an Bord, die während der letzten Anstürme am 6. Oktober, die sechs Menschen das Leben kosteten, in Melilla verhaftet wurden. Seit zwei Tagen sind sie ohne Wasser und Nahrung mit unbekanntem Ziel unterwegs. Alle haben Angst vor einer neuen Abschiebung, Angst vor der Wüste.

Die Karawane von Bussen, eskortiert von den Militärs, fährt weiter in drei Richtungen gen Süden: es geht entlang der algerischen Grenze von Assa und Zag; entlang der mauretanischen Grenze im äußersten Süden der Westsahara, in Richtung Bir Guendouz, 2.000 Kilometer südlich von Rabat; und entlang derselben Grenze auf der Seite von Smara, weiter östlich. Das ist die Strategie von Rabat: die Migranten an der Grenze abzuschieben, die sie angeblich „verbrannt", also überwunden haben. Aber Nouakchott macht nicht mit und wehrt sich, Tausende von Abgeschobenen ohne Nachweis ihrer Durchreise durch Mauretanien aufzunehmen. Die Busse müssen zurückfahren. Am 11. Oktober begleiten erneut 19 Busse mehr als 800 Abgeschobene zur Militärbasis von Bou Izakarn nahe Guelmin, 650 Kilometer südlich von Rabat. Weitere drei Lastwagen des marokkanischen Heers verlassen die Basis, um eine Gruppe von Jugendlichen aufzulesen, die in der Wüste ihrem Schicksal jenseits eines Sandwalls in einem verminten Gebiet überlassen worden war. Nicht alle Busse jedoch machen kehrt. Alarm geschlagen hat *Minurso*, die UN-Mission in der Westsahara, die nach dem Anruf eines der Abgeschobenen die Suche nach einer verlassenen Gruppe in der Wüste aufnimmt. Drei Hubschrauber finden 115 Männer, alleingelassen zwischen den Dünen. Sie werden von der Sahrawi-Befreiungsfront Polisario in Tindouff, Algerien, aufgenommen. Unterdessen werden 304 Personen in Dakhla, an der Südküste der Sahara in Gewahrsam genommen und nach Guelmin gebracht. Im Norden des Landes hingegen, in Taouima in der Provinz von Nador, beherbergt eine weitere Militärbasis fast 1.000 Personen.

Ganz so als ob nichts geschehen wäre, schiebt Spanien am 6. Oktober 73 Afrikaner aus Ländern südlich der Sahara über Tanger ab. Falls die Bilder der Massenabschiebungen in der Wüste weltweites Aufsehen erregt haben sollten, ist das unwichtig. Madrid beruft sich auf eine nie verwendete Klausel eines alten Rücknahmeabkommens von 1992, das

Marokko dazu verpflichtet, alle Migranten, die durch ihr Territorium gekommen sind, ohne irgendeine Garantie bezüglich ihrer Behandlung wieder aufzunehmen. Sechs der Abgeschobenen sind Asylsuchende, offiziell registriert vom UN-Flüchtlingshochkommissariat in Rabat. Zwei von ihnen werden unverzüglich abgeschoben. Die anderen werden wenige Tage danach in die Militärbasis von Guelmin transferiert, wo sich mindestens 46 Asylsuchende unter den Insassen befinden. Der Zugang zur Basis für Nichtregierungsorganisationen, Vereinigungen und den UNHCR wird trotzdem wochenlang untersagt. Am 28. Oktober werden 3.349 Personen mit 22 Flügen direkt nach Senegal, Mali, Kamerun und Gambia abgeschoben.

Ende Oktober sind noch 70 Personen in der Basis. Sie kommen aus dem Kongo, der Elfenbeinküste, Sierra Leone und Liberia. In ihren Ländern herrscht Krieg, sie werden nicht per Flugzeug in ihre Heimatländer zurückgeschickt. Am 31. Oktober beginnen die Insassen von Guelmin einen Hungerstreik. Sie verlangen die Freilassung und wollen Ärzte und Vertreter des UNHCR treffen. Unter ihnen sind auch zehn Frauen, zwei Neugeborene und ein achtjähriges Mädchen. Schließlich erhält UNHCR am 1. November die Erlaubnis, die Asylsuchenden außerhalb der Militärbasis zu befragen, jedoch nur diejenigen, die den Asylantrag vor der Festnahme in Rabat gestellt haben. Am Ende werden nur sieben der Gesuche Gehör finden. UNHCR wird niemals die Erlaubnis erhalten, die Asylsuchenden der anderen Militärbasis im Norden, in Taouima zu besuchen. Unterdessen beginnt Spanien am 6. November die Truppen zurückzuziehen, die am 29. September nach Ceuta und Melilla geschickt worden waren. Der Medienaufruhr ebbt rasch ab, mit einem glücklichen Ende: Spanien und Marokko propagieren für 2006 eine Europa-Afrika-Konferenz in Rabat.

Schließlich werden die Militärbasen geleert. Die Insassen von Taouima werden in zwei Gruppen an der algerischen Grenze abgeschoben, am 17. und 18. November; die aus Guelmin einige Tage später, in der Nacht zwischen dem 24. und 25. November. Der spanische Vorhof ist sauber. Und Rabat kann einen Scheck von 40 Millionen Euro einlösen. Geld der EU, sprich Meda[5], das Budget für die Grenzkontrollen. Aber für die Vollendung der Arbeit fehlt noch eine Operation. Und dieses Mal ist Algerien an der Reihe.

In der Nacht von Samstag, dem 6. Dezember werden bei einer äußerst brutalen Razzia im Camp von Maghnia, einer 13 Kilometer von Oujda entfernten Grenzstadt, hunderte junge afrikanische Emigranten verhaftet. Die Zelte und Behausungen der Abgeschobenen werden von Baggern zerstört. Unter den Verhafteten sind auch die Männer, die erst kürzlich aus Marokko abgeschoben worden waren, nach den Vorkommnissen von Ceuta und Melilla. Sie werden wie Sardinen in eine unbestimmte Zahl von Militärlastwagen gepfercht, die Richtung Süden unterwegs sind. Zwei Wochen danach, am 19. Dezember, landen zwei algerische Militärflugzeuge in Bamako. 273 *Aventuriers* steigen aus, verhaftet auf ihrer Reise nach Europa. Es ist das erste Mal, dass Algier Malier per Flugzeug abschiebt. Zwei der Passagiere sind noch in Handschellen. An Bord befindet sich auch ein Tuberkulosekranker, ein junger Mann, der immer wieder ins Delirium fällt. Weitere 283 *Camarades* landen am nächsten Tag in Burkina Faso, Kamerun, Ghana, Guinea, Guinea Bissau, Nigeria und Senegal. Die algerischen Offiziere haben ihr Geld, ihre Dokumente und Reisepässe ohne viel Federlesens beschlagnahmt. Die Flüchtlinge beklagen sich über Misshandlungen, die sie während der Haft erlitten haben – Schläge, überfüllte Zellen, Unterernährung. Aber wenigstens sind sie nach Hause zurückgekehrt. Allein deshalb können sie sich glücklich schätzen. Eine unbestimmte Anzahl grüner Lastwagen voller Männer fuhr weiter zur großen Wüste bei Tamanrasset. Von dort wurden hunderte Männer vor den Toren von Tinzaouatine, einem Nomadendorf im Herzen der Sahara, entlang der Grenze zwischen Mali und Algerien, sich selbst überlassen. Sie nennen es die „Stadt, in der Gott noch niemals war". Rundherum sieht man nichts als Sand. Die nächste Stadt im Süden ist Kidal, 300 Kilometer entfernt, Tamanrasset in Algerien ist noch weiter weg.

---

[5] Das Meda-Programm ist das finanzielle Hauptinstrument der EU für die Entwicklung der Euro-mediterranen Partnerschaft. 1995 eingerichtet mit der Öffnung des Barcelona-Prozesses, bietet Meda technische und ökonomische Unterstützung für die Zusammenarbeit mit den Mittelmeerländern. Von 1995 bis 2005 hat es Projekte mit insgesamt fünf Milliarden Euro gefördert.

Romeo in Bamako

Um sechs Uhr nachmittag lähmt der Verkehr die großen zweispurigen Straßen der Stadt, die Menschen gehen auf den Gleisen in Richtung Bahnhof, und ein Ansturm von Motorrollern *made in China* sucht hupend die Gehsteige heim. Bei jeder Ampel verkaufen Kinder und Jugendliche Wertkarten für Mobiltelefone und gekühltes Leitungswasser in zugeknoteten Plastiktüten. Zu Fuß überquere ich den Markt und gehe zum Busbahnhof. Bunt gekleidete Frauen tragen Fruchtkörbe auf dem Kopf, ihre kleinen Kinder haben sie auf dem Rücken festgebunden. Neben den Erdnussständen gibt es Schuhe von Nike und Fußballtrikots – Ronaldinho, Totti, Eto'o und Zidane. Endlich sind genügend Passagiere an Bord des grünen Dourouni, wir können losfahren. Zu fünfzehnt drängen wir uns auf den Eisenbänken, die in den kleinen Lieferwagen eingebaut wurden. Von der weit aufgerissenen Seitentür ertönt die Stimme des Fahrers: „Mayabougou! Mayabougou!". Bei jeder Haltestelle springt er schnell runter vom kleinen Bus, um weitere Passagiere zu suchen. „Mayabougou! Mayabougou!". Wir überqueren die Brücke des Niger. Er bittet auf *Bambara*, das Ticket zu bezahlen. Es kostet 150 Francs, das sind 25 Cents. Die Straßen sind gespickt mit Wolkenkratzern, großen Hotels und Monumenten in neusudanesischem Stil. Als ich aussteige, geht hinter den grünen Hügeln rund um Bamako die Sonne unter.

Die Höfe von Mayabougou färben sich rot. Die Straßen des Viertels sind aus gestampfter Erde. Auf der Straße wird Fußball gespielt, zwischen zwei Bananenbäumen ist das Tor. Hinter den Mauern, die die Häuser umgeben, steigt der Geruch nach Hühnersuppe mit Erdnüssen und Ingwer empor. Mein Hemd klebt auf schweißnasser Haut. Es ist heiß. Vor der Haustür frittieren zwei kleine Mädchen, die auf einer kleinen Bank sitzen, Kartoffeln und Spieße in Pfannen, die auf einem Gluthaufen stehen. 200 Francs pro Portion. Vierzig Cents. Die Schatten werden länger. Ein roter Motorroller kreuzt die Straße und springt über zwei Löcher, eine Gruppe barfüßiger Kinder läuft einem Eisenring hinterher, den sie abwechselnd mit einem Holzstäbchen rollen.

„Gib auf die Pfütze Acht". Die Sonnenuntergänge sind kurz, zwölf Breitengrade vom Äquator entfernt, und um halb sieben ist über die Peripherie von Bamako bereits die Nacht hereingebrochen. Weit weg von den zweispurigen Straßen und den Hochhäusern der Hauptstadt von Mali gibt es keine Laternen und als wir durch die Dunkelheit gehen, bewahrt mich Romeo davor, im Schlamm auszurutschen. Wir folgen dem Licht der Bar, die ca. 100 Meter vor uns liegt. Die Bar ist eine Baracke aus Holz, Blech und Dampf. Mit Romeo und den anderen Jungs setzen wir uns hin. Da sind auch Patrice, Marcel und ein anderer junger Kameruner. Romeo und Patrice sind erschöpft, auch heute haben sie mit Étoile trainiert. Sie haben kein Geld für das Busticket und jeden Tag gehen sie acht Kilometer zu Fuß hin und zurück ins Stadion, um zu trainieren. Aber wenn das Vorspielen gut läuft, werden sie für die ganze Saison in die Mannschaft aufgenommen und mit dem Geld, das sie so sparen, können sie ihre Reise fortsetzen.

Der alte Barmann spricht kein französisch und die vier Kameruner sprechen noch kein *Bambara.* Sie sind erst seit wenigen Monaten in Mali. Aber zum Glück ist Marce einl *Peul.* Der Alte versteht diese Sprache, die auch im Norden von Mali gesprochen wird. Ein Baguette pro Kopf, ein Omelette und vier Suppen mit Fleisch. Zum Trinken *Café au lait* für alle. Schließlich ist der malische Milchkaffee bis Mauretanien bekannt. Nescafé, Sauermilch, siedendes Wasser und ein Löffel, um den Schaum im Halbliterglas aufsteigen zu lassen. Fertig.

„Wir wissen nicht mehr, an wie vielen Konferenzen wir schon teilgenommen haben", sagt Romeo, „wie viele Zeugenaussagen wir geleistet, wie viele Journalisten wir in Marokko, in Algerien und jetzt in Mali getroffen haben. Es gibt Leute, die leben von unserem Unglück und erlangen Geld und Berühmtheit, wenn sie von unseren Leiden erzählen. Ich rede von Weißen und Schwarzen, auch hier in Bamako. Seit Jahren reden wir, und was bekommen wir dafür? Schau uns an. Wir leben auf der Straße und werden sogar von unseren malischen Brüdern verachtet."

Ich habe die vier Abgeschobenen am Morgen bei einer Debatte über irreguläre Migration kennen gelernt. Die Debatte wurde mit einer lokalen Vereinigung im *Carrefour des jeunes* – einem riesigen Begegnungszentrum mit Musik, Djambé, Internetcafé, Schreinerei, Bar und Konferenzsaal – organisiert. Rund 20 Abgeschobene waren da. Sie waren in Ceuta oder in Algerien verhaftet worden und wurden dann mehrmals mitten in der Wüste ausgesetzt, derselben Wüste, die sie bereits auf dem Weg nach Europa durchquert hatten, manche in zwei Jahren, manche in drei Jahren. Es ist nicht einfach, sie zum Reden zu bringen. 3.000 Kilometer von Europa entfernt sind die *Clandestini* müde. „Wenn du nicht auch jung wärst, ich meine, in unserem Alter, wären wir nicht gekommen." Sie haben es satt über nicht gehaltene Versprechen zu reden und sich immer wieder anzuhören, dass es aus diesem oder jenem Grund schlecht sei, aufzubrechen. „Ihr könnt nicht die kritisieren, die aufbrechen. Wir haben das Recht zu reisen, um unsere Lebensbedingungen und die unserer Familien zu verbessern! Wir gehen ja nicht zum Stehlen! Wir ziehen los, um Arbeit zu suchen. Ihr redet doch immer so stolz von der Tradition der ‚Aufklärung'! War es nicht der Weiße Mann, der uns gelehrt hat, dass Europa das Eldorado ist?"

Romeo erzählt mir vom Fernsehen und der Werbung, aber auch der Musik und der Geschichte, die sie seit ihrer Kindheit in der Schule gelernt haben. Europa ist das Zentrum der Welt. Aber während für die Reise von Palermo nach Tunesien 47 Euro, zehn Stunden und ein Ausweis reichen, kann die umgekehrte Reise 2.000 Euro, Jahre in der Wüste und manchmal sogar den Tod kosten.

„Die Wahrheit ist, dass Reisen nur ein Recht der Weißen ist", sagt Romeo mit vollem Mund, während sie im Fernsehen das letzte Video von Madonna zeigen, „und die Länder Nordafrikas schicken uns von einer Grenze zur anderen wie Pakete, die an den Absender zurückgehen, statt auf unserer

Seite zu sein. Aber wir bleiben nicht lange in Bamako. Hier gibt es nicht einmal für die Malier Arbeit, wir haben nichts zu tun. Wir sind mit einem Ziel aufgebrochen. Wir kehren nicht mit leeren Händen zurück." Romeo ist nicht nur müde, er ist auch wütend und frustriert. Denn bisher ist es ihm nur gelungen, die schönsten Jahre seines Lebens wegzuwerfen, genau das, was er vermeiden wollte, als er wegging.

„Seit vier Jahren lebe ich in einer Hölle. Ich habe Freunde auf der Reise sterben sehen, ich wurde erniedrigt und gehetzt wie ein Tier. Und ich habe auch die Liebe meines Lebens verloren. Ich sollte heiraten bevor ich wegfuhr... Ich war auch für uns aufgebrochen... Aber sie konnte ja nicht ewig auf mich warten."

Romeo ist 1981 geboren. In Kamerun war er Fußballspieler, Mittelverteidiger in einer Mannschaft der ersten Liga. Er brach auf mit einer Videokassette seiner besten Spiele im Koffer und mit einem Traum: die erste spanische Liga. Heute, nach drei weggeworfenen Jahren, hat er *Aracem* gegründet, die Vereinigung der Abgeschobenen aus Zentralafrika in Mali, deren Vorsitzender er ist. In Bamako sitzt er seit Juli 2006 fest, er hat einen Marsch von 300 Kilometern durch die Wüste überlebt, auf der Flucht aus einem Niemandsland, in dem er wenige Monate zuvor von der algerischen Polizei ausgesetzt worden war, zusammen mit 500 weiteren Schwarzen, die dem Tod überlassen wurden.

Marcel grüßt uns, er wird im Hotel *des chinois* erwartet, sein Freund begleitet ihn. Sein falscher malischer Pass müsste schon fertig sein. Dafür hat er einem Polizisten im Kommissariat 200 Euro gezahlt. Dazu brauchte er noch vier Passfotos und einen falschen Meldezettel, den er für fünf Euro beim Vater eines Freundes, der im Meldeamt arbeitet, bekommen hat. Das Doppelte im Vergleich zu einem geraubten, gescannten, mit Photoshop bearbeiteten und neu ausgedruckten Pass. Dafür wirkt seiner weniger maschinell erstellt und ist sicherer. Im Grunde handelt es sich um einen authentischen Pass mit einem falschen Namen. Mit einem malischen Reisepass braucht man kein Einreisevisum für Algerien. Und in den großen Verzeichnissen mit vergilbtem, kariertem Papier an der

Grenze von Bordj Mokhtar kann keiner feststellen, ob Marcel wirklich aus Mali ist oder nicht. Das einzige Problem könnte die Sprache sein. Marcel spricht kein *Bambara*. Aber mit *Peul* könnte er durchkommen. Schließlich gibt es kein malisches Volk und im Norden von Mali gibt es heute noch viele, die die Sprache des eigenen Landes nicht sprechen, weder *Bambara* noch Französisch.

Romeo und Patrice laden mich in ihr Ghetto ein. Im Süden der Sahara ist das Ghetto kein ausgegrenztes Viertel, sondern eher ein Haus, das Leute aufnimmt, unter mehr als prekären Umständen. In jedem Zimmer schlafen Dutzende von Männern auf der Erde, eng aneinandergepfercht. Hinter der Einfriedungsmauer ist es dunkel. Wir folgen den Schatten der Glut eines Feuers im Hof. Zwei neun Quadratmeter große gemauerte Zimmer für zwölf Personen. Es gibt keinen Strom, mit dem Licht seines Mobiltelefons zeigt Romeo mir die Matte auf der Erde, auf der er schläft. Sie leben zu fünfzehnt hier, das macht 1.000 Francs pro Kopf im Monat, 15.000 insgesamt, rund 24 Euro. In Bamako verdient man mit zwei Wochen Arbeit im Schnitt 24 Euro, aber man gibt sie auch schnell mit einer neuen Malitel-Mobiltelefonkarte aus. Die Mauern sind grau, ohne Verputz, auf der Erde steht eine Reihe von Schuhen. Das Haus ist stumm. Keine Möbel, Fotos, Poster, kein Objekt, das etwas über seine Bewohner verrät. Wasserhähne gibt es nicht, man holt das Wasser von einem nahen Brunnen. Es gibt eine Stehtoilette über einer Sickergrube, die jedoch randvoll ist. Sie müsste geleert werden, aber keiner der Mieter hat genug Geld und der Eigentümer hat keine Eile. In den zwei Zimmern leben neben der Gruppe von abgeschobenen Kamerunern zwei malische Familien. Auf der anderen Seite des Hofes fällt das *Hotel des chinois* ins Auge, eine alte Pension auf zwei Stockwerken. Sie wurde verlassen, nachdem das letzte chinesische Management sie aufgegeben hatte. Jetzt hausen hier rund 40 Männer und Frauen für zwei, drei Euro im Monat, zusammengepfercht in den nur mit Kerzenlicht beleuchtbaren Räumen und auf Schaumgummimatratzen im Flur. Romeo wohnt mit Patrice auch hier, er hat keine andere Wahl. Aber bald wird er wieder auf die Route Richtung Europa zurückkehren, auf die Route einer Reise, die nun schon vier Jahre lang dauert.

Alles beginnt im Jahr 2003, in Douala, Kamerun. Romeo ist erst 22 Jahre alt, er spielt als Verteidiger Fußball für den Avenir FC in Douala und ist an der Fakultät für Politikwissenschaft eingeschrieben. Zuhause hat er einen gehörlosen, nichtsprechenden großen Bruder, drei kleinere Brüder und zwei Schwestern. Am 13. August 2003 stirbt der Vater. Für die Familie ist das eine Katastrophe. Romeo gibt das Studium auf und verrichtet neben dem Training kleine Arbeiten. Aber das Geld reicht nicht und in der Zwischenzeit wachsen Wut und Verantwortung. Am 25. Januar 2004 läutet das Mobiltelefon. Es ist sein Cousin Patrice, Tormann einer Erstligamannschaft in Kamerun. Er sagt, dass er die Umkleideräume während eines auswärtigen Pokalspiels in Benin verlassen hat und bittet ihn nun, zu ihm nach Coutounou in Benin zu kommen. Europa sei nah, er spüre das. Andere seien schon nach Marokko aufgebrochen. Sie sagen, es sei ein Kinderspiel, die Zäune von Melilla zu überwinden. Und, einmal in Spanien angekommen, sei das Spiel gelaufen. Sie würden einen Club suchen, auch einen der unteren Ligen, und in jedem Fall würden sie eine Arbeit finden.

Romeo nimmt die Herausforderung an, er lässt sich nicht zwei Mal bitten. Er braucht jedoch Geld, denn Patrice ist ausgeraubt worden. Romeo verschuldet sich - eine Reise nach Europa gilt als die beste Sicherheit für einen Kredithai - und er fährt los. Ein Kassensturz in Coutounou zeigt, das Geld reicht nicht, um bis nach Marokko zu kommen. Besser nicht riskieren, irgendwo auf halbem Weg hängen zu bleiben. Die Bewerbungen beim Fußballclub Tonnerre de Bohicon laufen gut. Romeo und Patrice spielen sieben Monate in der Meisterschaft und können etwas Geld sparen. Benin grenzt an Niger, und wenn man einmal in Niamey ist, kann man nach Agadez weiterfahren und eine Passage nach Tamanrasset in Algerien kaufen. Aber das Geld reicht wieder nicht. Mit den *Passeurs* gibt es keine Garantien, man zahlt ein Mal, zwei Mal und wartet immer noch. Unwichtig. Wieder ein Probespiel und weitere vier Monate auf dem Spielfeld der Aquila von Agadez, einem Erstligateam in Niger. Schließlich geht es weiter. „Von diesem Moment an war unser kamerunischer Pass nutzlos geworden, da wir kein Visum für die Einreise nach Algerien hatten. Wir versteckten ihn im Strohdach des Trinkwasserkanisters. Auch das Geld musste versteckt werden, ein bisschen im Gummibund der Hosen, ein bisschen im Saum, denn an der Grenze behalten die Soldaten das ganze Geld das sie an dir finden, wenn du ein *Clandestino* bist."

Von Agadez nehmen sie einen Lastwagen nach Arlit. Von dort hat der *Passeur* aus Niger bereits einen Jeep für die Strecke nach Tamanrasset vorbereitet. Zwischen Warten und Reise vergehen zwei Wochen unter der Sonne im Zenith. Im Rucksack ein Kanister mit fünf Litern Wasser, eine Packung Kekse und die Videokassetten seiner besten Fußballspiele in Kamerun und Träume von der Liga. Endlich erreichen sie Tamanrasset, heil und gesund.

„Das Auto ließ uns etwa 30 Kilometer von der Stadt entfernt aussteigen. Der Fahrer hatte uns empfohlen, die Nacht abzuwarten und auf die Lichter in der Ferne zu warten. Im Morgengrauen trafen wir *Camarades* aus Kamerun in den Bergen, zwei oder drei Kilometer außerhalb der Stadt, in der Wüste. Sie rieten uns, uns nicht blicken zu lassen. Nach dem Beginn der Razzien, konnten Schwarze nicht mehr in der Stadt leben. Sie schliefen verborgen in den Felsen, den Höhlen und den Bergen, aufgeteilt nach Nationalitäten. Jede Nacht schob einer von ihnen Wache, denn nun wurden auch hier Razzien abgehalten."

Die erste Stadt des Südostens von Algerien, Tamanrasset, ist ein zweigleisiger Bahnhof für irreguläre Migration. Hier kommen nicht nur die *Camarades* aus Niger und Mali durch, die nach Spanien unterwegs sind. Von hier fahren auch die Militärlastwagen voll mit Abzuschiebenden nach Tinzaoutine, der Grenze zu Mali und nach Samaka in Niger. Für die Tausenden von Schwarzen ist es schwierig, sich unter den 40.000 *Tuareg*[6] der Stadt zu verstecken. Lediglich in einigen

[6] Tuareg, oder *Tamashek*, sind Nomaden, die in der Wüste Sahara leben, zwischen Mali, Niger, Algerien, Libyen, Burkina Faso und sogar dem Tschad (dort werden sie Kinnin genannt). Der Name Tuareg ist arabischen Ursprungs, er bedeutet

Vierteln, die seit Jahrzehnten von Immigranten aus den Nachbarländern Mali und Niger bewohnt werden und die durch Heirat und Geschäfte integriert sind, ist dies möglich. Die Dinge haben sich seit einigen Jahren verändert. Andauernd finden Polizeirazzien statt und wer verhaftet wird, wird auf einen Militärlastwagen verladen und an der Grenze 400 Kilometer weiter südlich, mitten in der Sahara ausgesetzt. Alle anderen verstecken sich weiterhin.

„In den Bergen von Tamanrasset leben Hunderte, vielleicht Tausende von Schwarzen; der Großteil sitzt dort fest, ohne Geld in der Tasche, einige seit Monaten, andere seit Jahren. Sie überleben. Es gibt einen Zufluchtsort, jeden Morgen kommen Algerier und verladen einige der Jungen für Handlangertätigkeiten auf ihre Jeeps. Sie zahlen ihnen ein, zwei Euro am Tag. Für den, der Geld hat, ist es anders, der kann einfach eine Passage Richtung Norden zahlen."

Zu Fuß oder auf Lastwagen von Schmugglern – im Laufe weniger Wochen erreichen Romeo und Patrice Maghnia, 1.200 Kilometer weiter nördlich, an der Grenze zu Marokko. Von hier ist Oujda nur 13 Kilometer entfernt. Hierher kommen sie zu Fuß, auch weil die Taxis mittlerweile keine Schwarzen mehr befördern. Die marokkanischen *Passeurs* verlangen 2.000 Euro für einen Platz auf dem Schiff in Richtung Almeria. Zu viel. Die zwei Fußballspieler entschließen sich daher, es in Melilla zu versuchen.

Es ist der Frühling des Jahres 2005. Das Leben in den Wäldern von Gourougou ist furchtbar hart, und es ist ganz und gar nicht leicht, den doppelten Grenzzaun zu überwinden. Drei Versuche im Laufe eines Monats scheitern. Es gelingt ihnen den ersten Zaun zu überwinden, aber jedes Mal werden sie von der *Guardia Civil* festgenommen und auf brutale Weise auf die andere Seite des Zaunes verbracht. Ein vierter Versuch bringt keine besseren Resultate. Es reicht.

„Wir hatten das Leben in den Wäldern satt, das Fliehen vor den Razzien der marokkanischen Militärs und die Misshandlungen an der Grenze. Also beschlossen wir, zu Fuß nach Oujda zurückzukehren. Wir hatten gedacht, dass wir in

‚Bewohner der Targa'. Die Tuareg bezeichnen sich nicht mit diesem Namen, sondern nennen sich einfach *Kel Tamashek*, d. h. die, die *Tamashek* sprechen.

einer Fußballmannschaft spielen könnten und so das notwendige Geld zur Seite legen, um die Meerenge von Gibraltar zu überwinden." Aber das Gesetz ist streng und die Clubs kaufen keine Spieler mit irregulärem Status ein. Die Tore schließen sich. Acht Monate warten sie vergeblich. Sie schlafen auf der Straße und im Universitätsgelände. Das Geld wird immer weniger. Marokko hat nichts zu bieten für zwei *Clandestini*. Es gibt keine Arbeit. Hin und wieder verstecken sie sich im Nachtzug nach Rabat, um ein bisschen Tapetenwechsel zu haben.

Wie so oft betreten sie eines Abends ein Internet-Café in Oujda, in der Nähe des Campus, das von vielen Afrikanern besucht wird, um die E-Mails zu kontrollieren und die Familie anzurufen. Sie kleben am Bildschirm und haben schon die Kopfhörer aufgesetzt, um mit den französischen Freundinnen zu chatten, die sie über Messenger kennen gelernt haben, als plötzlich die Türen aufgehen und Polizisten hereinstürmen. Sie verlangen die Papiere. Romeo zeigt den Pass aus Kamerun, aber darin ist kein Visum enthalten. Alle Kunden des Internet-Cafés werden verhaftet. „Wir blieben drei Tage auf dem Kommissariat. Für Essen oder Trinken mussten wir einen Wachmann zahlen, damit er uns etwas holt. Die Senegalesen und Malier wurden von der Gruppe getrennt, sie werden sie wohl mit dem Flugzeug abgeschoben haben. Wir Kameruner und die Nigerianer wurden mitten in der Nacht an der algerischen Grenze ausgesetzt und gezwungen, in einer wüstenartigen Gegend in Richtung Algerien zu gehen".

Die algerischen Militärs fangen die Gruppe wenige Stunden später ab. Sie werden alle verhaftet und in das Kommissariat in Maghnia transportiert. „Um freigelassen zu werden, reicht es, zu zahlen. Korruption gibt es überall. Aber vor der Ankunft im Kommissariat hatte die Polizei uns durchsucht und Mobiltelefone, Geld und Wertgegenstände beschlagnahmt. Nur der, dem es gelungen war, Geld vor der Durchsuchung zu verstecken, wurde frei gelassen." Für die anderen beginnt der Abstieg in den großen Süden.

Nach einer Woche im Knast lädt die Polizei Romeo und Patrice auf einen Minibus in Richtung Oran. Im Gefängnis werden bereits Dutzende Männer festgehalten, eingesperrt in fest verschlossenen kleinen Zellen. „Zu essen gaben sie uns jeden Tag zwei Baguettes pro Kopf und eine große Flasche Milch, die wir zu fünft teilen mussten, jeden zweiten Tag."

Es gibt keine Betten. Tagsüber ist es fast 40 Grad heiß. Die Zellen werden zu Öfen. In der Nacht werden die Zellen geöffnet, um die Insassen im Innenhof auf dem Boden schlafen zu lassen, wo es kühler ist. Ungefähr 100 Ausländer sind in Haft. Keiner weiß, wie lange er festgehalten wird. Die Abschiebehaft muss zuerst eine bestimmte Quote erreichen, dann werden die Insassen alle weiter nach Süden transferiert. Unterdessen bleibt dem, der in der Zelle ist, nichts weiter übrig als zu warten. Im Gefängnis sind nur irreguläre Ausländer. Der Großteil kommt aus West- und Zentralafrika, aber es gibt auch Inder und Pakistani. Romeo erinnert sich auch an einige Frauen und Kinder, die in einer separaten Zelle festgehalten werden. Es sind schon einige Wochen seit der Verhaftung in Maghnia vergangen. Eines Nachts wird das Schweigen vom Lärm einer Kolonne von Militärlastwagen durchbrochen.

„Niemand informierte uns über irgendetwas. Die Polizei stieß uns zu den Lastwagen und stellte sicher, dass niemand versuchte, zu fliehen."

Das Ziel der Militärfahrzeuge ist unbekannt. Sie fahren aber Richtung Süden. Ein mehr als deutliches Indiz für denjenigen, der bereits ein, zwei, drei oder sogar mehrere Male abgeschoben worden ist. Es geht nach In Salah, 800 Kilometer weiter südlich. Dreizehn Stunden Fahrt. Nach zehn Tagen geht es weiter, nach Tamanrasset, 400 Kilometer weiter südlich, unter denselben Bedingungen. Die letzten Kilometer Asphalt, die letzte Etappe vor dem Inferno.

Romeo und Patrice sind seit einem Monat in der Zelle und doch haben sie niemals einen Richter oder einen Anwalt zu sehen bekommen. In Tamanrasset werden sie endlich eines Morgens in Handschellen vor ein Gericht gebracht. Sie werden nie erfahren was ihnen vorgeworfen wird.

„Die Spurensicherung nahm unsere Fingerabdrücke ab, dann brachten sie uns vor den Richter. Die Verhandlung fand jedoch auf Arabisch statt, ohne irgendeinen Übersetzer und nicht einmal der Pflichtanwalt sprach französisch. Am Ende zwangen sie uns, eine Reihe von Papieren in arabischischer Sprache zu unterschreiben. Sie hätten uns geschlagen, wenn wir es nicht getan hätten. Und dann nahmen sie ohne große Erklärungen unsere Pässe wieder ab, während uns zwei Männer in die Zelle begleiteten. Die, die sich am besten auskannten, sagten uns, dass das die übliche Praxis sei. Dass sie uns des illegalen Aufenthalts in Algerien angeklagt hätten, und dass Tinzaouatine unsere Verurteilung sein würde."

Dieselbe Behandlung ist dennoch nur wenigen Anderen der Gruppe vorbehalten, vermutlich nur denen, die einen Pass haben. Unwichtig. Es vergeht wieder eine Woche und schließlich unterbricht der Lärm eines alten Dieselfahrzeugs eine schlaflose Nacht. Die Polizei befiehlt einzusteigen, ohne Schwierigkeiten zu machen. Wohin die Militärlastwagen unterwegs sind, sagt keiner der Polizisten. Kurz danach verlässt mitten in der Nacht eine Karawane von fünf Fahrzeugen mit unglaublichen 535 Personen an Bord auf nicht asphaltierten Straßen die Stadt. Im Morgengrauen erhebt sich die Sonne über einem bewegten Meer von ockerfarbenen Sanddünen. Der Horizont ist ein glatter Strich, lediglich unterbrochen von den Schatten riesiger, dutzende Meter hoher Felsbrocken und felsigen Bergen in der Ferne. Schnell wird es heiß. Unter der Mittagssonne scheint der Lastwagen zu schmelzen. Für die Passagiere, eingepfercht wie Tiere, die zur Schlachtbank gebracht werden, gibt es nichts zu trinken. Die Lastwagen sind verschlossen, es ist unmöglich auszusteigen. Und selbst wenn man es könnte, wohin sollte man gehen...? Jeder schwitzt. Es ist eine Kloake unter freiem Himmel. Irgendwann werden die Motoren abgeschaltet und die Karawane bleibt stehen.

„Sie befahlen uns auszusteigen. Es war Wasser übriggeblieben, wir konnten trinken. 15 Minuten lang blieben die Fahrzeuge stehen. Sie sagten, dass wir in der Nähe unseres Zieles seien. Rundherum sahen wir nur Dünen. Auch wenn man gewollt hätte, wäre es Selbstmord gewesen, zu fliehen". Die Motoren werden erneut gestartet. Los, einsteigen. Patrice bricht einen Moment in Panik aus, er findet Romeo nicht mehr. Der erste der fünf Lastwagen hat sich bereits in Bewegung gesetzt. Siehe da, Patrice liegt ausgestreckt auf dem Sand unter der Sonne, 50 Meter weiter. Er schläft selig wie ein Kind, die Erde umarmend. Patrice schüttelt ihn, los, gehen wir. Der Schlaf ist tief und die traumartige Landschaft hilft nicht beim Aufwachen. Aber ja, Algerien. Rasch steigen sie auf den letzten Lastwagen, getrieben von zwei jungen Soldaten, die sich unter einem schwarzen Turban versteckten.

An der Grenze ausgeladen, erreichen 500 total erschöpfte, seit Wochen schmutzige, in Lumpen gehüllte, barfüßige oder nur mit Sandalen bekleidete Männer nach wenigen Kilometern Fußmarsch endlich Tinzaouatine. Umgeben von einem Meer aus Sand zwischen den Felsbergen der Sahara, leben in einem Streifen aus Häusern und Solaranlagen rund 4.000 Tamashek; zwei Drittel der Bewohner sind Nomaden. Sie leben von der Aufzucht von Kamelen oder dem Schmuggel mit Algerien. Die Häuser wurden erst vor kurzem gebaut. Sie folgen einige Kilometer den unterirdischen Gewässern des Oued, einem ausgetrockneten alten Flussbett. Elektrizität gibt es nur durch die mit Solaranlagen bedeckten Dächer. Es gibt kein Telefon, außer dem einen oder anderen Satellitentelefon, kein Internet und keine *Western Union*.

„Die Abgeschobenen leben einige Kilometer außerhalb des Dorfs, versteckt zwischen dem Sand und den Felsen. Es sind Hunderte von Jugendlichen, die in den letzten Jahren aus Algerien abgeschoben wurden, oder während der Reise in Richtung Norden festgehalten worden waren, von ihren *Passeurs* selber beraubt. Allein fast 300 Kameruner leben da. Sie sind vollkommen isoliert. Ohne Telefon kannst du deine Familie nicht um Hilfe bitten, und, selbst wenn es gelänge, ohne *Western Union* kann dir keiner Geld schicken."

Von hier weg zu kommen ist schwierig. Die erste Stadt in Mali ist 300 Wüstenkilometer entfernt; Tamanrasset in Algerien liegt 400 Wüstenkilometer im Norden. Jede Woche fahren die Schmuggler mit ihren Lastwagen in Richtung Tamanrasset voller *Aventuriers* die gen Norden ziehen. Sie kehren dann, beladen mit algerischen Waren – von Getränken bis Teppichen – zurück, die sie auf dem Markt von Kidal und Gao verkaufen.

Bevor sie in die Wüste fahren, machen die Fahrer Halt im Ghetto der Abgeschobenen, auf der Suche nach Passagieren. Aber das Ticket für die Fahrt kostet mindestens 50 Euro und nur wenigen Abgeschobenen ist es gelungen, das Geld vor den algerischen und malischen Klauen zu verstecken. Für die anderen bleibt nichts anderes übrig, als in der „Stadt, in der Gott noch niemals war," zu überleben.

„Tinzaouatine ist ein Inferno, eine Hölle, die alle Leiden der Welt versammelt. Die *Clandestini* leben versteckt zwischen den Felsen, im Sand, unter Plastikplanen oder in den Höhlen, nach Nationalitäten aufgeteilt. Da sind Leute aus Kamerun, Senegal, Mali, Nigeria, Liberia, Ghana, der Elfenbeinküste. Es gibt einen alten Brunnen für alle, der wohl 15 Meter tief ist. Das Wasser sieht man nicht, aber wenn man es aus dem Brunnen hochzieht ist es grün. Es schmeckt ziemlich eklig, aber am Ende gewöhnt man sich daran, weil es nichts anderes zu trinken gibt. Mit diesem Wasser wäscht man sich und kocht. Im Ghetto isst man Staub und *chat*, das ist das Codewort für die Ziegen, die den Tamashek gestohlen werden. Die, die ein bisschen Geld haben, kaufen Waren, die aus Kidal kommen und verkaufen sie im Dorf. Einige arbeiten als Diener in den Häusern der Stadt. Sie putzen oder waschen die Wäsche für 20-30 Dinar, weniger als 40 Cents. Jeden Tag wirbelt der Wind den Sand auf und dann ist es extrem heiß. Es kommt dir so vor, als ob die Sonne einen Meter über deinem Kopf ist. In der Nacht hingegen friert dir die Kälte die Knochen ein. Ich habe Frauen und neugeborene Kinder gesehen, die in diesem furchtbaren Umfeld aufwachsen. Es gibt Leute, die wegen der Hitze sterben, aber es gibt auch welche, die einer Infektion zum Opfer fallen, denn es gibt keine Medikamente. Viele haben schlimme Hautkrankheiten. Und dann die Füße! Die Füße... Nachdem man Hunderte Kilometer barfuß gelaufen ist, manchmal sogar Tausende von Kilometern, monatelang unter dem brennenden Sand am Mittag und dem eisigen Stein in der Nacht, schwellen die Füße an wie Autoreifen und die Fußsohlen werden doppelt so groß und sind mit Wunden übersät, so dass man es kaum aushält. Und dann gibt es die, die durchdrehen. Das ist das Traurigste. Junge Männer, die vollkommen verrückt werden. Das ist kein Leben."

Aber Tinzaouatine ist sicherlich kein Geheimnis. Die algerischen Behörden, die seit Jahren die Abschiebungen anordnen, kennen ebenso die Lebensumstände hunderter Abgeschobener, wie die Armee von Bordj Modkhtar, die diese Befehle ausführte. Auch die malischen Behörden und die Grenzpolizei bis hin zum Bürgermeister von Tinzaouatine und der Regierung der autonomen Region von Kidal. Nicht nur das: auch die Vereinten Nationen wissen davon. Hierher sind nach dem Waffenstillstand der Rebellen der Tamashek 1994 Tausende von Tamashek geflüchtet, nach jahrelangem Exil in Algerien und Libyen. Sie leben einige Kilometer außerhalb des Dorfs, *au Site*, unter den blauen Zelten eines Flüchtlingslagers, das von den Nahrungslieferungen des UN-Flüchtlingshochkommissariats (UNHCR) unterstützt wird. „Jede Woche sahen wir die weißen Jeeps der Vereinten Nationen vorbeifahren, sie blieben jedoch nie stehen."

Über das, was in Tinzaouatine geschieht, ist die Armee in Gao, der wichtigsten Stadt im Norden Malis, gut informiert. Hier endet der Asphalt der Staatsstraßen von Bamako, das Reich der *Passeurs* und der Polizei beginnt. Sie sind Geschäftspartner... Die *Clandestini* sind die Kunden und die Logik des Marktes gebietet es, sie bis zum letzten auszupressen. Bevor sie in die Stadt fahren, werden alle Busse und Jeeps an Kontrollposten aufgehalten. Bei jedem Ausländer – Kameruner, Senegalesen, Ivorianer usw. – stimmt angeblich etwas mit den Papieren nicht. Sobald sie aus dem Bus aussteigen fangen die Probleme an. Der Bus kann aber nicht warten, er lässt sie zurück und fährt weiter in Richtung Stadt, nur wenige Kilometer Sand und Sonne entfernt. Und das ist der Moment, an dem die *Passeurs* auftreten. Sie kennen den Chef der Einwanderungsbehörde, sie können ein gutes Wort bei ihm einlegen. Nein, sie wollen nichts, sie können sie zu Hause beherbergen, in der Stadt. Ihr Auto parkt hinter dem Kontrollposten. Die Kandidaten für die irreguläre Einreise haben keine Wahl und so werden sie in das Ghetto der *Passeurs* geführt, wo 10 - 20 Personen schon seit

Monaten darauf warten, nach Tamanrasset aufzubrechen. Der Chef der Einwanderungsbehörde kommt tatsächlich und willigt ein, für wenige Euros ein Auge zuzudrücken – für ein Problem, das es nicht gibt. Unterdessen ist der Anteil für das Ghetto zu bezahlen. Der Preis für die Durchquerung der Sahara wird bis zum Abend vereinbart. Binnen weniger Monate geht es los. In der Zwischenzeit tauchen – je nach den Möglichkeiten des Unglückseligen – neue Probleme auf und stets muss von neuem Schmiergeld an den jeweiligen Beamten bezahlt werden. Es sind vor allem die Inder und Pakistanis, die zahlen. Ja, denn nunmehr führen durch Gao auch die Routen der Inder, Pakistanis und Bangladeschi. Dutzende kommen jeden Monat. Sie landen mit dem Flugzeug in Burkina Faso oder der Republik Zentralafrika, wo sie leicht ein Touristenvisum erwerben können. Von dort kommen sie illegal bis nach Marokko und verstecken sich dann in Ceuta oder Melilla für Tausende von Euro heimlich in einem Lastwagen.

„Eines Tages haben wir uns gedacht: wir sind Männer, wir sind jung, wir werden nicht wie die Tiere inmitten der Wüste sterben. Und dann brachen wir auf." Romeo setzt seine Schilderung fort. Nun hat er nichts mehr zu verlieren. Sie müssen alles auf eine Karte setzen. Am 15. Juli, zwei Jahre nach Beginn ihrer Reise, gehen Romeo und Patrice zusammen mit elf anderen Abgeschobenen zu Fuß los, und folgen der Mittagssonne. Sie gehen in Sandalen, geschützt von zehn Meter langen Turbanen, die um ihren Kopf gewickelt sind. Auf den Schultern einen mit Stroh verpackten Kanister mit fünf Liter grünem Wasser aus dem Brunnen und in der Tasche eine Packung Kekse. Am Horizont nur Sanddünen und Felsgebirge.

„Es gibt keine Worte, um zu erzählen, wie hart das war. Wir hatten keine Medikamente, die Hitze war unerträglich und der Durst verbrannte den Mund.... Tagelang ohne etwas zu trinken, die Lippen vom Wind aufgeplatzt. Auch auf dem Hinweg, als wir in Algerien eingereist waren und uns ein Schmuggler auf einem Pick-Up fuhr, gab es keine Zeit zum Essen oder zum Trinken. Aus Angst vor Kontrollen hielt das Auto niemals an. Aber diesmal war es schlimmer. Ständig hatten wir Angst, dasselbe Ende zu nehmen wie die zwei mumifizierten Körper, die wir am Wegesrand gesehen hatten. Und ständig sagten wir uns, dass wir es schaffen würden, anzukommen. Wir tranken das Wasser der Kamele, wir haben auch unseren Urin getrunken, aber am Ende haben wir es geschafft.“

Zehn Tage später sehen sie endlich die Erdterrassen von Kidal. Das Glück war auf ihrer Seite. Entlang des Weges sind sie mehr als einmal Tamashek-Schäfer mit ihren Kamelen begegnet. Das Gesetz der Wüste gründet auf gegenseitiger Hilfe – eine Handvoll Datteln, eine Tasse Milch und ein Schluck vom Wasser der Tiere rettete ihnen das Leben.

Vor den Toren Kidals erwartet sie die Polizei. Die ganze Stadt weiß schon von der Ankunft der 13 *Clandestini.* Sie werden sofort verhaftet und ins Kommissariat gebracht. Die Polizisten glauben, dass sie in Richtung Norden unterwegs sind und verlangen Geld von ihnen, sie sagen, dass sie 5.000 Francs zahlen müssen, um die Stadt zu betreten, 8 Euro.

„Sie hatten uns soeben aus Algerien abgeschoben und wir hatten nicht einmal hundert Francs für Brot und sie bestanden darauf, dass wir zahlen müssen. Einige der Gruppe ereiferten sich und meinten, die Polizei müsse uns Geld geben, damit wir uns etwas zu essen kaufen könnten, anstatt Geld von uns zu verlangen. Wo wir doch seit vier Tagen nichts gegessen hatten. Aber sobald sie den Mund aufmachten wurden sie von den Polizisten verprügelt. Am Ende ließen sie uns aber laufen.“

Nachdem die Polizisten schließlich die Taschen der 13 überprüft hatten, wurden sie um drei Uhr morgens wieder freigelassen, voller blauer Flecken, mitten auf der Straße.

„Wir hatten Angst, weil wir mitten in der Nacht ein paar Stunden zu Fuß gehen mussten und man uns vor den Tamashek-Rebellen gewarnt hatte, die mit den Regierungstruppen im Krieg sind, aber wir haben es geschafft und am nächsten Tag gingen wir in die Präfektur“. Der Präfekt nimmt sich die Lage der Abgeschobenen zu Herzen und gibt ihnen ein Formular, versehen mit dem Briefkopf der Behörde. Darauf werden alle Kontrollposten der Polizei auf den Ausfallstraßen der Stadt gebeten, die 13 Abgeschobenen passieren zu lassen und ihnen zu helfen, eine Fahrgelegenheit nach

Bamako zu finden – dazu eine Liste mit den Namen. Es scheint zu funktionieren, ein Lastwagen bringt alle bis nach Gao, 250 Wüstenkilometer weiter südlich.

In Gao gestaltet sich die Situation jedoch schwierig. Die Gemeinde weigert sich, den Abgeschobenen zu helfen: wenn sie nach Bamako zurückkehren wollen, haben sie keine andere Wahl, als das Ticket zu bezahlen. Die Gruppe teilt sich auf. Romeo und Patrice verlassen bei Tagesanbruch die Stadt und gehen zu Fuß los – sie nehmen die Straße in Richtung Kontrollposten rund zehn Kilometer entfernt am Ausgang der Stadt. Am Straßenrand sitzen drei Polizisten an einem Schreibtisch unter einem Holzdach. Romeo und Patrice bitten sie, ihnen zu helfen und eine Passage auf einem Lastwagen Richtung Bamako zu finden. Sie zeigen den Brief des Präfekten von Kidal. Zuerst beginnen die Polizisten sie und alle *Clandestini* zu beleidigen, dann fragen sie, wie viel sie zu zahlen bereit sind. Die zwei antworten nicht einmal. Seit drei Wochen haben sie sich nicht gewaschen, die Kleider sind schmutzig und die Sandalen zerrissen, sie stinken wie zwei Penner. Nach einer Stunde ist ein Fahrer bereit, sie auf der neuen Landstraße bis Mopti mitzunehmen, 450 Kilometer weiter südlich. „Wir hatten seit dem Vortag nichts gegessen, als wir in Mopti ankamen, hatten wir einen Bärenhunger."

Von der Stadt Mopti sind es weitere sechs Kilometer zu Fuß bis zum Kontrollposten. Statt Wüste gibt es nun Affenbrotbäume, Palmen, Orangen und Bananen. Schmutzig wie sie sind, will die Polizei sie nicht einmal anhören: „Ah, ihr *Clandestini!* Wenn ihr hier mit Geld durchkommt, um nach Spanien zu gelangen, gebt ihr uns keinen Cent und jetzt, wo ihr ruiniert zurückkehrt, sollen wir euch helfen!?" Sie fragen, wie viel Geld sie haben. Sie antworten: „Nichts". Nach einigen Stunden nimmt sie ein Lastwagenfahrer mit. Er heißt Draman, kommt aus Mali und fährt einen Lastwagen voller Bohnensäcke. In Führerhaus hängt eine große Fahne mit Sternen und Streifen. Der Polizeichef gibt ihnen einen Brief, um die Kontrollen an den anderen Straßenposten zu erleichtern. „Der Fahrer transportiert zwei Kameruner, die aus Algerien in Richtung Bamako abgeschoben wurden". Darunter ein Stempel. Der Lastwagen fährt weiter. Romeo und Patrice sind im Laderaum, auf den Säcken. Im Führerhaus sitzen der Fahrer und ein Helfer. Nach drei Kilometern bleiben sie stehen. Die Straße durchquert ein kleines Dorf. Am Straßenrand verkaufen sie gegrilltes Schaffleisch, Reis und Milchkaffee. Draman ruft die beiden, er fragt, ob sie etwas gegessen haben. Nein. Er kommt mit einem Kanister mit fünf Liter Wasser und einem Reisteller zurück. „Dieser Reis war für mindestens sechs Personen, aber wir haben ihn in weniger als 20 Minuten aufgegessen. Noch nie bin ich so hungrig gewesen."

Am Tag danach, endlich, Bamako. Tinzaouatine ist mittlerweile lediglich eine Erinnerung, 1.500 Kilometer weit weg. In der Stadt haben sie nur einen alten Freund, den sie in Algerien kennen gelernt haben, er kann ihnen aber nicht helfen, er hat nicht genug Platz zuhause, sie sollen sich selber durchschlagen. Nach zwei Nächten auf der Straße lernen sie einen Kameruner kennen, der sie ins Ghetto bringt, nach Mayabougou, auf der anderen Seite des Flusses Niger. Mit den 10.000 Francs, rund 16 Euro, die Draman ihnen gegeben hat, zahlen sie den ersten Monat. Drei Tage danach, endlich ausgeruht, ist ihr einziger Gedanke erneut aufzubrechen. „In Mali sind wir verloren, wir müssen nach Algerien zurück. Nun sind wir Teil des Spiels. In drei Jahren habe ich Freunde sterben sehen, bin erniedrigt worden, gehetzt wie ein Tier. Und ich habe auch die Liebe meines Lebens verloren. Ich sollte heiraten bevor ich losfuhr... Sie konnte nicht ewig auf mich warten. Sie ist mit einem anderen nach Douala gegangen. Aber trotz des Schmerzes den ich in mir trage, weiß ich, dass ich wieder los muss. Ich habe keine andere Wahl. Ich mache das für meine Familie. Wenn es dazu dient, dass sie eines Tages aus der Not herauskommen, bin ich bereit, mich erneut zu opfern".

Keine Rede davon nach Hause, nach Kamerun, zurückzukehren. Für Romeo, für Patrice, für alle *Aventuriers*, wäre die Last der Schande unerträglich. „Es wäre eine Schande für meine Familie. Es wäre eine Schande für mich. Die Leute reden. Mit all den Beleidigungen und Bosheiten, die ein ganzes Viertel hinter meinem Rücken verbreiten würde, könnte ich keine zwei Tage überstehen. Ich will nicht mit zehn Bankkonten in der Schweiz nach Kamerun zurückkehren, nein. Aber zumindest mit genug Geld, dass ich für meine Familie sorgen kann. Ich will nicht mehr zurück und das Geld für die Heilung meiner Mutter erbetteln müssen. Das ist meine Verantwortung. Wir sind keine Entrechteten. Mein Leben besteht nicht nur aus einem Teller und einem Bett. Mitten in der Wüste gibt es Akademiker. Sie ziehen los, um ihre Karte auszuspielen und dann für eine bessere Zukunft zurückzukehren. Hier in Mali gibt es nichts zu tun. In Bamako gibt es keine Arbeit und wir haben keine Familie, auf die wir uns stützen können, wir haben kein Heim. Wir überleben. Wenn einer krank wird, gibt es keine Medikamente, wir haben nicht einmal tausend Francs für ein T-Shirt, wir betteln um Almosen."

Romeo und Patrice sind aktiv, sie haben mit Étoile von Bamako Kontakt aufgenommen und sollten bald als Spieler der Mannschaft für die Meisterschaft aufgenommen werden. Aber ihre Reisepässe sind in Algerien geblieben und es ist unsicher, ob sie angestellt werden können, wenn sie keine Papiere haben. „In Mali gibt es keine Botschaft Kameruns, für neue Papiere müssten wir nach Senegal oder in die Elfenbeinküste. Aber wer bezahlt das?" Auf jeden Fall, wenn alles gut geht, werden sie in einigen Monaten wieder in die Wüste aufbrechen. „Als wir im Ghetto ankamen, waren wir zwanzig. Zehn von uns gelang es, ihre Verwandten im Ausland, in Europa oder Amerika zu kontaktieren. Sie ließen sich über *Western Union* Geld schicken und zogen von neuem los. Wir werden dasselbe tun. Manche sterben in der Wüste, aber das macht uns keine Angst. Zwei Mal haben wir unterwegs die Leichen zweier toter Freunde liegen sehen. Wenn das geschieht, bedeckst du den Körper mit ein bisschen Sand, sprichst ein Gebet und dann gehst du weiter. Er ist ein Soldat, der auf dem Schlachtfeld gestorben ist; der Kampf geht weiter. Die Leute werden denken, dass all das unmenschlich ist. Aber man kann nichts anderes tun. Man kann ihn nicht irgendwohin transportieren. Unter der Wüstensonne wiegen allein die fünf Kilo des Wasserkanisters eine Tonne, stell dir nur vor, die Leiche eines *Camarade* zu transportieren, der in der Schlacht gefallen ist. Es ist wie im

Krieg. Wir sind in einer Schlacht, ein Soldat ist gefallen, der Krieg geht weiter. Das einzige was man tun kann, ist, in seine Taschen zu greifen und das Geld und den Pass zu nehmen, falls er einen hat. Dann muss man gucken, ob er Telefonnummern bei sich hat, oder ein Adressbuch. So kann man die Freunde und die Familie verständigen, per E-Mail oder mit einem Anruf, wenn man die Wüste verlassen hat. Dann kann man erzählen, dass dieser Soldat im Kampf gefallen ist."

Soldaten, ja, aber wofür kämpft man? „Für unsere Zukunft. Wenn wir uns in die Wüste begeben, ist es, um etwas zu suchen. Wäre es uns zuhause gut gegangen, wären wir niemals aufgebrochen. Sicher, wir hatten ein Heim und jeden Abend ein warmes Essen. Aber irgendwann hat ein junger Mensch Bedürfnisse. Ich nenne uns alle Soldaten, weil wir gegen unser Elend kämpfen. Wir laufen nicht davor weg, wir bekämpfen es. Wenn ich eines Tages nach Europa komme, wird es mir gelingen, meine Lebensbedingungen zu verbessern und erhobenen Hauptes zurückzukehren. All die, die heute in der Wüste sind, sind Kämpfer, so wie die, die sie schon durchquert haben und die, die bald aufbrechen werden. Ich kann nicht anders als sie ermutigen. Wenn einer meiner kleineren Brüder morgen beschließen würde, den Weg durch die Wüste einzuschlagen, könnte ich ihn nicht davon abhalten. Und wenn ich die Möglichkeit hätte, würde ich ihn sogar begleiten. Unter diesen Bedingungen in Afrika zu bleiben, heißt für einen jungen Mann, sein Leben wegzuwerfen, weil es keine Arbeit gibt und nichts sich bewegt. Wie kannst du daran denken, eine Familie zu gründen, wenn du nichts hast, womit du dich ernähren kannst? Man darf nicht aufgeben, es ist notwendig, dass jeder seine eigene Karte ausspielen kann."

Marcel ist unterdessen zurückgekommen. Sein Pass ist fertig. Morgen bricht er erneut nach Algerien auf.

Mamadous Fahrt in den Tod

Nagui Marzouk beschäftigt sich mit irregulärer Migration seit die Jugendlichen von La Chebba begonnen haben, „die Grenze zu verbrennen". Die Sekretärin der *Ligue tunisienne des droits de l'homme* gibt mir am Telefon seine Mobilnummer. Zwei Stunden später erwarte ich ihn in einem der vielen Cafés auf der Via Habibi Bourguiba, im Zentrum von Tunis. Es ist sechs Uhr, die Sonne geht hinter den Hochhäusern, den Luxushotels und der Kathedrale des alten Viertels unter, das die französischen Kolonisten hinter der alten Medina erbaut haben. Zwischen den Palmen und den Spiegeln der Schaufenster hat schon die abendliche Promenade begonnen: Armani, Versace, Dolce und Gabbana. Vor dem Theater wartet eine aufgeregte Menge auf die Karten für das Konzert von heute Abend. Im Kino läuft *Dunia*. Tausende Stare füllen den Himmel bevor sie sich für die Nacht auf die Bäume des Boulevards zurückziehen.

Wir bestellen zwei *Qahwa*. Nagui ist in La Chebba geboren, der Ort an der Küste Tunesiens, der der Insel Lampedusa am nächsten ist. Hier wird jeden Sommer von der Rückkehr reich gewordener Emigranten im Fernsehen berichtet. Bilder, die jeden Abend über die Bildschirme all derer flimmern, die hier auch RAI oder Mediaset empfangen können. Jede Ausrede ist gut genug, um loszufahren. Es reicht ein Fischer- oder ein Schlauchboot. Wenn ein *Passeur* die Fahrt organisiert, verdient er 600 Euro pro Kopf. Wenn das Boot gestohlen ist, kann man auch gratis losfahren. In den letzten Jahren ist die Anzahl der Einschiffungen von Tunesien aus deutlich zurückgegangen, besonders seit der Entsendung von italienischen Motorbooten und Jeeps an die Regierung von Ben 'Ali. Als Ausgleich hat jedoch die Zahl der Tunesier, die in Sizilien gelandet sind, zugenommen: im Jahr 2005 waren es 1.596, 2006 jedoch 2.288. Ein Zeichen dafür, dass man aus Tunesien weiterhin losfährt, auch wenn sich das meiste nach Libyen verschoben hat. Die Jungs von La Chebba haben keine Angst vor dem Meer und wissen, wie sie den Kontrollen im richtigen Moment entkommen. Es reicht, in einer Neumondnacht oder bei stürmischer See aufzubrechen. Im vergangenen Sommer haben die Erklärungen des italienischen Ministers für soziale Gerechtigkeit, Paolo Ferrero, über die mögliche Legalisierung aller Anfragen anlässlich der letzten Einwanderungsquote eine Kettenreaktion in La Chebba ausgelöst. „Die *Passeurs* haben das Geschäft ihres Lebens gemacht, indem sie die Nachricht der Legalisierung verbreiteten", erzählt Nagui, „im August fuhren sie jeden Abend los und im Lauf weniger Wochen machten sich Hunderte auf den Weg." Die Einwanderungsquote, von der Ferrero sprach, betraf sie nicht, aber sie sind trotzdem aufgebrochen. Hier sind der Geldmangel und der Wunsch weg zu gehen groß, und eine ganze Generation legt sich jeden Abend mit einem fertig gepackten Koffer unter dem Bett schlafen.

Nagui kennt die Leute, die von heute auf morgen weggegangen sind. Kamal zum Beispiel, ein Nachbar, Friseur von Beruf mit einem gut eingeführten Betrieb. Er sollte binnen eines Jahres heiraten, sie hatten schon das neue Haus gebaut. Alles war fertig. „Eines Abends bat ihn ein Freund, ihn zum Hafen zu begleiten. Kamal lud ihn auf seine Vespa. Zwei Stunden später war er auf demselben Boot." Aber nach einer Stunde im Meer fing die Küstenwache das Boot ab. Sie kamen mit zwei Monaten Gefängnis davon. „Seit damals fragt der Vater sich immer noch erschüttert, woran er es diesem Jungen hat fehlen lassen. Offenbar hatte er keinen Grund wegzugehen." Ein anderes Mal, im vergangen Sommer, wurde ein junger Elektriker von La Chebba aus angerufen, um den Motor eines kleinen Bootes zu reparieren. Als er mit dem Besitzer sprach, stellte sich heraus, dass die Tanks voll waren, übermorgen sollte er losfahren. An diesem Abend vertrieb ein Gläschen zu viel in der Bar mit den Freunden seine letzten Zweifel. Wegfahren. Er wusste, wo das Boot war, er konnte es auch ohne die Schlüssel starten. Und war er nicht ein Elektriker? Der volle Tank sollte reichen... Tags darauf läutete bei ihm zuhause, wo auch fünf andere junge Männern wohnten, das Telefon. Land! Sie waren auf Lampedusa, sie riefen vom Aufnahmelager der Insel aus an.

Mittlerweile gehen auch die Eliten weg. Junge, arbeitslose Hochschulabsolventen, Anfang 30. Sie sind die Vetternwirtschaft leid, die den Arbeitsmarkt in Tunesien bestimmt. Sie sind frustriert über die verlorenen Jahre und über die völlig falschen Vorstellungen, die das Fernsehen verbreitet.

La Chebba ist der Punkt, der Lampedusa am nächsten liegt, die Boote brechen jedoch von der ganzen Küste zwischen Sousse und Sfax in Richtung Italien auf. Von Bizerte und Cap Bon im Norden verlaufen die Routen eher in Richtung der Insel Pantelleria westlich von Sizilien und Sizilien selbst. Heute sind es vor allem Tunesier, die losfahren, aber bis zum Jahr 2000 fuhren von hier auch die jungen Männer aus der Subsahara los, ausgezehrt von der Reise durch die Wüste. Durch die Rücknahmeabkommen mit Italien von 1998 und den straffen Kurs der Regierung Ben 'Alis verschoben sich die Routen der *Camarades* an die libysche Westküste. Jedes Jahr stechen tausende alter verrosteter Boote und Schlauchboote von Zuwarah, Zawiyah und Misratah in See. Immer öfter lenkt einer der Passagiere das Boot, so werden Kosten gespart, was das Ganze noch unsicherer macht. Davon können die Fischer von Djerba und Zarzis ein Lied singen. Die Grenze zu Libyen ist weniger als 100 Kilometer entfernt und seit einigen Jahren haben die Fischer auch Leichenteile und Hemden in ihren Netzen. In den Gewässern des Kanals von Sizilien sind seit 1996 mindestens 1.929 Menschen ertrunken, ebenso viele in Libyen wie in Tunesien.

Nagui erinnert sich gut an den 19. Oktober 2002. Nervös drückt er seine Zigarette im Aschenbecher aus. „Sie waren zu zehnt auf einem drei Meter langen Schlauchboot. Bei einem Sturm waren sie auf das Meer hinausgefahren, bei hohem Seegang gibt es weniger Kontrollen." Die einzige Rettungsweste diente dem Leiter der Operation. Die anderen starben alle. „Einige Tage danach haben sie sie alle aus dem Meer gefischt. Die Fische hatten ihre Gesichter bis zur Unkenntlichkeit zerfressen. Die Verwandten identifizierten sie anhand der Kleider, die sie am Leib trugen."

In Mahdia hingegen verursachte der Tod von 14 Jugendlichen aus ein und derselben Großfamilie einen Skandal. Die

Passeurs wurden angeklagt, weil sie für den Schiffbruch und für den Zustand des Boots verantwortlich gemacht wurden, mit dem sie sie losfahren ließen. Keiner empörte sich hingegen wegen der 209 Toten des 20. Juni 2003. Sechzig Meilen vor Sfax sank ein verrostetes Boot, das aus Libyen mit Passagieren aus ganz Afrika losgefahren war. Lediglich 41 Personen wurden gerettet und aus dem Meer fischte man 20 Leichen. Die Körper der anderen 189 Opfer verfaulen auf dem Meeresgrund, sie sind für immer verschwunden, gemeinsam mit der Erinnerung an eine der größten Tragödien des Mittelmeers. Sie war den Zeitungen nur eine kurze Notiz wert.

Eineinhalb Jahre danach gab es eine weitere Tragödie entlang der Küste von Sousse, 130 Kilometer von Tunesien entfernt. Nagui weiß nicht viel darüber, aber er schreibt mir die Nummer von ‘Abd Razaq auf ein Blatt Papier, einem Professor und Mitglied der *Ligue* in Sousse. Tags darauf treffe ich ihn. Gemeinsam rekonstruieren wir die Ereignisse.

Es ist die Nacht zwischen dem 2. und 3. Oktober. Ein altes Fischerboot fährt voll beladen, dort wo die Küste unbewohnt ist und nur die Verbindungsstraße zwischen Sousse und Chott Meriem verläuft, auf das Meer hinaus. An Bord befinden sich rund 75 Passagiere, alles Marokkaner. Der Großteil von ihnen stammt aus den Landstrichen rund um die Stadt Khouribga, viele kommen aus Fuqara’, einem Bauerndorf, dessen Name – Ironie des Schicksals – arme Leute bedeutet. Sie sind Teile einer Gruppe von 237 Marokkanern, die bereits am 3. September 2004 nach Tunis gekommen sind. Von Casablanca aus braucht man kein Visum für Tunesien, der Pass reicht. Sie waren in Gruppen von 3 - 4 Personen unterwegs. Alles ist von vier marokkanischen *Passeurs* organisiert, die *Harrag* haben ihnen jeweils 1.000 Euro bezahlt. Vier Tunesier warten in Tunis auf sie und bringen sie nach Nabeul, 60 Kilometer südlich der Hauptstadt,. In fünf Villen außerhalb der Stadt sind 200 Jugendliche untergebracht, einige nur wenige Tage, andere einige Monate, kontrolliert von einer Gruppe bewaffneter Marokkaner. Endlich erhält die Gruppe eines Abends den Befehl, sich für die

Abfahrt fertig zu machen. Sie haben schon die zweite Rate der Reise bezahlt, 1.400 Euro. Es bleibt nicht einmal Zeit für ein Gebet oder der Platz für einen Koffer. In Jeans und Hemd werden sie rasch in einen Kühlwagen verfrachtet, der mit laufendem Motor im Garten der Villa parkt. Die Pässe werden dem *Ra'is*, dem Boss, ausgehändigt. Als sich die Türen des Kühlwagens schließen ist es stockdunkel. Die Luft ist zum schneiden, jeder spürt den Atem des anderen im Nacken, 75 Personen sind in einem einzigen Lastwagen eingepfercht. Aber Sousse ist nicht weit und in weniger als einer Stunde öffnen sich die Türen erneut, mitten in der Nacht auf einer ungeteerten Sandstraße in Chott Meriem, rundherum nur Gestrüpp. In den rund zehn Kilometer entfernten Diskotheken von El Kantaoui, tanzen amerikanische und französische Touristen bis in den frühen Morgen. Die Küste wird von Polizeipatrouillen kontrolliert. Eile ist angesagt. Die Tunesier drängen die jungen Männer ins Wasser. Dort wartet ein altes, verrostetes Fischerboot auf sie. Die Passagiere sehen einander verdutzt an, es ist unwahrscheinlich, dass es Platz für alle gibt. Aber diese schreien sie unentwegt an, sie sind bewaffnet. Sie befehlen ihnen, sich ganz dünn zu machen. Unterdessen wird der Motor angeworfen. Der tunesische Kapitän lässt den Motor hin und wieder aufheulen. Es geht los. An Bord wagt niemand den Mund aufzumachen, außer so manch leisem Gebet. *Allahu akbar*. Gott ist groß, die Küstenwache wird sie nicht aufhalten. 40 Minuten vergehen, die Küste ist nun schon weit weg. Das Meer ist ruhig. Die 20-jährigen an Bord zwinkern einander zu, sie werden es schaffen. Der Motorenlärm ist ohrenbetäubend, er übertönt die Stimmen. Plötzlich wird das Boot langsamer, die Passagiere klammern sich mit aller Kraft aneinander. Drei Aufpralle innerhalb weniger Sekunden. Das Boot zerbricht in zwei Teile, wie ein Ast unter zu viel Gewicht. Die Passagiere gehen über Bord. „Die meisten von ihnen konnten nicht schwimmen", erzählt später ein Überlebender der Zeitung *Aujourd'hui Le Maroc*, „und die, die es konnten, wurden von den Händen derer, die sich verzweifelt an sie klammerten, unter Wasser gezerrt". Zwei jungen Männern gelingt es, den Strand zu erreichen. In der Zwischenzeit hat der Kapitän des Bootes Alarm geschlagen.

Ein Helikopter und drei Motorboote kommen zu Hilfe. Es gibt elf Überlebende, darunter zehn Marokkaner. Sie sind übersät mit Blutergüssen, vor dem Aufprall klammerten sie sich mit aller Kraft an das Holz des Fischerboots, eng aneinandergepresst. Der jüngste der elf, Boucha'ib, ist 21 Jahre alt, der älteste, Mohamed, 34. Eine Woche später werden sie per Flugzeug abgeschoben. Ausnahmsweise werden ihnen die drei Monate Gefängnis erspart, die sie laut der jüngsten tunesischen Gesetzgebung erwartet hätten. Dank ihrer Zeugenaussage werden drei der marokkanischen *Passeurs* festgenommen; der vierte taucht auf der Opferliste auf. Die Villen von Nabeul, wo die anderen Kandidaten darauf warten, bis sie an der Reihe sind, werden von der Polizei gefilzt. Rund hundert Jugendliche werden verhaftet und nach Marokko abgeschoben. Weitere 32 Marokkaner ohne Dokumente werden bei einer Razzia in den *petits hotels*, den kleinen Hotels der Hauptstadt, verhaftet. Unterdessen werden nach zehn Tagen Suche 65 Leichen im Umkreis des Schiffbruchs geborgen. Die meisten von ihnen hat das Meer unkenntlich gemacht. Sie werden im Friedhof von Hay Laaouina in Sousse begraben.

Zwei Jahre später, am 4. Dezember 2006, sind die Gräber der Schiffbrüchigen immer noch da. Hinter der weißen Mauer gibt es hunderte, ordentlich aufgereihte Gräber in einer von Olivenbäumen gesäumten Wiese. Es ist der alte Friedhof der Stadt. Alles ist minimalistisch. Jedes Zementgrab ist weiß getüncht und mit einigen Suren des Koran, dem Namen des Verstorbenen und den Geburts- und Todesdaten versehen. Es gibt weder Fotos noch Blumen. Die Gräber der Schiffbrüchigen haben keine Namen, sondern Nummern. Drei Reihen von zwanzig grauen Steinen und Zement, durchnumeriert von eins bis 64. 30 Leichen wurden identifiziert. Mohammed, 'Ali, Walid. Einer hat dasselbe Geburtsdatum wie ich, 19. Mai 1982. Die anderen 1984, 1981, 1978. Die Familien von Fuqara' verfügen nicht über die 1.300 Euro, die für die Überführung der Leichen notwendig wären. Und viele von ihnen haben nicht einmal einen Totenschein.

Ein keineswegs geringes Problem, besonders für die Frauen der nicht identifizierten Opfer. Ohne ein solches Dokument können sie nie wieder gesetzlich heiraten. An den Gräbern in Sousse weint niemand. Und das Meer von Chott Meriem ist wieder so friedlich, dass man am weißen Strand Sandburgen bauen möchte, als sei hier nie etwas geschehen. Einer der elf Überlebenden dieser Nacht, Sa'id Sabihi, versuchte es zwei Jahre später erneut. Er musste zu seinem Bruder Saleh in Neapel. Er ertrank am 19. August 2006 vor der Küste Lampedusas. Das Boot, auf dem er unterwegs war, ist nach einem Zusammenstoß mit der Minerva, die zur Rettung gekommen war, gesunken.

Die Toten machen jedoch keine Angst. Europa bleibt der Wunschtraum und aus Tunesien bricht man weiterhin auf. 'Abd Razaq rät mir wärmstens nach La Chebba zu fahren und organisiert für mich ein Treffen mit Mohammad. Tags darauf bin ich fünfzig Kilometer weiter südlich in Mahdia. Lampedusa ist weniger als hundert Seemeilen entfernt. Von hier fährt man jede Woche los, es gibt keine mafiösen Strukturen, nur selbstorganisierte Gruppen, Leute aus dieser Gegend. Es reicht, wenn jemand das Meer und die Route kennt und genügend Passagiere auftreibt, um die Unkosten zu decken und einen Komplizen auftreibt, der ein Boot organisiert, das in irgendeinem kleinen Hafen liegt. Am besten ist, wenn man es in einer stürmischen Nacht klaut, denn da fahren die Boote nicht zum Fischen hinaus und die Küstenwache ist nicht auf Patrouille. Das Boot macht dann an einer der vielen Stellen der Küste zwischen Monastir und La Chebba halt, um *Harrag* an Bord zu nehmen. Die Passagiere warten in Ferienhäusern in Rajich, die den ganzen Winter über unbewohnt sind, in den Baustellen am Ufer von Salakta oder den Pinienwäldern entlang der Strände von Douera, weit weg von den Lichtern der Stadt und der Küstenstraße.

Ich bestelle ein *Cous Cous*. Der Kellner heißt Walid. Er lächelt, als er hört, dass ich Italiener bin. Er will weg. *Harrag*. Er ist 19 Jahre alt, vor zwei Jahren hat er durch einen Autounfall beide Eltern verloren. Er sagt, dass Italien das Paradies sei. Es ist neun Uhr abends. Präsident Ben'Ali, dessen Portrait am Eingang des Restaurants hängt, lächelt scheinheilig aus einem Rahmen. Es ist ein altes Photo aus dem Jahr 1987. Draußen schläft die Stadt. Tags darauf lerne ich Sonia, Alia und Khurut in einer Bar kennen. Sie sind 20 Jahre alt, verirrt zwischen den traditionellen Tabus, der sozialen Kontrolle und den neuen Werten des Vergnügens und Konsums, die tonnenweise über das Internet und das Fernsehen verbreitet werden. Italien ist die Insel, die es nicht gibt, das Land der Spielsachen, das Paradies, die Freiheit. Kurz zuvor behauptete Makram das Gegenteil. Er verachtet Europa, sagt, dass die Probleme Tunesiens – Alkohol, Zigaretten, Schweinefleisch und pornographische Internetseiten – die Folge einer exzessiven Toleranz eines laizistischen Staates seien. Er ist 23 Jahre alt und studiert Elektrotechnik. Trotzdem träumt er von tragbaren Computern, Linux, MP3-Playern und Dolce und Gabbana. Es gibt beide, den, der nach und nach lernt, einen Käfig zu lieben und den, der davon träumt, vom eigenen Kerkermeister geliebt zu werden.

Draußen streiten sich zwischen den Netzen der Boote am alten punischen Hafen zwei Katzen um eine Fischgräte. Über der Stadt, die nicht mehr von den von Karl V. 1550 zerstörten Mauern geschützt wird, wachen die Schatten der Toten im weißen *Maqbar*, dem Friedhof am Ufer. Er liegt zwischen Wasser und Felsen auf der Landenge des Leuchtturms, zwei Schritte von den letzten Ausläufern der Medina entfernt. Mohammad ist bereits da. Er öffnet mir die Tür seines grauen Renault Clio. Hinten sitzt Shawki, er grüßt mich auf italienisch.

Sechs Jahre hat er zwischen Rom und Ancona gelebt, den Kanal von Sizilien hat er bereits zwei Mal durchquert. Das dritte Mal misslang das Vorhaben, weil die tunesische Küstenwache sie, kurz nachdem sie losfuhren, verhaftete. Bis zum vierten Versuch sind es nur noch wenige Tage. Man könnte ihn als Pendler definieren, doch jetzt arbeitet er auf eigene Rechnung. Er ist 32 Jahre alt, verheiratet und hat zwei Kinder. In Mahdia sieht er keinerlei Möglichkeit für sich und denkt seit der letzten Abschiebung an nichts anderes als an Rückkehr. Mohammad fährt weiter auf der Straße nach La Chebba. Es ist besser, sich nicht sehen zu lassen,

Shawki hat Angst vor der Polizei. Sein erstes Mal war im Jahr 1992. Es war ein Freund, der ihn überzeugte. Er war schon in Italien gewesen und sprach in einer Weise davon, als ob es Amerika sei. Für 500.000 Lire, rund 250 Euro, brachte ihn ein sizilianischer Tourist auf seinem eigenen Boot nach Lampedusa. Vier Jahre später, 1996, wurde er nach einer Kontrolle der Gendarmerie in Nizza per Flugzeug abgeschoben.

„Ich hatte mich mit zwei Freunden zusammen getan; wir haben die Gelder der 15 Passagiere gesammelt. Hier haben es die Leute satt, sie wollen weg. Es ist ein Kinderspiel, sie zu finden. Du verbreitest die Nachricht auf der Straße und in den Bars, zwischen einem Kaffee, Kartenspiel und einer Runde *Shisha*[7]. Es reicht, diskret zu sein. Ins Detail geht man nur mit denen, die interessiert sind. Dann ist alles nur eine Frage der Zeit. Mitten in der Nacht geht es los, einfach so, zu Fuß. In dieser Nacht gab es in Mahdia ein starkes Unwetter, die See war rau. Aber es war der richtige Moment, denn wenn die See rau ist, gehen die Fischer nicht an den Hafen und die Küstenwache kontrolliert nicht. Wir entschieden, loszufahren und wir verständigten alle durch eine Telefonkette. Mit meinem Freund gingen wir an den punischen Hafen von Mahdia, weil wir noch ein Boot organisieren mussten. Wir hätten niemals das Geld gehabt, eines zu kaufen. Wir sprachen mit dem Wächter und machten ihm einen Vorschlag. Es regnete. Wenn er uns eines der Boote klauen lässt, nehmen wir ihn mit. Kein Geld. *Take it or leave it*. Das ließ er sich nicht zwei Mal sagen. Wir luden die Benzinkanister vom Auto aus, insgesamt 120 Liter, das GPS und fuhren los. Mit den anderen waren wir in Rajich verabredet, einem verlassenen Haus im Pinienhain, wenige Meter vom Meer entfernt. Nach einer Stunde Fahrt wurde es jedoch richtig schlimm. Die Wellen wurden immer höher. Ich stand am Steuerrad und ließ den Gashebel keinen Augenblick lang

[7] *Shisha* ist eine bestimmte Art der Wasserpfeife, auch Nargilè genannt. Es handelt sich um einen oftmals parfümierten Wasserbehälter, darin ist eine Spirale die den Rauch – produziert durch ein kleines Stück Tabak, durch Kohle erhitzt und mit parfümierten Essenzen versetzt – abkühlen lässt, bevor er durch eine kleine Tube den Mund des Rauchers erreicht.

los. Die Wellen wurden so hoch, dass das Schiff sie von einer Seite zur anderen durchfuhr. Alle waren verzweifelt, sie weinten, sie bettelten mich an, sie nicht sterben zu lassen. Ich schrie sie an, dass sie ruhig sein sollten. „Betet zu Gott", sagte ich auf Arabisch. Ich war sicher, dass wir nicht davon kommen würden. Ich wartete nur noch darauf, dass das Schiff kenterte, zuviel Wasser war eingedrungen. Dann jedoch wurde das Wetter besser und sieben Stunden später nahmen die Umrisse Lampedusas am Horizont Gestalt an."

Das Leben als *Clandestino* hält jedoch stets eine Überraschung bereit und so wurde Shawki im Jahr 2003 erneut abgeschoben. Unerschütterlich versuchte er ein Jahr später wieder loszufahren, diesmal wurde er jedoch von der tunesischen Küstenwache abgefangen. Der Spaß kostete ihn drei Monate Gefängnis. Er ist ihm sehr schlecht bekommen. Aber er hat immer noch denselben Plan. Er meint, es reiche aus, wachsamer zu sein. Er kennt die Route gut und das Meer macht ihm keine Angst mehr. Dieses Mal arbeitet er jedoch in großem Stil. In diesen Stunden verhandelt er um den Kauf eines alten Fischerboots für 55.000 Dinar, rund 30.000 Euro. Darin müssen mindestens 70 Personen Platz finden. Ein sicherer Gewinn! Es wird ein gutes Geschäft; sie würden schon sehen, aus welchem Holz er geschnitzt ist!

Mohammad hält das Auto auf einer unasphaltierten Straße am Stadtrand von Rajich an. Vor uns steigt ein Mann aus einem mit Erde beladenen roten Lastwagen. Shawki grüßt ihn und geht mit einer angezündeten Zigarette zu Fuß weg.

Seinen Platz nimmt Hamdi ein. Er steigt ins Auto und begrüßt mich mit einem schwieligen Händedruck. Mohammad hat ihm von meiner Arbeit erzählt. Hamdi hat sich zehn Minuten Pause an der Baustelle genommen und ist mit dem Lastwagen zu uns in diese Gegend gekommen, die weit genug von indiskreten Blicken entfernt ist. Er ist Maurer, 30 Jahre alt, hat einen robusten Körper und grüne Augen. Er entschuldigt sich für den Kalk auf seiner Arbeitskleidung und den kürzlich rasierten blonden Haaren. Zwei Mal hat er versucht nach Lampedusa zu gelangen, beide Male war er von Libyen losgefahren. Es ist jedoch schief gegangen. 2001 ging er nach Sabratah, einer kleinen Stadt am Meer zwischen Zuwarah und Zawiyah, hundert Kilometer von der tunesischen Grenze in Ras Jedir entfernt. Dort arbeitete er als Fischer. Im Sommer 2005 entschied er sich loszufahren. Gemeinsam mit anderen neun Tunesiern bezahlten sie einen libyschen Freund, damit er ein Boot für sie findet. Wenige Tage später stechen sie in Qasr Ahmed, in Sabratah mit einem alten Holzboot in See. Nach wenigen Kilometern jedoch frisst sich der Motor fest. Sie haben einen Ersatzmotor dabei, aber angesichts der Dunkelheit der Nacht und der Angst vor Kontrollen der Küstenwache genügt eine falsche Bewegung und er fällt ins Wasser. So sterben alle Hoffnungen, erneut loszufahren.

Sie versuchen jedoch irgendwie das Ufer zu erreichen, aber am nächsten Morgen werden sie von der Küstenwache abgefangen. Wenige Stunden später werden sie ins Halbdunkel einer Zelle eingesperrt.

Kein Anwalt, kein Prozess. Ein Ausländer in einem Boot in Seenot bedeutet Knast in Dafnie, in Sabratah. Es ist unwichtig, dass ein Tunesier keine Aufenthaltserlaubnis braucht, um in Libyen zu leben und zu arbeiten.

Dafnie heißt auf Arabisch vergraben. Ein schlechtes Omen, das bis zu einem gewissen Grad die Haftbedingungen in einem libyschen Gefängnis vermittelt. Hamdi erzählt mir von sechs mal acht Meter großen Zellen, die mit 45 Personen überfüllt sind. Ein Quadratmeter pro Kopf, man schläft jeden Abend eingezwängt auf der Erde. Damals waren rund 300 Personen im Gefängnis. Frauen hat Hamdi nicht gesehen und auch keine Zwangsarbeit. Dafür hat er gesehen, wie der Wundbrand das Bein eines sudanesischen Zellengenossen, zerfressen hat. Er war beim Versuch zu fliehen von einer Kugel getroffen worden. Anstatt ihn ins Krankenhaus zu bringen, brachten die Uniformierten ihn blutend in die Zelle zurück, als abschreckendes Beispiel für alle. Der Arzt wurde erst gerufen, als es notwendig wurde, die Gliedmaße zu amputieren. Ich schüttele angewidert den Kopf. Hamdi lächelt. Das ist noch gar nichts. „Du kannst dir nicht vorstellen, was da drinnen vor sich geht".

Er spricht von willkürlicher und unmenschlicher Folter, von Unterernährung, von Männern, die bedroht werden, weil sie den Blick nicht gesenkt haben. Er spricht von anderen, die in der ein Meter mal ein Meter großen Isolierzelle festgehalten werden, tagelang im Dunkeln, inmitten der eigenen Exkremente; 24 Stunden im Stockdunklen, ohne zu wissen ob es Tag ist oder Nacht, wach gehalten durch den Hunger, den Krämpfen und den Rückenschmerzen, weil auf dem einen Quadratmeter Boden voll Kot und Urin, kein Platz ist. Hamdi kennt sie gut, diese Angstzelle. Er hat die 30 längsten Tage seines Lebens darin verbracht. Diese Tage waren so lang, dass sie noch immer nicht ganz vorüber sind. Er reibt seine großen, schwieligen Hände, als er darüber spricht, er blickt um sich und schüttelt unentwegt den Kopf, um die Erinnerung an die Gerüche, die Schmerzen und den Hunger dieser schwarzen Tage zu vertreiben. Gespenster. Er hatte naiv und verzweifelt versucht zu Fuß zu fliehen, als er 15 Tage nach der Verhaftung zum Gericht gebracht wurde.

Sie ließen ihn dafür büßen. Der Isolierzelle folgten zehn Monate Gefängnis. Es könnten auch mehr sein, er weiß es nicht, da er niemals einen Bescheid erhalten hatte und ihm auch niemals der Wortlaut seiner Verurteilung mitgeteilt wurde. Glücklicherweise erreichte die Nachricht über seine Verhaftung einen tunesischen Freund in Sabratah, der prompt seine Familie in Mahdia verständigte. Sein Vater begab sich daraufhin nach Libyen und traf den Besitzer des Schiffes, das der libysche *Passeur* für die zehn Tunesier gestohlen hatte. Er wollte ihn bitten, die Anklage zurückzuziehen. 5.000 Dinar, rund 3.000 Euro, halfen ihm dabei, eine weise Entscheidung zu treffen. All das geschah fünf Monate nach dem Vorfall.

Hamdi musste jedoch weitere sechs Monate absitzen, niemand weiß warum. Alles in allem elf weggeworfene Lebensmonate und ein Monat unauslöschlicher Folter, die zwischen Schlaf und Wut wiederkehren, wie Eisenstücke, die ins Fleisch schneiden. Ein teurer Preis dafür, dass er kein Verbrechen begangen hat.

Die Geschichte von Hamdi ist kein Einzelfall. Von den schlimmen Zuständen in den libyschen Gefängnissen hatte mir schon zwei Tage zuvor Ayman, der 17-jährige Neffe von 'Abd Razaq, erzählt. Seine Geschichte beginnt mit ihrem Ende.

Am 12. August 2006 verlässt sein Onkel 'Abd Razaq, Professor für zeitgenössische Geschichte an der Universität von Sousse, ein Seminar in Paris, um dringend nach Libyen zu fahren. Seit zwei Monaten hat seine Schwester nichts mehr von ihrem Sohn gehört. Sie suchen in den Krankenhäusern, befragen die Polizei, aber seit dem 23. Juni 2006 ist Ayman einfach verschwunden. Ein Junge aus demselben Dorf im mit Olivenbäumen übersäten Umland von Mahdia, der soeben aus einem libyschen Gefängnis frei gekommen war, hatte tags zuvor die Familie verständigt: Ayman lebt, sie haben ihn in Zuwarah mit den *Harrag* verhaftet, er wird im Gefängnis von al-Fellah in Tripolis festgehalten. Aymans Mutter ist Analphabetin, sein Vater starb 2002 bei einem Verkehrsunfall in Italien, wo er seit 17 Jahren gelebt hatte. Der Tod des Vaters war ein ganz schlimmes Trauma für Ayman, der damals 13 Jahre alt war. Seit dem Zeitpunkt hatte er aufgehört, die Schule zu besuchen und hatte nur noch die Obsession, wegzugehen. Stets sagte er, dass er den Ort sehen mmüsse, an dem sein Vater gestorben sei, um endlich Frieden zu schließen mit den Schuldgefühlen einer vaterlosen Kindheit. Frieden mit einem Vater, der eines Tages losgezogen war, um seinen vier Kindern eine bessere Zukunft zu bieten und als Toter in einem Sarg zurückkehrte. Er wollte weg und es gelang ihm, eine Gelegenheit beim Schopf zu packen, die sich ihm in Sousse bot.

Durch puren Zufall hatte er ihn in einer Bar kennen gelernt: einen Libyer, so um die 30 Jahre alt. Er bot ihm eine Passage nach Italien an, wenn er wenigstens fünf Passagiere mitbrächte, die je 2.300 Euro zahlen müssten. Ayman ließ sich das nicht zwei Mal sagen und beim nächsten Treffen, drei Tage später, kam er mit einer Liste von 30 Namen, darunter zwei alten Freunden aus dem Dorf und anderen Jungs der Umgebung, 14, 21, 24 Jahre alt, der älteste 34. So überqueren schließlich am 23. Juni 2006 65 Tunesier, Algerier und Marokkaner illegal an Bord von acht Jeeps die tunesisch-libysche Grenze bei Farwa in Richtung Riqdalin, ein Dorf des Hinterlands, rund 30 Kilometer von Zuwarah entfernt. Die Familien der jungen Männer wissen von alledem nichts. In Riqdalin wird die Gruppe im Haus von 'Ali Sawan beherbergt. Ayman erzählt von einer großen, dreistöckigen luxuriösen Villa mit einer Klimaanlage und einem Plasma-Fernseher. Mindestens 180 Personen werden darin beherbergt, unter ihnen rund 20 Mädchen.

Am dritten Tag verbreitet sich die Nachricht von der Abfahrt. Sobald es dunkel wird, beginnt die Gruppe ihre Fahrt. Zu fünft fahren sie im Auto in Richtung Farwah, einer kleinen Insel vor der Küste von Bu Kammash, auf dem halben Weg zwischen Ras Jedir und Zuwarah, einem idealen Punkt für die Einschiffung. Ein flacher Streifen mit Palmen und Sanddünen, praktisch unbewohnt. Um ihn zu erreichen genügt es, zu Fuß einen ausgetrockneten Meeresabschnitt von 500 Metern zu durchqueren. Zu den 180 gesellen sich rund 40 Ägypter. Um ein Uhr nachts bewegt die Tulaitila von 'Abdullah Jamal die Motoren. Das Schiff ist in optimalem Zustand, nach dem was Ayman erzählt. Alles scheint bestens zu laufen, aber nach 20 Stunden Fahrt wird das Schiff von einer Militärkorvette aufgebracht, die – so Ayman – unter italienischer Flagge fährt. Ayman war noch nie zuvor in Italien, aber einige der Reisegefährten sagten, dass das, was man am Horizont sieht, Sizilien sei. Wie auch immer, das Schiff legt am 28. Juni um acht Uhr morgens an, eskortiert von einem Militärschiff. Am selben Tag berichten die Nachrichtenagenturen von einem 20 Meter langen Schiff mit 274 Personen an Bord, das nordöstlich von Lampedusa gerettet wurde und einem zweiten Schiff mit 266 Menschen an Bord, das in den Gewässern von Malta aufgebracht worden sei. Man weiß nur, dass sich im Moment des Anlegens mindestens 40 Personen ins Meer werfen und es ihnen, einschließlich dem libyschen Kapitän und den beiden Besatzungsmitgliedern, gelingt, an Land zu fliehen. Alle anderen werden in das gebracht, was Ayman, ohne italienisch zu sprechen, „Centro" nennt. Ihnen werden die Fingerabdrücke abgenommen. Am selben Tag, gegen Abend, wird die Gruppe erneut an Bord der Tulaitila verfrachtet. Das Schiff wird bis zum Morgen eskortiert, bis es in internationalen Gewässern einem Motorboot der libyschen Küstenwache übergeben wird.

Zurück an den Absender. Man fährt weiter in Richtung Süden, nach Zuwarah. Irgendwann bricht an Bord ein Kampf zwischen Marokkanern und Tunesiern aus, voller Wut über das fehlgeschlagene Unterfangen. Ohne zweimal darüber nachzudenken, nimmt die libysche Polizei die Waffen in die Hand und schießt in die Menge. Die Menge löst sich auf, Ayman wirft sich auf die Erde. Das Blut läuft bereits über die salzbedeckte Brücke. Die Soldaten befehlen, die Leichen der sechs getöteten Männer über Bord zu werfen. Weitere zehn schwer Verletzte sterben wenige Stunden später. Von ihnen weiß Ayman lediglich den Namen eines Jungen, Hasan Yusef, Marokkaner. Auch ihre Leichen werden ins Mittelmeer geworfen, sie verschwinden zwischen dem weißen Schaum des Kielwassers der Motoren. Am Morgen des 30. Juni legt die Tulaitila endlich im Hafen von Zuwarah an. Nach einer Nacht im Polizeikommissariat werden sie nach aj-Jmayl gebracht. Zwei Tage danach wird Ayman im zentralen Krankenhaus von Tripolis mit drei gebrochenen Rippen und einer nicht verheilten inneren Verletzung aufgenommen. Diese Verletzung erfordert im September, nach seiner Rückkehr aus Libyen nach Sousse, einen weiteren chirurgischen Eingriff. Die Verhafteten werden in Gruppen von je fünf befragt, erzählt Ayman. Sie fragen, wie sie nach Libyen eingereist seien und was sie in Italien vorhatten. Dann sind die letzten drei an der Reihe. Als sie eintreten, warten sechs Polizisten und drei Polizistinnen auf sie. Ohne irgendeine Vorwarnung beginnen sie sie zu bedrohen. Es setzt Schläge mit Schlagstöcken auf den Rücken und Tritte mit den Stiefeln in den Magen, als sie bereits auf dem Boden liegen. Zwei enden schwer verletzt im Krankenhaus. Nach der Entlassung landen sie in der Unterwelt von al Fellah in Tripolis, dem berüchtigten libyschen Knast. 1.600 Insassen, neun von zehn sind Migranten, 260 Frauen. Ayman wird lediglich 25 Tage dort verbringen, doch genug, um sie niemals zu vergessen. „Ein Tag da drinnen ist wie ein Jahr draußen“, sagt er.

Fellah ist ein abgeschirmtes Gefängnis, im Herzen von Tripolis im gleichnamigen Viertel gelegen und von bewaffneten Männern bewacht. Rund um einen Hof erhebt sich ein quadratischer Block auf zwei Stockwerken und einem Souterrain. Auf jedem Stockwerk gibt es sechs Schlafsäle ohne Türen, jeweils in acht Zellen von fünf mal drei Metern unterteilt. Die Türen sind aus Eisen, es gibt eine kleine Klappe in Augenhöhe und hohe, vergitterte Fenster. Im Halbschatten sind weder Betten noch kleine Schränke. In jeder Zelle sind rund ein Dutzend Menschen eingesperrt, eineinhalb Quadratmeter pro Kopf, gerade Mal Platz, um eingezwängt zu schlafen. Jede Zelle hat ein Stehklo und ein kleines Waschbecken. Aymans Reisegefährten werden zu sechs Monaten Gefängnis und 1.000 Euro Strafe verurteilt. Aber die Mehrzahl der Insassen hat noch niemals einen Richter gesehen. Nicht einmal Ayman, vielleicht weil er minderjährig ist, vielleicht weil er keine Dokumente bei sich hat.

Ayman spricht von Unterernährung und Zwangsarbeit. Tagwache ist um fünf Uhr morgens mit einem Appell im Hof. Um acht Uhr gibt es Frühstück, heißen Tee und ein Baguette, das sich drei Insasssen teilen müssen. Um zwölf Uhr gibt es Mittagessen. Eine Portion Reis und wieder ein Baguette für drei Häftlinge. Man isst mit den Händen, es gibt kein Besteck. Dasselbe am Abend. An jedem Tag leisten rund 20 Personen Zwangsarbeit in den Bergen, den Feldern oder in Misratah. Tagsüber sind die Insassen im Hof unter praller Sonne. Nach neun Uhr abends werden die Gitter verschlossen und alle gehen in die Zelle zurück. Die Frauen sind in eigenen Räumen untergebracht. Eines Abends hat eine von ihnen Wehen. Sie schreit und weint, damit sie für die Geburt ins Krankenhaus gebracht wird. Vergeblich, das Kind wird so geboren, es wird hinter Gittern aufwachsen.

Zu diesem Zeitpunkt kommt Onkel ‘Abd Razaq nach Tripolis. Er war zuerst beim Konsul, um ein Empfehlungsschreiben einzuholen. Der Konsul hat die Liste der Namen der Insassen, trotzdem hat er die Familie nicht verständigt. Mit diesem Brief wird ‘Abd in Fellah vorstellig. Der Beamte nimmt das Blatt verkehrt in die Hand, offensichtlich kann er nicht lesen. Er fragt, was da geschrieben steht. 'Abd erklärt, dass es sich um ein Schreiben handelt, das ihm gestattet, seinen Neffen zu sehen, verfasst auf dem offiziellen Briefpapier des Konsulats. „Ach verpiss dich!" fährt der Wärter 'Abd an, gibt ihm brüsk das Dokument zurück und schlägt die Tür zu. 'Abd weiß nicht, was er tun soll. Zuerst wird ihm gesagt, dass er bis 16 Uhr warten soll. Dann soll er um 18 Uhr wieder kommen. Müde und erniedrigt lehnt er sich gegen die Wand neben dem Eingang. Er kann nicht mehr, seine Reise ist ganz umsonst. Seine Augen sind geschwollen, aber vor den Tränen kommt der freundliche Gruß eines Tunesiers, der näher kommt und ihn im Dialekt fragt, was denn geschehen sei. Er versteht die Lage und bittet ihn um drei Dinar, mit denen klopft er beim Polizisten an. Das Tor öffnet sich. Es reichen zwei Euro. Im Hof, der so groß ist wie ein Basketballfeld schickt einer der Polizisten einen indischen Häftling, um den Jungen zu holen. Kurze Zeit später kommt Ayman, endlich umarmen sie sich. Tags darauf kommt der Onkel zurück, hinterlässt zehn Dinar beim Pförtner, um keine Probleme zu bekommen. Er hat seinem Neffen etwas zu essen gebracht. „Hast du jetzt kapiert, wie man da reinkommt!" hänseln ihn die Uniformierten. Und am Abend bevor er geht, bieten sie ihm ein Geschäft an: 500 Dinar bar auf die Hand und er kann ihn gleich mit nach Hause nehmen. Das sind 300 Euro, zwei Durchschnittseinkommen eines Polizisten. Offensichtlich gibt es kein Entlassungsdokument. 'Abd weigert sich. Schade, für 1000 Dinar hätten sie sogar den Kontakt mit vertrauenswürdigen *Passeurs* herstellen können, Leute, die mit ihnen arbeiten und garantieren, dass man nach Italien kommt, ohne von der libyschen Küstenwache aufgehalten zu werden. Innerhalb von drei Tagen hat 'Abd alle notwendigen Dokumente, so dass Ayman freikommen kann. Dafür müssen aber noch weitere sechs Tage verstreichen. Die Polizei wartet auf die Freilassung von fünf zusätzlichen Insassen, damit sie das Auto voll bekommen, das sie zur Grenze begleiten soll. Es ist unwichtig, dass der Onkel dazu bereit wäre, den ganzen Transport sofort zu zahlen. Endlich kommt Ayman wieder nach Sousse zurück. Der Richter entscheidet, ihn nicht zu verurteilen, da er minderjährig ist. Für die anderen sieht das Gesetz eine Strafe von einem bis drei Monaten Haft vor, die Wiederholungstäter müssen mit zwei bis drei Monaten rechnen, die *Passeurs* gar mit 10 - 15. Aber erst einmal bleiben sie in Fellah. 'Abd hat die Liste der Namen im Konsulat von Tripolis gesehen, sie ist drei Seiten lang. Es sind so um die 60 - 100 Personen. In den meisten Fällen weiß die Familie nichts von ihrem Schicksal, oft wissen sie nicht einmal, dass die Söhne oder Ehemänner losgezogen sind, um die „Grenze zu verbrennen." Niemand vom Gefängnis verständigt die zu Hause gebliebenen. Geld, Wertgegenstände und Mobiltelefone werden vor der Verhaftung von den Schakalen in Uniform beschlagnahmt.

Um zu verstehen, warum jetzt auch die Tunesier von den libyschen Küsten losfahren, von Lampedusa mehr als 300 Meereskilometer entfernt, muss man die Zeit etwas zurückdrehen. Ich kehre in die Hauptstadt zurück, in die Erzdiözese von Tunis, wo sich die Kathedrale in der Straße Habib Bourguiba und das Büro der Caritas befindet. Es ist 10.30 Uhr Vormittag, ein regnerischer Dezembertag und in den Büros der katholischen Kirche warten der methodistische Pastor Raimondo Kayis aus dem Kongo und der Südkoreaner Namil Baek, Pastor einer anderen protestantischen Kirche auf mich. Sie empfangen mich in dem kleinen Arbeitsraum gemeinsam mit Mark, einem Nigerianer, und dem Algerier Bashir. Die Prämisse ist klar. Die heutige Situation hat sich seit den 1990er Jahren grundlegend verändert. Es gibt keine offiziellen Daten, aber das Caritas-Büro ist ein guter Beobachter der tunesischen Verhältnisse. Raimondo erinnert sich an tausende Gesichter aus den Jahren 1995 bis 2000. Vor allem Algerier in den Jahren des Terrorismus, mindestens 3.000, aber auch 400 Somalier, 250 Nigerianer und hunderte Flüchtlinge aus Liberia, dem Kongo und Sierra Leone. Sie arbeiteten im Winter in der Hauptstadt und jeden Sommer gingen sie zu Fuß in Richtung Süden, um sich nach Lampedusa einzuschiffen. Viele kehrten damals ohne einen Cent zurück, nachdem sie von den *Passeurs* ausgeraubt worden waren. Die *Passeurs* kassierten das Geld für die Fahrt und verrieten dann der Polizei das Versteck der *Camarades*. Aber nicht alle waren *Aventuriers*. Raimondo erinnert sich an viele Flüchtlinge, die vom UN-Flüchtlingshochkommissariat in Tunis anerkannt waren. Ihr Status wurde weder von der Polizei bestätigt noch verhinderte er die Abschiebungen in diesen Jahren an die libysche und algerische Grenze.

Die wenigen bekannten Daten wurden in einer parlamentarischen Debatte über die neuen Gesetze gegen die irreguläre Immigration im Jahr 2004 verlautbart. Damals sprach man von rund 40.000 Personen, die aufgrund des Versuchs „die Grenze zu verbrennen" im Lauf von fünf Jahren festgenommen wurden – von 1998 bis 2003. In der Zelle landeten auch die Mitglieder der 179 Netzwerke der *Passeurs*. Und allein im Jahr 2003 wurden 3.000 junge Menschen beim Verlassen der nationalen Gewässer festgesetzt. Eine interessante Statistik, denn in diesen Jahren machten die Tunesier lediglich 30% der festgehaltenen *Harrag* aus. Die Mehrzahl kam aus dem Subsahararaum. Heute ist es umgekehrt. Die jungen Subsaharianer und Maghrebiner fahren fast ausschließlich von Libyen in Richtung Italien los, sie schiffen sich an den Küsten zwischen Zuwarah und Misratah ein. Von Tunesien aus starten jetzt nur die jungen Leute aus der Gegend. Das ist das Resultat jahrelanger Repressionen, die im Jahr 1998 mit dem Rückübernahmeabkommen mit Italien begannen und in der Errichtung von 13 informellen Zentren für die Inhaftierung und Identifikation der *Clandestini* mündeten. Ein solches Zentrum befindet sich in der Hauptstadt, in Ouardiya. Mark hat dort schlimme Zeiten in den Jahren der Unterdrückung verbracht.

Er war 1996 nach Tunis gekommen, ein Jahr zuvor war er aus Nigeria weggegangen. Sein Weg als *Clandestino* führte ihn über Burkina Faso, Niger und Libyen und durch die Wüste Sahara. Er wollte weg und sparte das dafür notwendige Geld. Aber am 20. April, als er mit einem Freund auf der Habib Bourguiba am helllichten Tag spazieren ging, wurde er auf der Höhe der Statue von Ibn Khaldun vom bedrohlichen Blick zweier Männer der *Shurta* festgehalten, die ihre Dokumente verlangten. Mark zeigte ihnen den Beleg seines UNHCR-Flüchtlingsstatus. Die zwei lachten. Als sie aufgehört hatten zu lachen, zerrissen sie die Dokumente. „Wir arbeiten für die tunesische Regierung, nicht für die UNO. Eure Pässe!“ Aber auf den Pässen war kein Visum. Mark begann zu diskutieren und bestand darauf, dass sie Flüchtlinge seien, dass dies ein Dokument der Vereinten Nationen sei, dass sie das Recht hätten, sich frei in der Stadt zu bewegen und dass niemand es sich erlauben könne, ihnen das zu untersagen. Aber der Griff von zwei schwarzen Handschuhen hielt seine Hände am Rücken fest und andere Polizisten, die dazugekommen waren, schlugen ihn abwechselnd in die Magengegend. In Ouardiya kamen die beiden voller Blutergüsse an. Von dort wurden sie im Lauf einer Woche etappenweise zuerst nach Sousse, dann nach Sfax und Gabes gebracht. Am Ende ließen sie sie am Grenzposten von Ras Jedir aussteigen: zwei Marokkaner, fünf Nigerianer, ein Palästinenser und eine Ägypterin mit ihrer zwölfjährigen Tochter. Die Araber konnten den Zoll passieren, sie brauchten kein Visum für Libyen. Die fünf Nigerianer wurden jedoch von den Wärtern bis Mitternacht festgehalten, als ein Agent, der Mitleid hatte, ihnen einen Weg zum „Verbrennen der libyschen Grenze“ zeigte. Sieben Stunden Fußmarsch lagen vor ihnen, 26 Kilometer durch die Wüste bis zum ersten Dorf. Hier konnten sie um etwas zu essen bitten und hatten die Möglichkeit, ein Taxi nach Zuwarah oder Tripolis zu finden. Mark ist nach einigen Jahren nach Nigeria zurückgekehrt, um dann wieder nach Tunis aufzubrechen, wo er heute heimlich lebt, geschützt durch das familiäre Netzwerk seiner tunesischen Frau. Andere haben es nicht geschafft.

Raimondo erinnert sich an zwei junge Männer einer Gruppe, die im Juli 1996 abgeschoben worden waren, sie starben durch eine Mine an der Grenze zu Libyen. Dort war eine Gruppe von Abgeschobenen zu Fuß mitten in der Wüste ausgesetzt worden. Frauen und Kinder werden genauso behandelt.

Im Jahr 2000 bat eine asylsuchende ledige Mutter aus Libyen den Besitzer ihrer Mietwohnung, 200 Dinar für sie aufzubewahren, weil sie ihren Mitmietern nicht traute. Er akzeptierte, ganz freundlich. Nach zwei Monaten kam sie wieder, sie brauchte das Geld. „Welches Geld!“ platzte er heraus. Ein

Streit brach aus. Am Ende rief er die Polizei und sie wurde verhaftet. Zwei Wochen später saß sie mit ihrem dreijährigen Kind im Arm im Kleinbus der Polizei in Richtung Libyen.

Die *Aventuriers* haben sich mittlerweile nach Tripolis verlagert. Aber es gibt weiterhin Abschiebungen aus Tunis, wenn auch weniger, erzählt Raimondo. Früher kehrten die Abgeschobenen innerhalb weniger Wochen zu Fuß in die Hauptstadt zurück. Das ist heute anders. Der Druck ist groß und die Hautfarbe hilft nicht gerade. Mark kennt nur einen einzigen von der Elfenbeinküste, der in der letzten Zeit nach Tunis zurückgekommen sei. Nach der letzten Abschiebung hat er ihn nicht wieder gesehen. Er lebt versteckt in irgendeinem kleinen Zimmer in der Peripherie. Er hat Angst, die Fensterläden zu öffnen. Nachdem sie ihn verprügelt hatten, versprach ihm die Polizei, dass er das Gefängnis nicht mehr verlassen würde, falls sie ihn in Tunis wieder fänden. Er hat Angst. Seine Frau und das neugeborene Baby kommen einmal in der Woche aus dem Schlupfwinkel in das Büro von Raimondo, um ein paar Kleidungsstücke und etwas Reis zu holen.

Die Repression hat die Reisewege der jungen Leute aus dem Subsahararaum lediglich in den Süden verlagert. Sie fahren von Zuwarah bis Sabratah los, entlang der libyschen Küste. Lampedusa ist 300 Meereskilometer entfernt. Mehr als einmal ist es geschehen, dass skrupellose *Passeurs* Dutzende Passagiere auf der tunesischen Insel Kerkennah, in den Gewässern von Sfax, aussteigen ließen und sagten, *„voilà Lampedusa"*. Das erzählen auch noch die Alten in der Bar der Insel. *„Buongiorno, buongiorno. Come stai?"* Guten Tag, guten Tag, wie geht's? Es reichte eine trockene Antwort auf Arabisch, um den gutgläubig grüßenden Neuankömmlingen das Blut in den Adern gefrieren zu lassen. Sie verstehen sofort, dass sie noch in *Ifriqiya, Afrika,* sind, lediglich ein bisschen weiter unten. Ihnen ist es jedoch in jedem Fall besser ergangen, als den tausenden von Toten entlang der Routen im Kanal von Sizilien. Viele Schiffe sind altes Eisen und werden von Leuten gesteuert, die das Meer nicht kennen. Viele erleiden in den ersten Stunden ihrer Fahrt

Schiffbruch. Die Toten schwemmen manches Mal in Zarzis und der Insel Djerba im Süden von Tunesien an. Dort ziehen sie die Fischer heraus. In den Fischnetzen sind nackte Körper, Leichen in Blue Jeans, Skelette, Algen und T-Shirts. Es sind dieselben Küsten, an die Homer einst Odysseus und seine Gefährten, verführt von holden Sirenen, schickte und wohin jedes Jahr tausende von Touristen in Urlaub fahren. Hier beginnt der Friedhof Mittelmeer.

Entlang eben dieser Strände zwischen Zarzis und Ras Jedir sammelt Mohsen Lidhiheb seit elf Jahren jeden Tag nach seiner Schicht bei der Post die Gegenstände, die das Meer entlang der 150 Kilometer langen Strände ans Ufer spült. Es sind vor allem Plastikflaschen, aber auch Surfbretter, Hanfseile, Wasserschildkröten, Neonlampen, Helme, Schwämme, Holzbretter und aufgeplatzte Luftsäcke. Mohsen hat damit ein Museum geschaffen, das Museum der „Memoria del mare", Meereserinnerung. Erinnerungen aus Plastik, geschaffen aus Kunstwerken über die Absurditäten des modernen Menschen, den Überresten, die bei ökologischen Expeditionen auf See geborgen wurden. Eine der Installationen im Zentrum seines Gartens, der von einer Mauer aus Plastikflaschen umgeben ist, ist Mamadou gewidmet. Es ist ein Haufen von mindestens 150 Paar Schuhen. Es sind neue Schuhe, sportliche und jugendliche Schuhe. Dinge, die man nicht weg wirft. Es sind die Schuhe der Schiffbrüchigen. Mohsen bewahrt sie gemeinsam mit hunderten von Hemden, Jacken, Hosen, Pullovern und T-Shirts auf, die er am Strand aufgelesen hat. Sie wurden den Körpern, die im Meer begraben sind, entrissen. Sie sind alle gewaschen und ordentlich unter einem Vordach aufgehängt. „Sie sind das einzige Denkmal, das an das große Sterben erinnert, das sich hier abspielt", sagt Mohsen. Seit einigen Jahren spült das Meer die Leichen der Schiffbrüchigen an die Strände von Zarzis. Außerhalb der Stadt, in Richtung Ben Garden in der Nähe der Grenze, gibt es sogar eine Art heimlicher Friedhof in den Dünen. Niemand weiß, wo er ist, aber es ist sicher, dass er existiert und dass dort mindestens rund 60 Menschen begraben sind. Zuerst brachten sie die Toten zu den Friedhöfen von Zarzis, aber dann waren es zu viele. Und der scharfe Geruch, der die Luft durchdrang, nachdem die Lastwagen mit den Leichen durchgefahren waren, verflüchtigte sich erst nach langer Zeit. Mohsen hat bein seinen Expeditionen drei Leichen und weitere drei Körperteile gefunden, zum ersten Mal im August 2002.

„Seit einigen Tagen ging das Gerücht rum, dass man viele Leichen an den Stränden von Zarzis gefunden hat. Die Leute fragten mich scherzhaft, ob ich meinen Teil der Schiffbrüchigen gefunden habe. Aber ich scherzte ganz und gar nicht. Jedes Mal wenn ich ins Wasser ging, spürte ich eine starke Beklemmung. Ich ging nur vorsichtig weiter, ich war barfuß und hatte Angst, womöglich eine der Leichen zu berühren. Das Meer hat mir zuerst die Abfälle aus dem Norden angespült, aus dem Kanal von Sizilien. Dann die Flaschenpost, die von der Krise des modernen Menschen erzählt und schließlich brachten die Wellen das erste Opfer der Flucht in den Westen in Fleisch und Blut. Ich hatte es von weitem gesehen. Anfangs erschien es mir wie eine Schildkröte, die auf dem Rücken liegt. Als ich bemerkte, dass das ein menschliches Lebewesen ist, fühlte ich meine Kräfte schwinden. Mein Herz setzte einen Schlag aus. Er lag da bäuchlings, von Algen bis zum Knie und über dem Kopf bedeckt, mittelgroß. Dieser Körper, der einmal sehr muskulös war, war von der Sonne und den Wellen zerfressen worden, die Haut war beige. Mit Tränen in den Augen habe ich den Koran rezitiert und Moses, Christus und alle anderen Götter angebetet, damit sie der Seele Mamadous Frieden gewähren. Ich wollte kein Foto von meinem Freund machen, denn sein Körper, sein Geist und seine Schönheit gehören Gott allein.“

Mohsen ruft die Polizei, die dafür sorgt, dass der Leichnam weggebracht und beerdigt wird. Am Abend bittet er seine Frau, ein gutes Essen für die ganze Familie zu kochen. „Zuhause habe ich erst einige Tage später davon erzählt, aber an diesem Abend wollte ich feiern, weil Mamadou nicht mehr im Kalten schlafen musste.“

Nicht immer bleiben die Leichname Wochen oder Monate im Meer intakt. Am 21. Oktober 2005 findet Mohsen einen anderen Mamadou.

„Dieses Mal gab es keinen Körper mehr, nur einen weißen Schädel, der mit Algen verschmutzt war, und die Knochen vom Rumpf wurden vom gelben Gürtel der blauen Hosen zusammengehalten, die ganz allein zusammengebunden waren, die Knochen der Beine waren nicht mehr vorhanden." Gemeinsam mit einem Freund transportiert er die Überreste des Mannes zu einem Sandhügel. Sie begraben ihn und rezitieren Suren aus dem Koran, dann schreien sie ihre Wut heraus. Auf demselben Strand findet Mohsen einige Wochen später eine kleine Plastikpfeife. Sie inspiriert ihn zu einem Gedicht, in dem er die Pfeife fragt, warum, warum hast du nicht gegen das Schiff der *Clandestini* gepfiffen, warum hast du nicht den Lauf ihres Schicksals verhindert? Ein klein wenig wäre ausreichend gewesen, ein Atemzug und ein Pfiff in die Luft. Eine gelbe und eine rote Karte, je nach Bedarf. Alle anhalten, keiner bewegt sich, und die Unglücklichen, die im unendlichen Blau verloren gingen, wären gerettet worden. Und doch, als er die Pfeife vom Sand aufgelesen hat und versucht hat, hinein zu blasen, pfiff sie, und wie. Der Laut war ohrenbetäubend, jetzt, da er nicht mehr vonnöten war. Sie haben nicht ihre Pflicht getan, weder der Pfiff noch der Schiedsrichter, dessen Blick wohl anderswohin ging. Auch sie waren zu Komplizen der zahllosen Tragödien geworden.

Im Museum befinden sich neben dem Schuhhaufen Mamadou und die ertrunkene Prinzessin: Zwei Holzpuppen, die die Fetzen der Schiffbrüchigen tragen. Er trägt eine kleine Kappe und einen Nylonoverall. Sie ein kleines rosa Bustier. Einige Schritte entfernt davon sind große Ampullen, beleuchtet mit Wolfram und Neon, umschlungen von einem großen Hanfseil. Mohsen sagt, dass es die menschliche Intelligenz darstellt, die sich der massenhaften Zerstörung derer, die in den Norden reisen, entgegenstellt.

Auch ein Gedicht gibt es da zu lesen:

„Mamadou, sag deiner Mutter,
dass du willkommen warst,
und dass wir gebetet haben,
damit du gesegnet wirst.
Mamadou, erzähl deinem Gott,
wer immer das sein möge,
wie sehr der Mensch leidet und sich quält.
Mamadou, geh zu deinen Brüdern
und sag ihnen,
dass du das Glück nicht anderswo findest,
dass vielleicht alles nur eine
Fata Morgana war...“

Flucht aus Tripolis

„Ich hatte die Telefonnummer von einem Polizisten aus Tripolis; er war es, der mich mit dem Kommissariat von Zuwarah in Kontakt brachte. Als ich ihn anrief, ließen sie mich ein paar Minuten mit ihr sprechen, aber wir konnten einander gar nichts sagen, sie weinte nur. Jeden Tag kontrollierte ich die Mail, aber es gab keine einzige Neuigkeit. Ich hatte Angst, dass sie sie in die Wüste abgeschoben oder umgebracht haben. Libyen ist die Hölle."

Tor Vergata, die östliche Peripherie von Rom. Nicht weit vom *Raccordo Anulare* entfernt, der Ringautobahn, die die Hauptstadt rund um die Uhr mit einer Mischung aus Verkehr, Flüchen und Abgasen einhüllt. Hier befindet sich der alte Sitz der Universität Roma 2. Im Sommer reflektieren die schwarzen Fenster das Sonnenlicht. Ich komme am frühen Nachmittag. Das Gebäude wird seit ein paar Jahren von rund 300 Jugendlichen besetzt, die meisten sind Eritreer, Äthiopier, Somalier und Sudanesen. Ich habe nicht die nötigen Papiere für ein Visum nach Libyen, also habe ich beschlossen, die Geographie der Erzählungen derer nachzuzeichnen, die monate- oder jahrelang in Tripolis waren, bevor sie Lampedusa erreichten.

Abraham wartet im dritten Stock auf mich. Vor drei Wochen ist seine Frau Anna mit dem kleinen Sohn Daniel in Sizilien angekommen. Die Reise hat sechs Jahre gedauert – das gelobte Land erscheint aber ohne Papiere und ohne Arbeit vor den Toren Roms immer noch sehr weit entfernt.

Abraham ist 27 Jahre alt, er hat Eritrea im Jahr 2000 verlassen, wie seine ganze Generation war er auf der Flucht vor dem Militärdienst, den Präsident Isaias Afwerki eingeführt hatte. Die eritreischen Truppen kämpften 30 Jahre für die Unabhängigkeit von Äthiopien, von 1961 bis 1991. Zwischen 1998 und 2000 brach der Konflikt erneut aus, es ging um die Grenzziehung. Auch heute ist der Frieden noch in weiter Ferne. Sobald sie volljährig sind, müssen Männer und Frauen Dienst an der Waffe leisten, um die militarisierte

Grenze zum nahen Riesen Äthiopien zu überwachen. Vier Millionen Eritreer gegen 75 Millionen Äthiopier, oder besser, ein Volk gegen ein Heer. Vor Erreichen des 40. Lebensjahres dürfen nur schwangere Frauen, Studenten und Kranke die Uniform ablegen. Für alle anderen gilt die Wehrpflicht auf unbestimmte Zeit. In Asmara leben nur noch Alte und Kinder. Unterdessen weigern sich aber immer mehr 20-jährige ihre besten Jahre mit einem Gewehr im Arm an der Front wegzuwerfen. Sie riskieren eine Anklage wegen Hochverrat, verlassen ihr Land und träumen von Europa. 2006 sind 2.859 Eritreer in Sizilien angekommen, darunter 308 Frauen und 116 Kinder. Im Jahr 2005 waren es 1.974. Abraham ist einer von ihnen.

Sein erster Halt war Khartum im Sudan, wohin ein Onkel Jahre zuvor emigriert war. Dort verliebte er sich in Anna, auch sie Eritreerin, aber im Sudan geboren und aufgewachsen. Nach ein paar Jahren kam Daniel auf die Welt. Ein frühreifes Kind, wenn man bedenkt, dass er schon im Alter von 15 Tagen die tausend Kilometer Sahara durchquerte, eingehüllt in einen schwarzen Turban, der ihn vor der Sonne und dem Sand schützen sollte, stets in den Armen seiner Mutter und seines Vaters. Auf dem Pick-up waren 32 Menschen unterwegs. Das Auto fuhr tagsüber, zwischen den Dünen und Löchern unter der sengenden Sonne. An jedem Abend wurde der Motor für eine kurze Rast ausgemacht, einer lag neben dem anderen ausgestreckt, um sich in den eiskalten Nächten der Sahara ein wenig zu wärmen. Vor allem aber sollten die militärischen Grenzposten nicht das Licht der Scheinwerfer sehen. Schließlich war nach einer unbestimmten Anzahl von Tagen, weit entfernt im Morgengrauen die Stadt Kufrah zu sehen, umgeben von einer Fata Morgana. Kufrah ist der erste libysche Vorposten auf dem langen Weg in Richtung Mittelmeer. Das Unterfangen brachte Daniel zwar keinen Eintrag in das Guinness Buch der Rekorde, aber eine Einreise nach Europa. Vorher jedoch musste er zwei Mal die Gewässer des Kanals von Sizilien herausfordern.

Juli 2005. Die erste Reise. 64 Menschen auf einem alten Holzboot, in das Wasser durch die Ritzen der Planken dringt. Muskelkrämpfe an den Beinen, Übelkeit und der ohrenbetäubende Lärm des Motors halten sie im Dunkeln wach. Ein jeder schöpft mit zurechtgeschnittenen Plastikflaschen notdürftig das Wasser aus dem Boot ins Meer. Noch hoffen sie auf Rettung. Im Morgengrauen hat der Motor eine Panne, es wird still zwischen den Wellen. Während jemand aufs Geratewohl mit einer Eisenzange herumschraubt, kommen die Retter in Gestalt von Arbeitern einer in der Nähe befindlichen Ölplattform. „Italiener“, ruft Abraham, als er ihre Kreuze erkennt, die sie an goldenen Halsketten tragen. Entlang der libyschen Route befindet sich die schwimmende Anlage der staatlichen Brennstoffverwaltung von Bahr Essalam. Doch Abraham ist nicht nahe genug an der Plattform, um das lesen zu können. Tatsache ist, dass die Besatzung nur Frauen und Kinder aufnimmt, die anderen Passagiere lassen sie weiter im Meer treiben. Zwei Tage später werden sie von einem italienischen Helikopter aufgebracht. Abraham ist gerettet. Im Aufnahmezentrum von Lampedusa gilt sein erster Gedanke seiner Frau und dem Kleinen. Verzweifelt versucht er auf ihr Verschwinden aufmerksam zu machen. Vergeblich, man hört ihm nicht zu. „Wir können nichts tun“. Zur selben Zeit wird Anna auf der anderen Seite des Meeres nach Libyen zurückgewiesen und verhaftet. Ihr Telefon bleibt vier Monate lang stumm.

„Ich zog weiter nach Mailand und arbeitete bei der Messe von Rho. Suzi war kurz zuvor dort angekommen, sie ist eine der Frauen, die im Juli mit uns auf dem Boot war. Sie erzählte mir, was mit meiner Frau geschehen war.“ Ein Lastwagen parkt vor dem Kommissariat von Zuwarah. Ein Dutzend Frauen mit ihren Kindern, darunter Kleinkinder und Neugeborene, werden in einen Eisencontainer verfrachtet, der auf einen Abschleppwagen geladen wird. Die Motoren laufen bereits, die Türen verschließen die menschliche Fracht. Es ist dunkel. Man fährt Richtung Kufrah los, 1.500 Kilometer weiter südlich, an der Grenze zum Sudan. In der Julisonne wird der Container zu einem Ofen, die Luft wird schwer, man sieht keine Handbreit vor den Augen, die Kinder weinen. Die Reise dauert etwa 20 Stunden. An Bord gibt es nichts zu trinken und nichts zu essen. Schon bald wird der Gestank unerträglich: Erbrochenes, Kot, Urin, Diesel und Schweiß. Die Sonne wird nicht schwächer, das Atmen fällt immer schwerer. Die Kehle brennt vor lauter Durst. Wer eine kleine Flasche hat, nutzt sie, um den Urin aufzufangen und ihn dann zu trinken. Bis sich endlich, als alle von der Reise ausgelaugt sind, die Türen öffnen. Draußen ist eine nächtliche Wüstenlandschaft, sie sind vor dem Gefängnis der letzten libyschen Stadt vor dem Sudan, Kufrah. Die Abgeschobenen betreten das Gefängnis, die Soldaten verspotten sie. Viele kennen die Eisenstäbe von Kufrah schon. Erinnerungen an Blutergüsse, Hunger und Verletzungen. Sie werden durchsucht. Geld, Mobiltelefone, Armbänder werden ihnen abgenommen. Die Zellen werden verschlossen.

Drei Monate später nimmt ohne jede Vorwarnung ein grüner Militärlastwagen etwa 60 Menschen an Bord. Sie wurden zur Abschiebung in den Sudan verurteilt. Unter ihnen sind auch Anna und der kleine, sechs Monate alte Daniel. Der Lastwagen fährt zwischen Löchern auf einer unasphaltierten Straße. Eine unendlich lange Reise steht ihnen bevor, aber die Motoren halten nach ein paar Stunden. Der Fahrer lässt alle aussteigen. Die Morgensonne brennt heiß herab und der flimmernde Horizont aus Sand und den Trugbildern der Fata Morganas erstickt jede Hoffnung auf Flucht schon im Keim. Es gibt zwei Optionen, erklären die Soldaten einem jungen Mann, der als Dolmetscher fungiert, auf Arabisch. „200 Dollar von jedem von euch und wir bringen euch in die Stadt zurück. Ansonsten fahren wir weiter." Die Polizei weiß, dass die Ladung Gold wert ist. Nach einer Stunde Verhandlungen gibt es eine Vereinbarung. Vielen ist es gelungen, das Geld bei der Verhaftung zu verstecken, im Saum eingenäht oder unter den Schuhsohlen versteckt. Die, die mehr Geld haben, zahlen den Anteil für die Frauen und Kinder, die keinen Cent mehr haben. Als sie die Peripherie von Kufrah erreichen, stellen dieselben Soldaten den Kontakt zu den befreundeten *Passeurs* her. Die, die noch Geld haben, fahren sofort per Jeep nach Benghazi, im Norden. Anna und der Kleine sind in Sicherheit.

Sobald Abraham Neuigkeiten von seiner Frau hat, schickt er über *Western Union* seine letzten beiden Monatsgehälter, damit sie die Miete in Tripolis und eine weitere Reise im Boot bezahlen kann. „Natürlich hatte ich Angst um das Kind. Aber es war die einzige Lösung. Von Anfang an hatte sie nicht akzeptiert, dass ich allein losfahre, sie bestand darauf, dass ich sie mitnehme. Sie sagte, dass niemand vor seiner Zeit stirbt. Jetzt war sie in Libyen, jeden Tag riskierte sie verhaftet und erneut zum Sterben in die Wüste geschickt zu werden. Einmal war es für sie gut gegangen. Eine Rückkehr im Flugzeug war unmöglich, sie war irregulär und wenn sie sich bei der eritreischen Botschaft gemeldet hätte, wäre sie sofort verhaftet worden. Sie war in der Falle, und wenn sie sterben mussten, war es besser, wenn sie im Meer ums Leben käme, als in der Wüste oder in einem Gefängnis."

Im Mai 2006 ist alles bereit für die Abfahrt, aber in der Nacht der Einschiffung überrascht eine Polizeirazzia rund 50 versteckte junge Menschen, die in einer Ruine in der Nähe des Meeres auf die *Passeurs* warten. Panik bricht aus. Die Polizisten drohen, die Leute fliehen. Mit der Kraft der Verzweiflung gelingt es Anna auf einen Baum zu klettern, das Kind ist mit einem Laken auf ihrem Rücken festgebunden. Sie ist wieder in Sicherheit und es bleibt ihr nichts anderes übrig als erneut aufzubrechen. Einmal pro Woche hat sie Kontakt mit ihrem Mann, über Internet. Anna hat Angst davor, das Haus zu verlassen. Endlich treibt Abraham weiteres Geld auf, Annas alte Fahrkarte ist abgelaufen. Drei Monate später, im Juli 2006, sind die Frau und das Kind auf dem Weg nach Lampedusa. Abraham wartet seit einem Jahr auf sie.

Nichts Besonderes. Ihre Geschichte ist eine von vielen, es genügt, nach dem Zufallsprinzip jemanden der 19.099 Männer, 1.037 Frauen oder 1.264 Kinder zu befragen, die 2006 in Sizilien angekommen sind. Jeder von ihnen erinnert sich an eine Hölle. Und weitere 262 werden es niemals erzählen können, weil sie für immer in den Gewässern des Kanals von Sizilien verschwunden sind. Die Überfahrt hat in den letzten zehn Jahren mindestens 1.929 Menschen das Leben gekostet. Aber von alledem weiß der kleine Daniel nichts. In seinem überfüllten kleinen Zimmer mit Blick auf die römische Ringautobahn spielt er mit zwei kleinen *Micro Machines*, Anna bietet mir eine Tasse Tee an. Hier gibt es keine Wüste, keine Eisengitter, brüllende Männer in Uniform, weinende Stimmen in überfüllten Räumen und es gibt auch nicht die Meereswellen des Nachts oder den stundenlangen ohrenbetäubenden Motorenlärm. Aber mit seinen zwei Jahren ist Daniel schon ein kleiner Mann und bald wird er sich auch an ein normales Leben gewöhnen können.

Dass Libyen kein gastfreundliches Land ist, weiß man schon seit geraumer Zeit. Die erste offizielle Anklage erfolgte im Dezember 2004, als der Bericht der technischen Mission in Libyen von der Europäischen Union veröffentlicht wurde. Darin ist die Rede von willkürlichen Verhaftungen von Ausländern, Missbräuchen, Massenabschiebungen und die Nichtanerkennung des Rechts auf Asyl. Die Anschuldigungen wiegen doppelt schwer, weil der Auftraggeber dieser Verbrechen Brüssel ist. Italien und die EU versuchen, Tripolis als Verbündeten für ihren Krieg gegen die irreguläre Migration zu gewinnen. Hier wird das gleiche Spiel gespielt wie bei der internationale Rehabilitation Libyens und dem Erdölexport. Es reicht, wenn man die Kommuniques aus diesen Tagen liest.

Am 8. Oktober 2004 erklärt Tripolis, dass sie allein im Monat September rund 5.000 Immigranten in die Wüste von Niger abgeschoben haben. Am selben Tag wird die Methangaspipeline zwischen Mellitah in Libyen und Gela im Süden Siziliens eröffnet. Der damalige Ministerpräsident Berlusconi erklärte bei einem offiziellen Besuch in Libyen: „Muammar Ghaddafi ist ein guter Freund von mir und von Italien, er ist ein freiheitsliebender Regierungschef. Ich bin stolz darauf, dass Italien das erste Land ist, das aus Libyen im- und exportiert" (Italienische Presseagentur Ansa, 7. Oktober 2004). Drei Tage später, am 11. Oktober 2004, hebt die EU wie schon seit längerer Zeit angekündigt, das Embargo gegen Libyen auf. Die Anklagen des Berichts kommen zwei

Monate später, aber sie sollten bald in Vergessenheit geraten, begraben von den Schalmaienklängen der Diplomatie. Unterdessen werden die Missbräuche fortgesetzt, sie werden sogar noch schlimmer. Im September und November 2006 bestätigen zwei von einander unabhängige Studien von *Afvic* und *Human Rights Watch*[8] die Ernsthaftigkeit der Situation der Migranten in Libyen: Razzien, willkürliche Festnahmen, Folterungen und Massenabschiebungen gehen weiter.

Im Laufe der 1990er Jahre hat Oberst Muammar Ghaddafi die Tore der *Jamahiriya*, der Libyschen Republik, geöffnet. Erst galt dies für die Bürger der arabischen Welt, später - im Namen der afrikanischen Solidarität - für ganz Afrika. Im Laufe eines Jahrzehnts haben sich zu den 5,5 Millionen Libyern fast zwei Millionen Einwanderer gesellt, zwei Drittel ohne Aufenthaltsstatus. Gleichzeitig wuchsen soziale Spannungen und Mikrokriminalität. Und die Unzufriedenheit der Libyer wandte sich gegen die Einwanderer aus Subsahara, getrieben von einer rassistischen Rhetorik. Im September 2000 forderten in Zawiyah drei Tage andauernde rassistische Unruhen 560 ausländische Todesopfer. Am 24. September attackierten rund 50 libysche junge Männer mit Rufen wie „Raus mit den Schwarzen“ eine Ansiedlung von Arbeitern aus dem Sudan und Tschad und töteten dabei 50 Menschen. Tags darauf zündeten mehr als tausend Menschen die Barackensiedlung der Ghanaer vor den Toren der Stadt an. Zehn Ghanaer verbrannten dabei. Es waren jedoch die Nigerianer, die am härtesten getroffen wurden. Am 6. Oktober zählte man mindestens 500 Opfer unter der englischsprachigen Gemeinde. All das ließ die Polizei unberührt, ihre einzige Antwort darauf waren Massenabschiebungen. Tausende von Personen wurden auf Militärlastwagen verfrachtet und entlang der 4.400 Kilometer langen Wüstengrenze ausgesetzt, Richtung Tunesien, Algerien, Niger, Tschad, Ägypten und Sudan. Von 1998 bis 2003 waren dies mindestens 14.000 Männer, Frauen und Kinder. Festgehalten ohne Prozess, Brot und Wasser, monatelang, egal

[8] Siehe: http://hrw.or/italian/docs/2006/09/13/libya14181.htm

ob sie Arbeiter oder politische Flüchtlinge waren. Die Abschiebungen kosteten hunderten von Menschen das Leben, sie wurden mitten in der Wüste dem Tod überlassen. Unterdessen bereitete Italien den Boden für geheime Abkommen.

2003 nimmt die Berlusconi-Regierung die Aufhebung der internationalen Sanktionen gegen Libyen vorweg und unterzeichnet ein geheimes Abkommen mit Ghaddafi für die Bekämpfung irregulärer Einwanderung. Ein Abkommen, das de facto das Embargo von Militärausrüstung für die Bekämpfung der Migration aufhebt. Nachdem Tripolis sich verpflichtet hatte, den Familien der Überlebenden der Terrorattentate gegen die Flüge der PanAm 103 und Uta 722 der Jahre 1988 und 1989 Millionenentschädigungen zu zahlen, schickt Rom 100 Schlauchboote über das Meer, außerdem sechs Jeeps, drei Busse, 40 Nachtsichtgeräte, 50 Unterwasserkameras, 500 Taucheranzüge, 12.000 Wolldecken, 6.000 Kissen und Matratzen, 50 Satellitennavigationssysteme, 1.000 Zelte und 5.000 Rettungswesten. Sie schicken aber auch 1.000 Leichensäcke. Das alles ist keine Fiktion. Die Toten sind real. Die Leichen tauchen mit den Fischen in den Netzen der Fischer auf oder sie trocknen in der Wüstensonne oder werden aus den Zellen der Internierungslager gezerrt. Es handelt sich dabei um Gefängnisse oder alte Militärbasen, die für das Einkassieren und Festhalten von tausenden von Ausländern im ganzen Land ausgerüstet werden. Offizielle Daten gibt es nicht, aber es gibt diese Lager in Tripolis, Gharyan, Zuwarah, Misratah, Sebha, Kufrah, Benghazi, Ghat, Marj. Drei dieser Zentren wurden von Italien finanziert. Zwei weitere entstanden in den Jahren 2004 und 2005 in Sebha und Kufrah in zwei Ausprägungen, die man kaum Gefängnisse nennen kann.

„Kufrah ist ein Ort des Todes. Wenn du das Geräusch der Schlüssel im Schloss hörst, gefriert dir das Blut in den Adern. Du musst dich in Richtung Wand drehen. Wenn du ihnen in die Augen schaust, schlagen sie dich. Du hast nichts Schlimmes gemacht, aber du riskierst, dass sie dir einen Arm brechen“. Daniel ist 22 Jahre alt und kommt aus Eritrea. In

Kufrah ist er nur eine Woche verblieben, aber das hat ihm gereicht. Er konnte Arabisch und fungierte als Übersetzer zwischen den Wärtern und den Insassen. Eines Tages sollten er und noch ein anderer Insasse zusammen mit einem Wärter die Einkäufe für das Abendessen besorgen. Sie hatten das Geld in der Tasche, das sie von 200 Personen eingesammelt hatten. Denn in Kufrah muss man das Essen selbst bezahlen. Doch anstatt Reis zu kaufen, gaben sie das ganze Geld dem Polizisten. Als er ihnen zuzwinkerte, flohen sie. Auf der Straße jenseits des Flusses fanden sie einen Jeep, der in Richtung Benghazi fuhr. Korruption ist die einzige Chance herauszukommen. Für die anderen vergehen Monate, manchmal Jahre, dann wird abgeschoben.

„Wir waren mindestens 700“, erzählt ein ehemaliger Oberst der eritreischen Armee ohne seinen Namen zu nennen. Heute lebt er als politischer Flüchtling in Italien. „Wir waren rund 100 Äthiopier, 200 Eritreer und 400 aus dem Tschad und dem Sudan. Wir schliefen auf der Erde, einer auf dem anderen, es gab nicht einmal genug Platz, um sich auszustrecken. Es gab nur eine einzige Mahlzeit am Tag: eine Handvoll weißer Reis für den ganzen Tag, 20 Gramm pro Kopf. Es gab auch Baguettes, aber dafür musste man zahlen.“ Die Hölle des Oberst' dauerte zwei Monate.

„In der Nacht brachten sie mich in den Hof. Sie befahlen mir, Kniebeugen zu machen. Als ich nicht mehr konnte, schlugen sie mich und verfluchten mich und meine christliche Religion. Das geschah jede Nacht von Neuem.“

„Als ich Kufrah sah, wollte ich mich aufhängen“, Yakob scherzt nicht, „sie hatten mir mein Mobiltelefon und das ganze Geld abgenommen, das ich bei mir hatte und sie steckten mich mit 20 anderen in eine Zelle. Ich erzähle lieber nichts über den Schmutz, den Hunger und die ständigen Erniedrigungen. Es gab auch Zellen für Frauen und Kinder. Sie wurden getrennt interniert. Die Frauen werden es dir aus lauter Schande niemals erzählen. Aber es ist gut, wenn man weiß, was sie in Kufrah mit den Frauen machen. Sie missbrauchen sie vor ihren Ehemännern, ihren Brüdern. Sie verwenden Eisen, Schlagstöcke… Es ist eine Schande. Sie behandelten uns wie Tiere. Und all das ohne Prozess. Sie haben mich in Tripolis verhaftet, am selben Tag, an dem ich angekommen bin. Eine Woche zuvor habe ich in der Wüste den Freund verloren, mit dem ich aus Addis Abeba, in Äthiopien, weggegangen bin. Jeden Monat kamen die Lastwagen, sie luden die Leute darauf und brachten sie in die Wüste."

Nach offiziellen Daten sind von 1998 bis 2003 mehr als 14.500 Menschen mitten in der Wüste entlang der Grenze Libyens mit Niger, Tschad, Sudan und Ägypten ausgesetzt worden. Lappalien im Vergleich zu den heutigen Zahlen: 145.000 abgeschobene Ausländer von 2003 bis 2005. Die Zahlen sind offiziell. Es muss jedoch betont werden, dass seit 2003 die meisten Abschiebungen per Flugzeug erfolgen. Darüber weiß Italien Bescheid, seit dem 16. August 2003 haben die Italiener 47 Flüge der Air Libya Tibesti und der Buraq Air finanziert: 5.525 Passagiere, vier Fünftel wurden nach Ägypten, Ghana und Nigeria zurückgeschickt, die anderen nach Mali, Pakistan, Niger, Bangladesch und Syrien. 55 wurden in den Sudan und 109 nach Eritrea abgeschoben, das heißt 164 potentielle politische Flüchtlinge, entgegen allen internationalen Abkommen zum Asylrecht. Ob Italien weiterhin diese Operationen finanziell unterstützt, ist noch unbekannt. Unterdessen werden die Abschiebungen in die Wüste fortgesetzt.

„Sie fahren los in Richtung Wüste und auf der halben Strecke verlangen sie Geld von dir, damit sie zurückfahren." Die Version von Yakob stimmt mit der Geschichte von Anna und dem kleinen Daniel überein. „Ich habe einen Jungen in Zuwarah kennen gelernt, der sechs Monate in Kufrah interniert war und dann abgeschoben wurde. Sie waren 50 auf einem Lastwagen. Auf der halben Strecke wollte der Fahrer 300 Dollar von jedem. Nur 30 hatten soviel Geld. Mit diesen kehrte er zurück. Die anderen 20 ließ er in der Wüste. Sie werden wohl unter der Sonne gestorben sein, das ist sicher. Es ist immer so gelaufen. Das sind Schakale. Sie nehmen dir auch das Geld, das du nicht hast. Wenn du zum Beispiel kein Geld bei dir hast, aber einen Verwandten in Europa, der zahlen könnte, borgen sie dir, bevor sie dich aussetzen, ihr Satellitentelefon, damit du telefonieren kannst. Deine Verwandten sollen dir dann das Geld über *Western Union* schicken."

Die Straßen durch die Sahara sind mit Skeletten von *Clandestini* übersät. Die Sahara ist eine obligatorische Etappe. Sie ist gefährlicher als das Meer. Die große Wüste trennt Westafrika und das Horn von Afrika von den Ländern des Mittelmeers, von dort ist es leicht, sich heimlich in Richtung Spanien und Italien einzuschiffen. Man überquert die Wüste auf Lastwagen und Jeeps, die die Straßen zwischen Sudan, Tschad, Niger und Mali auf der einen und Libyen und Algerien von der anderen Seite befahren. In Niger endet der Asphalt in Agadez und erst nach 1.100 Kilometern über Dirkou vor den Toren der Oase von Gatrun, in Libyen, ist die Straße wieder asphaltiert. Von dort ist Tripolis eine Tagesreise entfernt. Meist sind es LKWs von Mercedes oder Geländewagen von Toyota, die von Agadez und Dirkou in die Sahara fahren. Die Behörden sind gut informiert und die Polizei von Niger lebt davon, bei jeder Durchfahrt Geld von den *Clandestini* zu erpressen. Hier beträgt ein Monatsgehalt 50 Euro, aber der Jahresumsatz rund um die irreguläre Migration durch Erpressungen und Razzien beträgt in der Sahara bis zu 20 Millionen Euro im Jahr. Gelder, die in den Taschen von *Passeurs* und Soldaten landen. Die *Clandestini* werden bis zum letzten ausgepresst. Und der, der am Ende kein Geld hat, ist ein toter Mann. Hunderte, wenn nicht sogar Tausende, sitzen seit Jahren in den Oasen von Dirkou und Madama fest. Sie sind die neuen Sklaven der Tuareg. Junge Männer und Frauen arbeiten Tag und Nacht für eine Handvoll Reis und wenige Cents. Das Leben in der Wüste hängt an einem seidenen Faden. Wenn der Motor eine Panne hat, das Auto versandet oder der Fahrer entscheidet, die Passagiere auszusetzen und sich aus dem Staub zu machen, ist es aus. Im Umkreis von hunderten von Kilometern gibt es nichts als Sand.

Seit 1996 haben mindestens 1.069 Menschen das Leben bei der Durchquerung der Wüste verloren. Die Opferzahlen sind möglicherweise viel höher. Nach den Erzählungen der Überlebenden fordert fast jede Reise Todesopfer. Sie sterben jeden Monat wie die Fliegen, aber die Nachrichten darüber dringen nur schwer nach außen. 29. Mai 2005: elf Tote durch Verdursten nach einem Motorschaden 600 Kilometer von Agadez entfernt; 8. Oktober 2004: zwölf Tote und 50 Verletzte bei einem Lastwagenunfall in der libyschen Wüste, der Lastwagen war in Richtung Niger mit einer Ladung Abgeschobener unterwegs; 2. Juni 2002: 45 Tote durch Verdursten in der Wüste des Sudan; 18. September 2001: 52 Tote auf den Straßen von Tamanrasset; 18. Mai 2001: 140 Tote in der libyschen Wüste, südlich von Murzuq. Am 19. Juni 2003 sprach der Botschafter Ghanas in Tripolis, George Kumi, von 200 Landsleuten, die allein in den ersten sechs Monaten an der Grenze zu Niger gefunden wurden. Und im Jahr 2005 meldete die Vereinigung *Sudanese Popular Congress*, dass 486 Sudanesen in der Wüste gestorben und in Kufrah begraben sind.

„Das Problem ist der Sudan", erklärt Yakob, „du zahlst 300 Dollar und sie sagen, dass sie dich nach Kufrah bringen. Aber die sudanesischen Fahrer lassen dich an der Grenze aussteigen. Von dort geht es mit den Geländewagen der Libyer weiter. Und die Libyer wollen auch Geld. Du hast keine Wahl, denn Kufrah ist 600 Wüstenkilometer entfernt. Der, der zahlt, fährt weiter, und der, der mehr Bargeld hat, hilft denen, die in Schwierigkeiten sind. Aber die kümmern sich einen Dreck um dich. Du bist weniger als eine Ware für sie. Wenn du kein Geld hast, fahren sie ohne dich."

Daniel nickt zustimmend mit dem Kopf. Er kennt das gut. Sie waren 32 als sie von Khartoum losfuhren, in Kufrah kamen nur 20 an. „Am ersten Tag starben acht von uns bei einem Unfall, sie wurden vom Gewicht des Autos erdrückt. Es gab eine Diskussion mit den beiden sudanesischen Fahrern. Sie wollten sich die Goldringe von zwei Frauen nehmen, die gestorben waren. Wir protestierten, wir wollten nicht, dass sie die toten Körper anfassen. Aber da war nichts zu machen. Sie waren bewaffnet und kannten den Weg. Wir haben die toten Frauen mit einer Schicht Sand bedeckt und sind weiter gefahren. Am nächsten Tag wollten die Fahrer Geld von uns. Wir hatten bereits in Bahri 300 Dollar pro Kopf bezahlt. Aber die Fahrer wollten ihren Verdienst. Sie haben 150 Euro von jedem verlangt. Vier von uns hatten nichts mehr bei sich. Die anderen hatten nicht genug Geld, um zu sammeln. Sie ließen sie mitten in der Wüste und fuhren weiter. Nach einer Woche sagten sie uns, dass wir in Libyen angekommen sind. Sie sagten, dass binnen weniger Stunden ein Lastwagen kommen würde, wir sollten uns keine Sorgen machen. Weg waren sie. Die Libyer sind nach drei Tagen gekommen, drei Tage, die wir unter 50 Grad in der Sonne verbracht haben, ohne Wasser und Decken in der Wüste. Noch ein Tag und wir wären alle verdurstet."

Der Oberst erinnert sich, dass er 32 Skelette rund um einen Geländewagen gesehen hat, der kopfüber im Sand neben der Straße lag. Auch einer seiner Cousins kam ums Leben. Er litt an Diabetes, er war Arzt, aber in der Wüste war das Insulin ausgegangen. 'Abdu erinnert sich hingegen genau an die 60 Gräber entlang der Straße, in der Nähe der libyschen Grenze. Und eine eritreische Frau aus Tor Vergata erzählt, dass sie mindestens 44 der 50 Reisegefährten hat sterben sehen. Sie wurden getötet, nachdem sie eine Woche auf den libyschen Wagen gewartet hatten, um nach Kufrah weiter zu fahren. Aber sie will eigentlich gar nicht darüber sprechen. Zwei Jahre danach tut es immer noch weh.

Auch Tsennai hat eine Geschichte zu erzählen. Vor kurzem ist sie 19 Jahre alt geworden; als sie die Reise durch die Sahara unternommen hat, war sie gerade mal 17 Jahre alt. Aus Eritrea war sie mit einem lieben Freund losgefahren, Mussie. Sie waren am selben Tag von Bahri in zwei Jeeps aufgebrochen. Aber in Kufrah ist Mussie nie angekommen. Weder die Sonne noch der Durst haben ihn umgebracht, sondern die Messerstiche des Fahrers. Mussie reiste mit seiner 20-jährigen Schwester. Der Fahrer hatte von Anfang an ein Auge auf sie geworfen. Schon in der ersten Nacht belästigte er sie und zog sie zur Seite. Sie begann zu schreien. Sobald der Bruder das bemerkte, kam er ihr zu Hilfe. Der Fahrer war bewaffnet, ein Streit brach aus, der Fahrer erstach ihn. Dann nahm er sich das Mädchen. All das unter den ohnmächtigen Augen von 30 unbewaffneten Menschen mitten in der Wüste. Ihr Leben hing an den mit Blut befleckten Händen eben dieses Fahrers.

Der Missbrauch an den *Clandestini* beginnt inmitten der Dünen und setzt sich bis nach Tripolis fort. Es herrscht ein Klima völliger Straffreiheit. „Du bist allein. Es ist ein Dschungel. Wenn sie dich angreifen und du rufst die Polizei, bist du es, den sie verhaften", sagt Daniel. Er hat in Tripolis gesehen, wie ein Reisegefährte niedergestochen wurde, Goitom. Zusammen hatten sie die Front in Eritrea verlassen, die sudanesische Grenze in Kasala überschritten und die libysche Wüste bis Kufrah durchquert. Aber Daniel hat sich alleine nach Sizilien eingeschifft. „Gegen uns sind sie doppelt rassistisch. Wir sind Schwarze und wir sind Christen." In Tripolis hielt sie eine Gruppe Jugendlicher auf der Straße auf. Goitom stellte sich als Mustafa vor. „Sie fragten uns, ob wir Muslime seien. Wir sagten ja, wir sprachen gut arabisch. Dann verlangten sie, dass wir die *Sure Fatiha*[9] aus dem Koran zitieren. Ich kannte sie und sie ließen mich laufen. Goitom blieb hingegen stumm. Ich hörte Schreie, sie bedrohten ihn, forderten Geld. Er hatte 900 Dollar für die Reise in der Tasche. Zuerst erstachen sie ihn, dann raubten sie ihm all sein Hab und Gut. Ich hatte mich versteckt. Als sie weggingen, lag er schon tot in einer Blutlache."

Es gibt ganz viele solcher Berichte von Missbrauch und Straffreiheit der Täter. Ihnen liegt nicht nur der Rassismus zugrunde, denn dieselbe Behandlung erfahren auch die ägyptischen und marokkanischen *Harrag*. Auch die „Arabischen Brüder" der großen islamischen *Umma* werden Opfer der Gewalt der *Passeurs* und der Folterungen der Polizei. Die *Afvic* hat Beweise dafür gesammelt: 160 Zeugnisse junger Marokkaner, die in Tripolis verhaftet wurden und 60 Berichte von Familien, die seit Monaten jeden Kontakt zu ihren Kindern in Libyen verloren haben.

Drei Monate nach meinem Besuch bei den Eritreern in Tor Vergata mache ich Halt in Casablanca. Boulevard Yaqoub Mansour. Der Sitz von Afvic ist im vierten Stock. Der Raum ist voller Journalisten. Der Kameramann von Al-Jazeera filmt den Präsidenten der Vereinigung, Khalil Jemman: „Die Situation der Migranten in Libyen ist äußerst

[9] Die Sure Fatiha ist das erste Kapitel des Koran. Fatiha heißt der Öffnende. Sie wird beim muslimischen Gebet rezitiert und jeder Gläubige kennt sie auswendig.

dramatisch. Wir haben zahlreiche Zeugnisse von willkürlichen Verhaftungen, Internierungen ohne Prozess und systematischer Folter."

Madi, 30 Jahre alt, die Haare rasiert und markante Gesichtszüge, wurde am Flughafen von Tripolis verhaftet und nach Fellah, dem Gefängnis in der Hauptstadt, gebracht. Über die libyschen Polizisten sagt er, dass sie „nicht wissen, was ein menschliches Wesen ist." Madi hat nicht gesehen, wie jemand auf einen rebellischen Häftling schießt, aber er erinnert sich an die Leichen, die sie aus den Zellen gebracht haben. Und er erinnert sich an die 48, denen sie eines Tages die Nägel abzogen. Bei der Verhaftung werden die Migranten ihrer Habseligkeiten, Geld, Telefon und Dokumente beraubt. „Mir soll mal jemand sagen, dass das kein Menschenraub ist", betont der Präsident von *Afvic*, Khalil Jammah. Er klagt die libyschen Behörden an, die sich bis heute „weigern, der Vereinigung eine Liste der marokkanischen Häftlinge zu übergeben." Er spart auch nicht die Behörden von Rabat aus, die vollkommen lethargisch sind angesichts eines Problems, das tausende Bürger von Marokko betrifft. Sie kommen aus den ärmsten Regionen: Khouribga, Kasba Tadla und Fkih Ben Salah, weit weg von Casablanca und der Hauptstadt. Hier beging vor drei Jahren eine Familie das Begräbnis eines Sohnes, der nach einem Schiffbruch vor der libyschen Küste für tot erklärt wurde. Die Familie hatte monatelang nichts mehr von ihm gehört, nachdem er seine Abfahrt angekündigt hatte. Letzte Woche traf ihn ein Cousin, der in Tripolis kurz vor seiner Abfahrt nach Sizilien verhaftet worden war, im Gefängnis. Er verständigte die Familie, die es kaum fassen konnte, dass der totgeglaubte Sohn nach 35 endlosen Monaten hinter Gittern auferstanden war.

Im Jahr 2006 kamen in Sizilien 8.146 Marokkaner an, die Mehrzahl über Libyen. Sie sind die größte Nationalität, mehr als ein Drittel aller Neuankömmlinge. Im Jahr 2005 waren es lediglich 3.624, gegenüber 10.201 Ägyptern. 2005 wurden in Libyen mehr als 2.500 Marokkaner verhaftet und nach Casablanca abgeschoben. Und im Dezember 2006 sprachen Regierungsquellen in Rabat von 763 Inhaftierten in Tripolis, die kurz vor der Abschiebung standen. Sie wurden an der

Grenze, den Flughäfen oder bei Razzien in Tripolis und Zuwarah festgenommen. Eine Liste der Insassen wird von den Polizeibehörden an das marokkanische Konsulat geschickt, das ihre Familien davon in Kenntnis setzte. Eine eigentlich einfache Kommunikationskette. Doch es vergehen oft Monate, bis die Familie etwas von einem verschwundenen Sohn erfährt, der per Telefon seine bevorstehende Abfahrt angekündigt hatte. Nur wem es gelingt, das Geld vor der Durchsuchung zu verstecken, gelingt es auch zu telefonieren. Die anderen, von allem beraubt, sind vollkommen isoliert. Sobald die Verwandten kontaktiert wurden, sind sie es nämlich, die die Rückfahrkarte kaufen und an das Konsulat faxen, um so die Freilassung ihrer Kinder, Brüder und Ehemänner zu erbitten. Aber das funktioniert nicht immer.

Madi erzählt vom Besuch eines Konsulatsbediensteten, eines gewissen Sakhi, der verächtlichen Blickes vor den Insassen mit den Flugtickets herumwedelte, während er ihnen mitteilte, dass sie ohnehin nicht entlassen werden. So würde es auch genug Zeit geben, um sie zur Zwangsarbeiten heranzuziehen. Eine Praxis, die von vielen Insassen bezeugt wurde. Auch Kamal musste das über sich ergehen lassen. Jahrgang 1986, noch keine 20 Jahre alt, überlebte er eine Woche in einem auf dem Meer dahintreibenden Boot. Er sah, wie mehr als die Hälfte seiner Reisegefährten nach und nach starben und ins Meer geworfen wurden. Nach seiner Rettung wurde er verhaftet. Als er der Polizei mitteilte, dass er über keinerlei Fertigkeiten verfügte, schlugen sie ihn. Wenn er müde war, ebenso. Es war unwichtig, dass die tägliche Essensration nur aus einer Handvoll Reis und einem Baguette bestand.

Die Verantwortlichkeiten der libyschen Behörden gelten über die Gefängnisse hinaus, aber die Mafia der *Passeurs* wird stillschweigend geduldet. Diese sind für Folterungen und Morde verantwortlich und werden dafür fast nie zur Rechenschaft gezogen. Mohammad zeigt zwei Fotos seines Sohnes, Imad, 28 Jahre alt. Auf einem lächelt er, Arm in Arm steht er mit zwei Freunden irgendwo am Strand von Casablanca. Auf dem anderen ist er ein nackter violett gefärbter Leichnam, im Abdomen sind die Anzeichen einer Verletzung durch ein Projektil zu sehen, auf dem Brustkorb die Spuren eines Seils, ein Bein ist verbrannt und das Gesicht von Schlägen angeschwollen. „Mein Sohn wurde gefesselt, gefoltert, lebendig verbrannt und ins Meer geworfen", klagt der Vater an. Sein *Passeur* hat ihn umgebracht, Mohammad, ein Schwager von Imads Schwester, die seit 1994 in Pistoia in der Toskana lebt. Imad träumte davon, zu ihr zu fahren, aber er hatte dem Vater versprochen, dass er nur unter sicheren Umständen reisen würde. Am Abend des 22. März 2004 rief er das letzte Mal zuhause an. Zwei Tage später, in der Nacht des 24. war eine Gruppe von 57 Menschen dazu gezwungen worden, sich einzuschiffen, trotz rauer See und starker Regenfälle. Imad weigerte sich. Er wusste, dass er nach Bezahlung der Reisedokumente keinen Rückzieher mehr machen konnte. Aber so wollte er nicht sterben. Er sträubte sich. Das Ende der Geschichte steht auf dem Foto seines Leichnams geschrieben. Sein Vater hat es im Krankenhaus von Misratah in Libyen aufgenommen und dem marokkanischen Konsul und Botschafter in Tripolis gezeigt, um die Verhaftung des Verbrechers zu verlangen. Aber die Briefe an das Gericht haben nichts gebracht, außer dass sie die sterblichen Überreste von Imad verschwinden ließen. Zwei Monate später, als die Mutter zur Leichenhalle kam, gab es keine Spur mehr von ihrem Sohn.

Das ist das Libyen, das festnimmt, foltert, Tausende von jungen *Harrag* abschiebt und die mafiösen Strukturen der *Passeurs* beschützt, deren Geschäftsvolumen fast 50 Millionen Euro im Jahr beträgt. Das alles ist kein Geheimnis. Die ersten offiziellen Anklagen wurden bereits im Bericht der technischen Mission der EU im Dezember 2004 veröffentlicht. Italien wusste also, wie die Gelder für die Finanzierung der Gefängnisse in Kufrah und Sebha in den Jahren 2004 und 2005 verwendet wurden. Man wusste auch, dass unter den 164 Passagieren, die Libyen mit italienischem Geld in den Sudan und nach Eritrea abgeschoben hat, Asylsuchende waren. Man wusste, welches Schicksal die 1.500 jungen Menschen, mehrheitlich Ägypter, ereilte, die im Oktober 2004 und März 2005 per Flugzeug von Lampedusa nach Tripolis abgeschoben wurden, bevor der Europäische Gerichtshof für Menschenrechte diese Abschiebungen im Mai 2005 für illegal erklärte.

Aber der Zweck heiligt die Mittel und auch im Krieg gegen die irreguläre Einwanderung aus Libyen muss man sich danach richten. Schließlich müssen, nach den Erklärungen des italienischen Innenministers Amato, die Zahlen der Verhaftungen und Abschiebungen von Seiten Libyens in der Bilanz der Flüchtlingszahlen als „positive Resultate"[10] gewertet werden. So kann die Invasion, die es nicht gibt, medial ausgeschlachtet werden.

Die Medienberichterstattung über die irreguläre Migration entfernt sich immer weiter von den tatsächlichen Zahlen. Die spektakulären Bilder der Anlandungen von Flüchtlingen und die meist undifferenzierte und schlagzeilenträchtige Berichterstattung werden der Komplexität der Thematik absolut nicht gerecht. Diese Sprache kennt nur „*Extra-Comunitari*" – die von außerhalb der EU – Anstürme auf Lampedusa, Invasionen, Wellen und massenhafte Anlandungen. Natürlich bleiben 20.000 Flüchtlinge, die binnen eines Jahres in Sizilien ankommen, eine Notsituation, vor allem aufgrund der Sicherheitslage derer, die den Kanal von Sizilien überqueren. Doch die Fakten sind andere. 63% der Ausländer, die sich ohne Aufenthaltserlaubnis in Italien aufhalten, sind mit einem Touristenvisum eingereist. Sie sind die sogenannten *Overstayers*, diejenigen, die ihr Touristenvisum auslaufen lassen, nachdem sie damit eingereist sind. Die Daten stammen vom italienischen Innenministerium und beziehen sich auf die erste Hälfte von 2006. Es geht noch weiter. 24% von denen, die keine Aufenthaltspapiere haben, sind eher von Frankreich über die Autobahn eingereist, als von der Schweiz, Österreich oder Slowenien und profitieren von der Abschaffung der internen Grenzkontrollen innerhalb der EU. Alles in allem sind 2006 laut diesen Daten 22.016 Menschen in Sizilien, Apulien und Kalabrien angekommen (2005 waren es 22.939), das sind gerade einmal 13% der sogenannten illegalen Einreisen.

[10] Innenministerium, 19. Januar 2007, http://www.interno.it/news/articolo.php?idarticolo=23541

Die Wahrheit ist, dass die legale Einreise für die, die hier arbeiten wollen, faktisch unmöglich ist. Niemand würde jemanden anstellen, den er gar nicht kennt, weil er sich noch im Ausland befindet. Die italienische Farce wiederholt sich jedes Jahr. Sie sieht eine Zeitspanne vor, in der man illegal hier ist, schwarz arbeitet, dann mit falschen Papieren in das Heimatland zurückkehrt, um dort zur Botschaft zu gehen und das Einreisevisum abzuholen, das man durch die von der Regierung erlassene Einreisequote erlangt hat.

Für die erste Einreise nützen 87% der Ausländer ein Touristenvisum. Leider sind die Möglichkeiten für Auswanderungswillige aus den afrikanischen Ländern ein solches Visum zu ergattern, nahezu unmöglich. So landen jedes Jahr rund 100.000 Menschen aus Afrika und Asien in Spanien, Italien und Griechenland. Eine lächerlich kleine Zahl angesichts der 459 Millionen Einwohner der 27 Mitgliedstaaten der EU, weniger als 0,02%. Italien hat allein im Jahr 2006 520.000 neue Aufenthaltsgenehmigungen zu Arbeitszwecken ausgestellt.

Aber anstatt den Einreiseknoten zu lösen, zieht Europa es vor, weiterhin von „noch nie da gewesenem Druck“[11] zu sprechen und Millionen von Euro für die Militarisierung der Grenzen durch aus dem Boden gestampfte Agenturen wie Frontex auszugeben. Nach den Operationen vor den Kanarischen Inseln ist der Kanal von Sizilien das nächste Betätigungsfeld. Vom 3. bis 17. Oktober 2006 haben die fünf Willigen, Italien, Malta, Frankreich, Deutschland und Griechenland, 1,2 Millionen Euro, 90.000 Euro pro Tag, vernichtet, um die Patrouillen der Schiffe und Flugzeuge im Kanal von Sizilien zu bezahlen.

Das Budget von Frontex wurde für das Jahr 2007 auf 34 Millionen Euro verdoppelt. Seit Sommer 2007 wird entlang der libyschen Küste versucht, mit Schiffen und Helikoptern Schlauchboote auf hoher See aufzubringen und zur Umkehr zu zwingen. Brüssel hatte das bereits im Sommer 2006 versucht, aber damals war Ghaddafi mit der Verletzung der libyschen Hoheitsgewässer nicht ohne weiteres einverstanden

---

[11] El Mundo, 30. November 2006, http://www.elmundo.es/elmundo/2006/11/30/internacional/1164887291.html

gewesen. Im Vertrauen darauf, dass er seine Meinung ändert, hat die EU ihm 3 Millionen Euro für den Ankauf von zehn Fahrzeugen, Nachtsichtgeräten und Patrouillenausrüstung geschenkt. Libyen scheint das gerne entgegengenommen zu haben. Nach der Europa-Afrika Konferenz in Tripolis im November 2006 hat Libyen entschieden, dass der Zeitpunkt nun gekommen sei, den italienischen Vorhof gründlich zu säubern.

In Zuwarah wird die Zeit knapp. Anfang Februar 2007 hat die libysche Regierung den *Harrag* ein Ultimatum gesetzt: sie müssen das Land binnen eines Monats verlassen. Seit dem 1. März 2007 brauchen nun auch alle Araber und Afrikaner aus Subsahara ein Visum für die Einreise nach Libyen. Und für 2007 wird in Libyen das Jahr der Menschenjagd angekündigt. Vom 1. Januar bis zum 17. Februar wurden 3.747 Ausländer festgenommen und 816 abgeschoben. Seit September 2006 gab es sogar 8.336 Abschiebungen. Ein Zeichen, dass die Europa-Afrika-Konferenz, die im November in Tripolis abgehalten wurde, Früchte trägt, aber auch Nebenwirkungen hat.

430 Personen, alle aus Eritrea, unter ihnen mindestens 50 Frauen und Kinder, die als irreguläre Einwanderer verhaftet und in Misratah und in al Marj nahe Benghazi festgehalten wurden, riskieren, nach Asmara abgeschoben zu werden. Gegen ihre Abschiebung wurde auch amnesty international aktiv. Es sind Bürger auf der Flucht vor dem zeitlich unbegrenzten Militärdienst, den der Präsident Eritreas, Afewerki im Krieg gegen Äthiopien verfügt hat. Ähnliches ist bereits mehrfach 2006 und zuvor schon 2004 geschehen, unter anderem auch mit Flügen, die Italien bezahlt hat. Am 27. August 2004 wurde eines der Flugzeuge von den Abgeschobenen nach Khartum, Sudan, geleitet. 60 der 75 Passagiere wurden vom UN-Flüchtlingshochkommissariat als politische Flüchtlinge anerkannt. In ihrem Heimatland hätte sie das gleiche Schicksal ereilt wie die 223, die aus Malta im September und Oktober 2002 abgeschoben wurden. In Eritrea angekommen, wurden sie festgenommen und gefoltert. Die wenigen, denen es gelang, zu entkommen, haben das gegenüber

amnesty international bezeugt. Sie leben heute als politische Flüchtlinge in Nordamerika und in skandinavischen Ländern. Nachdem viele von ihnen zunächst im Gefängnis von Adi Abeito und dann, nach einem Fluchtversuch, im Hochsicherheitsgefängnis von Dahlak Kebi interniert waren, wurden etliche von ihnen erschossen.

Auch das treibt einen dazu, das Mittelmeer überqueren zu wollen, koste es was es wolle. „Wenn man einmal in Libyen ist, kann man nicht zurück“, sagt Yakob als er seine humanitäre Aufenthaltserlaubnis wieder in sein Portemonnaie steckt. „In Tripolis bleiben ist die Hölle, aber der Rückweg geht erneut an Kufrah und der Wüste vorbei. Wenn man schon sterben muss, ist es besser, die Reise fortzusetzen.“

Die Gewürzstraße

Halt, Zoll. Ein Uniformierter begibt sich in Hab-Acht-Stellung und unser Audi fährt an den Autos vorbei, die zur Kontrolle angehalten wurden. Wir biegen rechts ab und halten auf dem Parkplatz einer kleinen Militärbasis. John Karaganis übersetzt für mich und stellt mir den Kapitän Hristos Pitsianis vor. Es regnet und ohne große Formalitäten steigen wir in einen kleinen grünen Geländewagen, dessen Motor schon läuft. Der ein Meter breite Graben trennt die beiden parallelen nicht asphaltierten Pisten, die mit Schotter, Schlamm und Pfützen übersät sind. Rundherum sind Wiesen, in dichten Nebel eingehüllt. Alle 500 Meter gibt es zwei Metalltürmchen, einer vor dem anderen, Stacheldraht und Wachsoldaten. Wenn auch das Flusstal des Evros keinen Riss in den Beziehungen zwischen der Türkei und Griechenland anzeigt, so ist doch dieser unkrautübersäte Graben zwischen den zwei Straßen in Kastanies die Grenze zwischen den beiden Ländern. Die Mannschaft erwartet uns auf dem Spielfeld.

Neun Soldaten heißen uns in Hab-Acht-Stellung im Regen willkommen, sie grüßen uns von jenseits des Metallzauns und dem Stacheldraht. Im Abstand von jeweils einem Meter warnen rote Dreiecke, die an den Maschen des Zauns befestigt sind, auf griechisch, türkisch und englisch vor der Todesgefahr. Das ist ein Minenfeld.

Wir betreten das Zelt, um uns vor dem Regen und der Kälte zu schützen. Frappé für alle. Der Obergefreite bereitet es auf einem Ofen zu. Nescafé mit geschäumter Milch. Nach der Krise von 1974, als die Türkei Zypern besetzte, wurde die Grenze militarisiert. Die Spannung stieg so stark an, dass die griechische Regierung entschied, die sensiblen Grenzabschnitte mit dem asiatischen Nachbarn entlang des Flusses Evros zu verminen. Tausende von Minen wurden platziert. Minen gegen Fahrzeuge, die bei einer Belastung von 180 kg explodieren, aber auch Minen gegen Personen, die schon dann explodieren, wenn man einen Metalldraht berührt, der wenige Zentimeter aus dem Boden herausragt, wie mir Kapitän Pitsianis zeigt. „Sie sind dazu gemacht, zu verstümmeln“, erzählt er, als er den Metalldetektor zurücklegt, „sie treffen einen Radius von fünf Metern und der, der darauf tritt, hat in der Tat kaum eine Überlebenschance. Es ist ganz einfach unmöglich, ein vermintes Feld zu durchqueren, ohne eine der Minen loszutreten."

Die Türkei ist 300 Meter entfernt, hinter dem Zelt jenseits der Bäume, versteckt im Dezembernebel. Tagsüber nimmt die Silhouette die Form der osmanischen Türmchen der Moschee von Selim in Edirne an, das auf dem Hügel liegt. Nachts erscheint sie wie ein Lichtstreifen über der kilometerlangen Dunkelheit und Feuchtigkeit des Tals. 33 Jahre nach der Zypernkrise haben die Minen, die Athen beschützen sollten, mindestens 88 junge Leben zerstört. Das waren keine türkischen Soldaten und sie waren nicht bewaffnet. Sie kamen zu Fuß, nachdem sie die Gewässer des Flusses durchquert hatten, um illegal nach Griechenland einzureisen. Sie gingen nachts, um nicht von den Soldaten erspäht zu werden und sie haben die Warnungen vor den Minenfeldern nicht gesehen. Zwei Tote im Jahr 2006, sechs 2005 und sieben 2004. Man hat aufgehört, sie zu zählen. Die, die nicht mit ihrem Leben bezahlt haben, hat die illegale Reise ihre Beine gekostet.

Athen, Monastiraki-Platz. Um zehn Uhr morgens sind die Straßencafés unter dem Hügel der Akropolis bereits voller Touristen und vor dem Ausgang der U-Bahn verkauft ein alter Mann Sesambrot, daneben werden Gratiszeitungen verteilt. Guma erwartet mich mit Louisa im ersten Stockwerk von McDonald's. Es gibt Muffins, Cappuccino und McToast.

2002 fordert der Bürgerkrieg in Burundi zwischen Hutus und Tutsis immer noch Menschenleben und hunderttausende Familien verlassen ihre Häuser auf der Flucht vor dem Genozid. Hier beginnt die Geschichte von Guma, 1,90 Meter groß, athletisch, 34 Jahre alt. Er trägt eine rote Nike-Kappe. Als er von der Ermordung seines Vaters erfährt, ist es bereits zu spät. Die Familie flieht gemeinsam mit hunderttausenden von Menschen. Es ist unmöglich, sie aufzuspüren. Es bleibt ihm nichts anderes übrig, als ebenfalls zu fliehen.

Von Dar es-Salam in Tansania gelingt es ihm, mit zwei Reisegefährten auf einem Schweizer Frachtschiff der *Mediterranean Ship Company,* einem der größten internationalen Schiffsunternehmen für Containertransporte, anzuheuern. Die Vereinbarung ist klar: Einen Monat Arbeit an Bord für 250 Dollar. Das Reiseziel ist Istanbul.

Im großen Hafen der türkischen Millionenstadt verlassen die drei im Dunkeln das Schiff. Aber einige Polizeibeamte überraschen sie und beginnen, sie zu verprügeln. Sie fragen sie nach ihrer Nationalität. „Wir sind Türken", antworten sie auf Englisch. Noch mehr Prügel. Aber am Ende lassen sie sie laufen, sie sollen sich nur nie mehr hier blicken lassen. Die drei finden in dieser eiskalten Dezembernacht unter einem am Hafen geparkten Lastwagen Zuflucht. Halbschlaf. Am darauf folgenden Morgen schiffen sie sich ein, um den Meeresarm zu überqueren, der die beiden Teile der türkischen Millionenstadt teilt. Von Eminonu gehen sie zu Fuß weiter, entlang der Straßenbahngleise bis zur Moschee von Sultanahmet, bis Aksaray. Hier leben viele Afrikaner, und um eine Reisemöglichkeit nach Athen zu finden, reicht die Mundpropaganda bei einem Kebab und einem Kaffee.

1. Januar 2006. Grelles Scheinwerferlicht, ein kleiner Lieferwagen saust auf der dreispurigen Autobahn, die Istanbul und Edirne miteinander verbindet, durch die Nacht. Neben dem schnauzbärtigen Fahrer sitzen zwei weitere Türken. Guma und seine beiden Reisegefährten warten versteckt im Gepäckraum darauf, Griechenland zu Gesicht zu bekommen. Nach einigen Kilometern auf einer unasphaltierten Straße öffnen sich die Türen in einem nebligen Wald. Sie gehen zu Fuß weiter. Ein kleines Schlauchboot erwartet sie am Fluss. Nach der Überfahrt erklären die Türken, dass man auf der einen Seite nach Bulgarien, auf der anderen nach Griechenland kommt. Sie müssen nur den Stacheldraht überwinden und die Bahngleise suchen. Die Arbeit ist zu Ende. Guma ruft in Istanbul an, um mit der Person zu sprechen, der er seine 250 Dollar anvertraut hat, er sagt ihm, dass sie angekommen sind und er dem *Passeur* das Geld geben kann.

Als sie das Flussufer hinaufklettern sind keine Bahngleise zu sehen. Es ist kalt und durch den Nebel sieht man nicht weiter als einen Meter, man sieht nur die roten Lichter in der Ferne. Rund 100 Meter vom Damm entfernt, verläuft entlang des Flusses ein mit Stacheldraht versehener Metallzaun. Das muss die Grenze zu Griechenland sein. Der Zaun, von dem die Türken sagten, dass sie ihn überqueren müssten. Dahinter sind wohl die Bahngleise, denen sie folgen sollen. Sie klettern auf den Zaun, aufgeregt, weil sie endlich das so sehr ersehnte Ziel erreicht haben. Aber nach wenigen Schritten geschieht etwas Unerwartetes. Ein Lichtblitz und ein dumpfer Laut. Gumas Kappe fliegt davon. Er fasst sich an den Hals, da ist Blut. Er ruft seine Freunde, keiner antwortet, er schreit. Er hat immer noch nicht verstanden, was das gewesen sein soll, er hat den Lärm nicht gehört, nur den starken Luftstoß gespürt, vielleicht war es ein Schuss. Er wirft sich auf die Erde. Durch das Adrenalin und die Kälte spürt er keinen Schmerz. Seine Beine sind verletzt, er hat Metallsplitter im Hals, im Arm und in der Brust. Er weint und ruft die ganze Nacht lang nach seinen Freunden, bis das Morgengrauen ihm die Wahrheit enthüllt. Einer liegt mit abgetrennten Beinen in einer Blutlache, der andere wurde bis zur Brust aufgeschlitzt, er ist voll auf die Mine getreten. Guma hört nicht auf zu weinen. Die Soldaten können die Explosion nicht überhört haben und doch kommt niemand zur Rettung. Wer hingegen kommt, sind die Krähen, die sich dem Fleisch der Opfer nähern. Im verzweifelten Halbschlaf, von der Kälte geplagt, schreit Guma, um die Vögel zu vertreiben. Er betet zu seinem Gott: ich habe Bujumbura verlassen, um den Problemen zu entfliehen, gib mir keine neuen in dieser Heimat. Ein ganzer Tag verstreicht und am Abend ist endlich ein Auto mit Soldaten auf dem Hügel zu sehen. Guma schreit mit aller Kraft. Die Mannschaft kommt jenseits des Zauns näher. Sie sagen, dass er sich nicht rühren und auf die Rettung warten soll. Dann gehen sie wieder. Guma versucht zu kriechen, wie eine Schlange, aber nach wenigen Metern ist er erschöpft. Er fühlt, wie er ohnmächtig wird.

Die Retter kommen erst nach zwei Stunden. Sie nähern sich mit dem Metalldetektor und laden ihn auf eine Trage.

Wie eine rasende Feuerwalze beginnt sein verwundetes Fleisch zu brennen. Sie laden ihn auf ein Auto. Drei Stunden später wird er im *496* notoperiert, dem Militärhospital von Didymoteicho. Als sie ihm die Kleider vom bloßen Fleisch entfernen, wird er vor lauter Schmerz fast verrückt. Er ist dem Tod nahe. Er hat keinen Blutdruck mehr, es gelingt nicht, eine Vene für die Infusion zu finden. Dann die Narkose. Als er die Augen wieder aufschlägt befindet er sich im Zimmer 226: niemals wird er diese Zahl vergessen, er schreit vor Schmerz, weint und zittert. Erst nach einigen Tagen Bettruhe und Morphium bemerkt er den Verlust seines rechten Beines unterhalb des Knies. Unterdessen hat ihm die Polizei ein Abschiebungsdekret zugestellt. Aber ein Anwalt ermöglicht es, dass er um politisches Asyl ersuchen kann. Ein Polizist überwacht sein Krankenzimmer Tag und Nacht und verbietet ihm, es ohne Erlaubnis zu verlassen. Der Krankenhausaufenthalt dauert sechs Monate. Jeden Tag erhält er Besuch von den Leuten von Didymoteicho. Viele sind griechische Flüchtlinge aus der Türkei und sie fühlen sich solidarisch mit dem jungen Mann aus Burundi. Im Zimmer 226 sind zwei junge Männer aus Ruanda. Einem wurden beide Beine amputiert, sie sind bei einem verzweifelten Marsch im Schnee beim Überqueren der bulgarisch-griechischen Grenze abgefroren. Nach der Entlassung fährt er mit seinem neuen Bein nach Athen. Die Prothese taugt jedoch nichts, er hat Schwierigkeiten beim Gehen und leidet ständig unter Schmerzen und Infektionen. Erst nachdem er zwei weitere Prothesen ausprobiert hat, geht es ihm besser. Unterdessen wird ihm politisches Asyl gewährt. Sein positiver Bescheid ist nur einer von drei positiven Antworten auf die insgesamt 8.178 Anträge im Jahr 2003 in Griechenland. Das Land hat die niedrigste Anzahl von humanitären Schutzbefohlenen auf der Welt, obwohl es in Europa eines der Länder mit den wenigsten Asylanträgen ist. Gumas Geschichte geht um die Welt. Er wird von Fernsehprogrammen der BBC, Al-Jazeera und Mega TV eingeladen. Auf Mega TV tritt er am 3., 4. und 5. November 2006 gemeinsam mit den griechischen Verteidigungs- und Gesundheitsminister auf. Außer ihnen sind zwei junge Marokkaner zu Gast, die von den Minen von

Evros verstümmelt wurden, Redouan und Samir. Vor den Mikrofonen setzt sich der Verteidigungsminister Vasilios Michaloliakos dafür ein, den jungen Männern ein neues Bein zu finanzieren. Einen Monat später wartet Guma immer noch darauf. Morgen hat er eine Verabredung in einem Fitnessclub mit einer Volleyballmannschaft. Er will sich eine Sportprothese anfertigen lassen. Für ihn hängt seine Lebensqualität von der Qualität der Prothese ab. Er will wieder Sport treiben. Die Wut und den Schmerz hat er zusammen mit den Eisensplittern, die ihm aus Armen und Beinen entfernt wurden, in einen Glasbehälter weggeschlossen. „Souvenirs aus Griechenland" hat Mama Vivi ironisch darauf geschrieben. Ein weiterer Splitter ist immer noch in seinem Hals, er ist so sehr in den Schädelknochen eingerammt, dass er sogar das Gehirn streift. Die Ärzte hatten nicht den Mut zu operieren, es wäre zu riskant gewesen. „Jeden Tag kann es zu Ende sein!" scherzt Guma. In seinen Augen sind der Mut und die Zerbrechlichkeit eines Menschen zu lesen, der den Wert und die Flüchtigkeit des Lebens kennen gelernt hat. Lächelnd trinkt er den letzten Schluck seiner Tasse Kaffee im McDonald's.

Mittlerweile hat das griechische Militär die Absperrung der Minenfelder mit einem Stacheldraht von einem Meter Durchmesser erhöht. Eine weitere Rolle Stacheldraht ist auf dem Boden, auf der Außenseite des Gitters. Und die selbst leuchtenden Gefahrensignale wurden verdoppelt. Seit dem 1. April 2004 hat Athen begonnen, das Gelände zu entminen. Es hat sich verpflichtet, die Antipersonenminen bis zum Jahr 2010 zu entfernen. Vielleicht wird das sogar schon früher geschehen, angesichts der Tatsache, dass in lediglich zwei Jahren Arbeit bereits 10.002 der 24.751 Minen entschärft werden konnten. Unterdessen sind jedoch am 11. September 2006 zwei junge Kurden durch eine Mine gestorben und am 10. Oktober 2006 wurden zwei Iraker verletzt, was die Anzahl der Verstümmelungen durch die Minenfelder auf 77 erhöht hat. Aber nicht die ganze Grenze zur Türkei ist vermint. Die Felder betritt man nur aus Versehen, niemand weiß von ihrer Existenz. In den ersten neun Monaten des Jahres 2006 hat die griechische Polizei 23.000 Ausländer verhaftet, weil sie keine Aufenthaltspapiere hatten. Von ihnen kamen mehr als 13.000 über die Grenze mit der Türkei. Sie durchquerten den Fluss Evros und setzten dann die Reise versteckt in einem Lastwagen bis nach Athen fort. Nicht alle haben das Ziel erreicht.

9. September 2003. Eine griechische Militärpatrouille, die entlang der türkischen Grenze in der Provinz Ferres ihren Dienst verrichtet, sieht, wie im grünen Wasser des Flusses Evros sechs Leichen auftauchen. Sie schlagen Alarm und die Suche beginnt. Nach 24 Stunden sind 22 Leichen geborgen. Alle befinden sich schon in einem fortgeschrittenen Stadium der Verwesung. Es sind Pakistanis, unter ihnen auch zwei Frauen, zwischen 20 und 30 Jahre alt. Vermutlich ertranken sie, nachdem das Schiff, auf dem sie unterwegs waren, kenterte. Drei Monate später, am 30. Januar 2004, werden wenige Kilometer entfernt die Leichen von fünf Männern gefunden, die bei einem Schneesturm nach der Durchquerung des Flusses Evros erfroren. Andere Zwischenfälle machen keine Schlagzeilen. Im Frühling 2006 zum Beispiel stirbt eine somalische Frau an Unterkühlung, ohne dass es die Zeitungen auch nur bemerkten. Sie ist Teil einer Gruppe von Afrikanern, die den Fluss an Bord eines Schlauchboots überqueren. Als sie das Boot verlässt, fällt sie ins Wasser. Sie kann schwimmen und erreicht das Ufer. Aber das Wasser ist eiskalt und die Kleider hängen schwer an ihr, in dieser viel zu kalten Nacht. Einige Kilometer entfernt wartet ein griechischer Fahrer auf die Gruppe. Er will sie in seinen Lastwagen laden und nach Athen bringen. Aber die Frau kann nicht mehr gehen. Sie zittert, ihr Atem bleibt aus. Ein Freund bleibt bei ihr, bis sie stirbt.

Diese Frau hatte Mustafa in Aksaray, in Istanbul, kennen gelernt. In Athen angekommen hat er von ihrem Los erfahren. Er erzählt mir die Geschichte. Er ist 20 Jahre alt und kommt aus Somalia, ich habe ihn zusammen mit Adam, Jahrgang 1988 in der Mensa der Caritas von Athen in der Kapodistriu Straße 52, erster Stock, kennen gelernt. Die jungen Sprösslinge der Elite Somalias haben das Gewehrfeuer satt. Sie verlassen Mogadischu Anfang 2006, auf getrennten Wegen, und lernen sich dann in Athen kennen, sie sind Exil-

und Unglückskumpane. Beim Roulette von Eurodac[12] haben sie verloren. Die griechische Polizei hat ihre Fingerabdrücke genommen und ihnen ein Abschiebungsdekret zugestellt. Mit anderen Worten, sie sind gebrandmarkt, an jeder Grenze der EU als illegal erkennbar und können nach der griechischen Ablehnung in keinem anderen Land der EU um politisches Asyl nachsuchen.

In einer Bar im Zentrum, wenige Häuserblocks vom Omonya-Platz entfernt, im Schatten von hässlichen grauen Häusern, die den Blick auf die Akropolis verdecken, erzählen sie mir, warum ein kleiner Teil Afrikas die Türkei, Libyen oder Marokko vorzieht.

Ich beiße in mein Gyros mit Tomaten, Joghurt, Gürkchen und Pommes. Dazu trinke ich Kaffee.

Libyen ist teuer und die Wüste zu überqueren ist nicht weniger gefährlich, als die Überquerung des Mittelmeers. Das Echo der Toten und der Gefängnisse Libyens dringt bis zum Horn von Afrika. Nicht durch die Zeitungen oder das Fernsehen, sondern die Nachrichten der Verwandten und Freunde. Adam beispielsweise wusste von einem Freund, der in Malta verhaftet und 18 Monate auf der Insel festgehalten wurde und Mustafa hat einen seiner Schulkollegen im libyschen Meer verloren.

Die erste Etappe ist Syrien. Sowohl für die Somalier, die in ihrem Heimatland wohnen, als auch die vielen Emigranten in den Golfstaaten ist es leicht, dafür ein Visum zu erlangen. Adam und Mustafa sind mit der kenianischen Fluglinie Africa Airlines von Mogadischu nach Dubai in die Vereinigten Arabischen Emirate geflogen und dann weiter nach Damaskus. Von dort geht es über Aleppo nach Antiochia, dem ersten Halt in der Türkei. Mit ein bisschen arabisch und englisch, 500 Dollar und Mundpropaganda ist es leicht, die Grenze illegal zu überqueren, zu Fuß oder auf dem Pferd über die Saumpfade in den bewaldeten Bergen. Ein Taxi fährt Gruppen von fünf, maximal sieben Personen

[12] Eurodac ist das Vergleichsystem der digitalen Fingerabdrücke der Asylsuchenden und irregulären Einwanderer, das die EU im Jahr 2000 eingeführt hat um die Anwendung des Dubliner Abkommens von 1990 zu ermöglichen, d. h. festzulegen, welcher Staat für das Asylverfahren zuständig ist.

bis zur Grenze. Von dort begleitet sie ein Führer bis zum Pass, wo die Staffel einem Türken übergeben wird, der nach einem Stück zu Fuß – der Marsch dauert acht, neun Stunden – alle in ein Taxi nach Antiochia lädt, wo er eine Nacht lang die Reisenden in seinem eigenen Haus beherbergt, bevor er ihnen tags darauf den Autobus nach Istanbul zeigt. Am Bosporus wird über die Weiterreise verhandelt. Über das Meer geht es von der türkischen Küste von Izmir bis zu den griechischen Inseln Lesbos, Chios und Samos oder versteckt in den Lastwagen auf der Autobahn nach Edirne, Orestias und Didymoteicho über Ipsala oder Alexandroupolis.

Die einfache Fahrkarte kostet 2.500 Euro und bedeutet die Ankunft in Athen, ohne von der Polizei identifiziert worden zu sein. Wenn die Reise schief geht, hat man das Recht auf einen weiteren Versuch. Und die Bezahlung erfolgt nur, wenn man das Ziel erreicht hat. In Aksaray, ein paar Kilometer von der Moschee von Sultanahmet in Istanbul entfernt, hat jede ausländische Gemeinde ihre Bezugsperson. Sie sammelt die Gelder der Europaanwärter ein und kontaktiert die türkischen und griechischen *Passeurs*. Einmal in Athen angekommen, informiert sie ein Telefonat der Reisenden über den Ausgang der Reise. Wenn die Polizei nicht ihre Fingerabdrücke abgenommen hat, geht das ganze Geld an den *Passeur*, abgesehen von einer Gebühr für den Vermittler. Wenn hingegen die Polizei die Fingerabdrücke abgenommen hat, werden den Reisenden 1.000 Euro per *Western Union* zurückerstattet. Diese Rückzahlung muss sein, denn in Griechenland will niemand bleiben. Athen ist nur eine Zwischenstation in Richtung Italien und von dort geht es weiter nach Frankreich, England, Deutschland, Schweden und Norwegen. Das System ist erprobt und schützt vor allem die Sicherheit der Reisenden gegenüber den afrikanischen Netzwerken. In der Türkei zahlt ein toter Passagier nicht. In Afrika haben alle, tot oder lebendig, ihre Rechnung vor der Abfahrt beglichen.

Das erste Mal reiste Mustafa von Istanbul nach Edirne in einem Container eines türkischen Autozugs, im Dunkeln, den Blicken von 80 Personen ausgesetzt, zusammengepfercht wie Sardinen. Es ist März 2006. Die Motoren werden außerhalb der Stadt ausgeschaltet, mitten in der Nacht in einer nicht asphaltierten Straße parallel zur Hauptstraße. Zwei Türken begleiten sie zu Fuß durch die Wälder.

Nach fünf Stunden Fußmarsch taucht hinter hohem Gras der Damm des Evros auf. In der Nähe ist ein türkischer Geländewagen geparkt, sie haben soeben ein Schlauchboot aufgepumpt. Der Fluss ist 200 - 300 Meter breit. Auf dem Hügel sind Lichter zu sehen. Das ist Europa! Die Gruppe beginnt sich zu teilen; auf das Schlauchboot passen auf einmal nicht mehr als 10 - 15 Personen. Doch dann blenden die Scheinwerfer der türkischen Polizeifahrzeuge auf. Keinem gelingt es loszufahren. Der, der kann, flieht; die Mehrzahl von ihnen wird festgenommen. 15 Tage Haft in Edirne warten auf sie. Das Haftzentrum ist kein richtiges Gefängnis, sondern eher ein altes Magazin, das dazu verwendet wird, die Migranten vor ihrer Abschiebung zu sammeln. Es gibt keine Duschen, keine Betten, es ist kalt, die Fenster sind kaputt, zum Essen gibt es nur Brot und Milch. 30 Personen sind in jedem Raum, der nur vier mal vier Meter groß ist. Die Polizei beschlagnahmt ohne Ausnahme Geld, Uhren, Ringe und Mobiltelefone. Nach 15 Tagen werden die meisten entlassen. Die Schwarzen erklären, dass sie aus Somalia kommen, die Araber sagen, dass sie Palästinenser oder Mauretanier sind. Drei Länder, die keine Botschaft in Ankara unterhalten. Keiner wird sie abschieben.

Nach zwei Monaten versucht Mustafa es erneut. Alles geht glatt. Nach dem Evros begleitet sie der türkische Führer zu Fuß, zwei Stunden lang hinein in den schwarzen Schlund zwischen den Lichtern der griechischen Autobahn auf der einen Seite und den Türmen der Moschee von Edirne auf der anderen. Der Lastwagen mit dem Athener Kennzeichen ist pünktlich. Es ist der 21. Mai 2006. 70 Personen steigen in den Wagen. Zehn Stunden später, gegen Mittag, die erste Polizeikontrolle. Die gibt es häufig auf den Straßen in Richtung Bulgarien und Türkei, wo die afghanischen Herointransporte und die irregulären Migranten unterwegs sind. Im Laderaum redet jemand unbedarft weiter. Das hört man von draußen. Die Polizisten versuchen, das Tor zu öffnen. Vom gleißenden Licht der Sonne verraten, ergeben sich die 70 erschöpft. Am selben Tag werden sie in das Kommissariat gebracht, wo sie fotografiert, identifiziert und in das nächste Verwaltungsgefängnis gebracht werden.

Adam hat hingegen beim ersten Mal die Meeresroute versucht. Nach dem er in Istanbul die Kontakte geknüpft hatte, steigt er in einen Bus nach Izmir zum Otogar, dem Busbahnhof der Hauptstadt. In der Stadt erwarten ihn die zwei türkischen *Passeurs* um ihn in die Berge zu bringen, in die Wälder nahe bei Çesme, zusammen mit 30 anderen Personen, Somalier, Senegalesen, Pakistanis und Bangladeschis. Es ist der Sommer 2006, es ist heiß, sie schlafen unter den Bäumen, auf dem Boden. Der Türke bringt ihnen jeden Tag Wasser und Sesambrot. Hin und wieder klauen sie Tomaten in den Gärten der Bauern der Umgebung. Endlich gehen sie in der vereinbarten Nacht an den Strand, zwei Stunden zu Fuß. Ein kleines Boot beginnt hin und herzufahren und bringt eine erste Gruppe zum größeren Schiff, das nach Chios fahren sollte. Aber während des Manövers tauchen aus der geschützten Bucht hinter den Felsen die Scheinwerfer des Motorboots der türkischen Küstenwache auf. Das Motorboot rast auf das halbbeladene Schiff zu, um es aufzuhalten. Die, die noch an Land sind, fliehen. Sie gehen zurück in den Wald. Acht Tage später kommt der Türke zurück zur Lagerstätte. Sie haben das Schiff beschlagnahmt, es ist nicht mehr möglich wegzukommen. Sie beschließen, nach Istanbul zurückzufahren, aber sobald sie den Wald verlassen haben, werden sie verhaftet und zwei Tage im Kommissariat festgehalten. Als er sieht was geschehen ist, will Adam es mit dem Lastwagen versuchen. Im November 2006 fährt er erneut von Istanbul los. Die Gruppe von 102 Personen überquert den Evros von Ipsala aus, weiter südlich, nahe der Mündung. Sie erreichen das griechische Fahrzeug zu Fuß, wenig später fährt es los. Die Illusion von Griechenland hält jedoch nicht länger als 20 Kilometer. Am Kontrollpunkt auf der Staatsstraße nach Alexandroupolis muss der Lastwagen anhalten. Die Träume der 72 Männer und 30 Frauen verpuffen in wenigen Stunden hinter den Toren des Verwaltungsgefängnisses von Vrysika. Das ist ein alter, verlassener Getreidespeicher, mit hohen Decken, kaputten Fenstern, winterlicher Zugluft und acht mal acht Meter großen

Räumen. Adam landet mit 54 Somaliern in einem einzigen Zimmer. Ein Quadratmeter pro Kopf. Keiner erhält eine schriftliche Verfügung für die Freiheitsberaubung, es gibt weder einen Anwalt noch einen Übersetzer, der den Insassen erklärt, wie sie um politisches Asyl ersuchen können. Drei Monate vergehen. Dann erhält er einen Abschiebungsbeschluss. Er hat einen Monat Zeit, um Griechenland zu verlassen. Andere werden in das Herkunftsland abgeschoben oder müssen in die Türkei zurück. Ihnen bleibt nichts anderes übrig, als das Spiel von vorn zu beginnen. Manchmal jedoch ist die Niederlage zu groß. Ismail, Jahrgang 1986, ist ebenso aus Mogadischu weggegangen, er hat seinen 18-jährigen Bruder in seinen Armen sterben sehen. Adam hat ihn in Istanbul kennen gelernt, sie schliefen im selben Zimmer in einem Ghetto in Aksaray, in der Nähe der Straßenbahnhaltestelle. Ismail war aus Kusadasi in Richtung Samos aufgebrochen. Es war eine stürmische Nacht, die See war rau. Aber der Türke sagte, dass sie wegmüssten, weil es bei stürmischer See keine Kontrollen gebe. Das Schlauchboot ist einige hundert Meter von der Insel entfernt gekentert. Ismail hat alles versucht, aber sein Bruder konnte nicht schwimmen. Das Meer hat ihn verschlungen. Er hatte gerade noch genug Kraft, um das Ufer schwimmend zu erreichen und seinen Atem wieder zu erlangen, als die blauen Polizeisirenen ihn einholten, wehrlos durch die schmerzhaften Krämpfe. Dann schickten sie ihn in die Türkei zurück.

Von Kusadasi sieht man Europa mit bloßem Auge. Es hat die Form der Berge von Samos, der Heimat von Pythagoras. Von hier erreicht man Asien bequem in zwei Stunden auf einer Fähre. Es reichen 20 Euro und ein Ausweis, nicht einmal ein Pass ist mehr notwendig. Aber auf dem umgekehrten Weg ist Europa viel weiter weg. Die Reise kann Jahre dauern und tausende von Euro kosten, manches Mal auch das Leben. Am 17. Februar 2006 starben 25 Flüchtlinge. Sie waren von Somalia losgefahren, durch Syrien illegal in die Türkei eingereist und wurden dann von einer Welle, weniger als eine Meile von der Schwelle des alten Kontinents entfernt, ausgelöscht. Eine verwünschte Route, die nach Samos.

Zwei Wochen vorher, am 5. Februar, waren 19 ertrunken. Weitere sieben wären fast am 18. Januar gestorben. Die Dynamik ist immer dieselbe. Die Schiffbrüche wurden von der stürmischen See verursacht. Die Schiffe und Schlauchboote fahren bei Sturm los, weil es da keine Kontrollen gibt. Die Anzahl der Toten in der Ägäis im Jahr 2007 beträgt bereits 54. Im ganzen Jahr 2006 waren es 73. Und seit 2001 sind mindestens 503 Opfer zu verzeichnen, unter ihnen 248 Vermisste, auf den Routen zwischen der türkischen Küste und den nahen griechischen Inseln Lesbos, Chios, Samos und Rodi, aber auch im Meeresabschnitt zwischen Ägypten und Kreta. Es fällt schwer zu glauben, aber es ist so, dass einige von ihnen bei der Rückfahrt ertrunken sind. Das heißt, sie wurden an der Grenze von der griechischen Polizei abgewiesen und im wahrsten Sinne des Wortes in der Nähe der türkischen Küste ins Meer geworfen.

Neun Tote gab es durch Ertrinken auch ohne Schiffbruch. In der Nacht zwischen dem 25. und dem 26. September wird ein mehrfacher Mord in den Gewässern von Karaburun begangen, in der Nähe des bekannten Touristenortes Çesme, wenige Kilometer von der griechischen Insel Chios entfernt. Die 31 Überlebenden klagen die griechische Küstenwache an, sie ins Meer geworfen zu haben. Man sucht nach dem Verantwortlichen. Die Nachricht macht in türkischen Zeitungen die Runde. Taner Kilic und Sibel Yilmaz, zwei Anwälte von *amnesty international* kontaktieren das Kommissariat von Kuçukbahçe und können mit fünf der 31 Überlebenden sprechen. Drei Monate später treffe ich sie in einem Café im Bazar in der Altstadt von Izmir.

„Es waren fünf Iraker, darunter ein Paar“, erinnert sich Taner, „sie waren in die Türkei mit dem Reisepass eingereist und nach Chios losgefahren, das ist von Çesme nur eine Stunde entfernt. Sobald sie auf der Insel ankamen, wurden sie jedoch aufgehalten und verhaftet, um dann zusammen mit einer Gruppe von Personen, die sie nicht kannten, in Handschellen auf ein Motorboot des griechischen Militärs verfrachtet zu werden. Sie erzählten, dass sie in den Tagen zuvor auf der Insel angekommen waren.“ Die Zeugen sprechen von einem schnellen, mit Radar ausgestatteten Boot,

Männern in Uniformen, griechischen Fahnen und griechischen Buchstaben. Man versteht nicht, ob es die Küstenwache war, die Polizei oder die Marine. Sicher ist nur, dass um zwei Uhr morgens des 26. September 2006 40 Personen dazu gezwungen werden, dieses Boot zu besteigen, die Hände mit Plastikbändern zusammen gebunden. Es sind sechs Iraker, 25 Tunesier, zwei Libanesen, ein Algerier und sechs, die angaben, Palästinenser zu sein. In der nächtlichen Dunkelheit nähert sich das Motorboot den Lichtern von Çesme, dann nimmt es Kurs auf die Berge von Karaburun. 400 Meter vor dem Ufer nehmen ihnen die Uniformierten die Plastikhandschellen ab und stoßen sie ohne viele Umstände ins Meer. „Eine irakische Frau war noch in Handschellen, sie zwangen sie ins Wasser zu springen", erzählt Sibel. Neun können nicht schwimmen, sie gehen unter. Die anderen versuchen, den Strand zu erreichen. Sie folgen den Lichtern der Häuser auf den Hügeln. Das Meer ist schwarz. In der Zwischenzeit sind die Griechen schon wieder in Richtung Insel aufgebrochen. In den ersten Morgenstunden hören einige Einwohner Schreie und laufen an den Strand, wo die ersten Überlebenden durchnässt auf dem Sand liegen. Sie bringen ihnen etwas zu essen und heißen Kaffee. Die Polizei kommt. „Die türkischen Behörden waren nicht davon informiert worden. Die Griechen hatten die Hoheit der türkischen Gewässer verletzt und 40 Personen ins Meer geworfen, ohne die Behörden zu informieren", erzählt der Anwalt weiter, „die ihrerseits die Opfer abgeschoben hatten, ohne denjenigen die Möglichkeit zu geben, Asyl zu beantragen, bei denen die Voraussetzungen dafür gegeben wären." Sechs Leichen werden in den ersten Stunden geborgen, drei weitere werden vermisst.

Über den Fall Karaburun entzündet sich eine diplomatische Krise zwischen Ankara und Athen. Die türkischen Behörden verweisen auf die Verantwortlichkeit des Nachbarlands. Griechenland dementiert. Dann zeigt Ankara Videoaufahmen, die ähnliche Vorkommnisse aus den Jahren 2004 und 2006 zeigen. Und drei Monate später kommt der Sicherheitsdirektor für das türkische Innenministerium, Mehmet Terzioglu, der damit droht, sich aus dem Spiel zurück zu ziehen, wenn Athen weiterhin die irregulären Migranten, die in Griechenland aufgefunden werden, in die Türkei abschiebt und die Europäische Union sich nicht konsistenter an den Ausgaben beteiligt. Seit 2003 hat Athen begonnen, die *Clandestini* abzuschieben, indem sie sie in den türkischen Hoheitsgewässern aussetzt. Das betraf laut türkischer Polizei allein zwischen 2003 und August 2006 mindestens 5.800 Personen. Wegen des Risikos, in das Heimatland abgeschoben zu werden, wendet sich keiner der Überlebenden an die Polizei, um solche Vorkommnisse anzuzeigen.

Das, was früher einmal die alte Gewürzstraße war, ist heute die asiatische Route der irregulären Einwanderung. Tausende Menschen pro Jahr kommen durch die Türkei nach Griechenland und fahren dann weiter zu den Küsten Apuliens und Kalabriens, auf abgelegten Schiffen oder Schlauchbooten oder versteckt in einem der Lastwagen, die auf den Fähren nach Bari und Ancona unterwegs sind. Die Menschen kommen aus Pakistan, Sri Lanka und Bangladesch, auf der Suche nach einer besseren Zukunft. Es gibt aber auch Flüchtlinge aus den Kriegsländern Afghanistan und Irak.

Jede Woche fahren unverdächtige asiatische Handelsschiffe, die im arabischen Meer und Golf von Bengalen liegen, in das Rote Meer Richtung Suez-Kanal und Mittelmeer, nachdem sie Halt in Indien, Sri Lanka und den Golfstaaten gemacht haben. Hunderte von farbigen Containern auf den Frachtbrücken und ebenso viele Personen zusammengepfercht wie Sardinen im Schiffsrumpf, weit weg von indiskreten Blicken. Sie steigen in kleinen Gruppen in Ägypten oder der Türkei aus, versteckt in Lastwagen, die beim Entladen ein- und ausfahren. Oder sie werden in der Nacht vor den Küsten Apuliens oder Kalabriens auf kleine Boote umgeladen, die zur Küste unterwegs sind.

Bashir lebt heute in Bologna, er ist 30 Jahre alt und arbeitet als Auslieferer für eine Pizzeria im Zentrum. Er hat im Rumpf eines Frachtschiffs zwei Jahre seines Lebens weggeworfen, versteckt wie eine Maus vor dem Tageslicht, bis er sich Italien verdient hatte. Ich treffe ihn im Flüchtlingsbüro der Caritas, in der Via Fossalta 4.

In Pakistan arbeitete er in Gujrat im Punjab für jemanden in der Oppositionspartei. Ein Engagement, das Anfang 2002 für ihn zu Verfolgung führte. Zuerst flüchtete er sich in sein Heimatdorf, dann entschied er, von Pakistan wegzugehen, um sicher zu sein. Ein Freund brachte ihn in Kontakt mit einem Netzwerk von *Passeurs*, das ihm helfen konnte. Mit 10.000 Euro war es möglich, eine Fahrt nach Ägypten, einen Flug Kairo-Wien mit einem falschen Pass und von dort eine Passage nach Italien zu kaufen. In Bologna kannte er jemanden, der ihm helfen würde. Ende 2002 wird er zusammen mit drei Freunden im Rumpf des Frachtschiffs MvKethy versteckt, das im Hafen von Karachi in Pakistan liegt. Die Reise nach Suez dauert fünf Monate. Bei jedem Halt kommen neue Passagiere an Bord. „In Ägypten sind mindestens 800 von Bord gegangen." Bashir hat keine Ahnung entlang welcher Route er unterwegs war. Denn in der ganzen Zeit war es ihm verboten, die Dunkelheit des Rumpfs zu verlassen. Tagsüber bringt die indische Besatzung den hunderten von heimlichen Passagieren an Bord etwas zu essen. Sie können nur in der Nacht auf die Brücke und auch das nur auf offener See. Tagsüber ist es besser, kein Risiko einzugehen.

„Einmal in Ägypten angekommen, haben sie uns, wie vereinbart, falsche Pässe ausgehändigt, mit denen wir einen Flug genommen haben." Die drei werden bis zum Boarding-Gate begleitet. Gleich nach der Ankunft nehmen sie zwei Männer zur Seite und sprechen sie mit Namen an. Sie nehmen ihnen die falschen Pässe wieder weg, ein Auto erwartet sie draußen vor dem Flughafen. Bashir ist überzeugt, dass das Österreich ist und dass Italien endlich nah ist. Noch weiß er nicht, dass die wahre Reise gerade erst begonnen hat. Nach einer Nacht im Auto hält der Wagen in einem Hafen. Bashir erinnert sich kaum an den Namen, es war so etwas wie Spalato, Split, in Kroatien. Aber in Wirklichkeit hätte es überall sein können. Denn das Frachtschiff, das sie nehmen, werden die drei nicht vor 19 Monaten verlassen. Die Fahrer sagen, dass das Schiff in Richtung Sizilien unterwegs ist. Eigentlich eine Fahrt von wenigen Tagen. Aber die Reise wird endlos. Die meiste Zeit liegt das Frachtschiff in Häfen des ganzen Mittelmeerraums fest. Es ist verboten, die Dunkelheit zu verlassen, die Hitze im Sommer und die feuchte Kälte im Winter. Eineinhalb Jahre verstreichen. Jeden Tag bringen sie etwas zu essen. Es sind ungefähr 100 Personen an Bord. Endlich wird eines Nachts das Gerücht verbreitet, dass sie im Kanal von Sizilien angekommen sind. Ein kleines Boot nähert sich dem Schiff, rund 20 Personen steigen mit Bashir um und im Morgengrauen erreichen sie die Strände Siziliens.

19 Monate können endlos erscheinen und sie waren es sicherlich für die Familie von Bashir in Pakistan, die seit der Fahrt nach Ägypten keine Nachricht von ihm hatte. Von dort aus hat er sie das letzte Mal angerufen. Für sie war ihr Sohn tot, eine Trauer ohne Leichnam oder Begräbnis, eine nunmehr erloschene Hoffnung. Schließlich wäre Bashir nicht das einzige Opfer der Familie gewesen. Auch die Onkel von Bashir hatten seinen Cousin Kamal für tot erklärt. Kamal war 23 Jahre alt, der einzige Sohn von sechs Kindern. Er war ebenfalls 2002 an Bord eines anderen Schiffs der MvKethy aus Pakistan weggefahren. Das letzte Mal haben sie im Februar 2003 von ihm gehört, das Frachtschiff hatte in der Türkei Halt gemacht. Kamal wusste nicht in welchem Hafen, aber er wusste, dass es die Türkei war, und dass es nach Griechenland weitergehen sollte. An Bord waren mindestens 1.000 Personen. Aber diese Reise muss schief gegangen sein, denn niemand hat seitdem etwas von Kamal gehört. Drei Jahre sind seither vergangen. Keiner weiß, ob dieses Schiff untergegangen ist, oder ob aus der Türkei kleinere Schiffe losgefahren sind und eines von ihnen Schiffbruch erlitten hat. Das einzig Sichere ist, dass der pakistanische *Passeur*, dem die Familie Kamals und die Familien von weiteren fünf jungen Männern aus dem Dorf in den Bergen des Punjab Europa bezahlt haben, sich nach einem Jahr wieder gemeldet hat, um einen Teil des Geldes zurück zu zahlen, mit einer Kondolenzkarte. Von ihm hat man danach jede Spur verloren.

Es wäre nicht überraschend, wenn der Gruppe von Kamal etwas Ähnliches zugestoßen ist, wie den 286 Menschen, die beim Schiffbruch von Porto Palo im Süden von Sizilien untergegangen sind. Dies war die größte Tragödie im Mittelmeer seit dem Zweiten Weltkrieg. Es geschah in der Weihnachtsnacht 1996. Im Kanal von Sizilien kreuzt die Yohan, die mit 400 Menschen an Bord – aus Indien, Pakistan und Sri Lanka – von der Türkei losgefahren ist, die F-174, ein kleineres Schiff, das aus Malta losgefahren war, um die Immigranten umzuladen und zur sizilianischen Küste zu bringen. Auf der F-174 sind mehr als 300 Menschen zusammengepfercht. Aber die Yohan ändert ihre Route und rammt die F-174 und versenkt so das Schiff mit 283 Menschen an Bord, die im Rumpf versteckt sind. 29 können sich retten, sie klammern sich an die Yohan, die nach Griechenland flüchtet. An Land angekommen, glaubt niemand den Anschuldigungen der Überlebenden, sie werden als Ausreden eingestuft, um eine Aufenthaltserlaubnis zu bekommen.

Unterdessen fischen in Capo Passero die Fischer weiterhin menschliche Überreste aus dem Meer. Sie sprechen nicht darüber, aus Angst, dass das Fischen untersagt wird, bis einer von ihnen sich dazu entschließt, den Fund des Ausweises eines jungen Mannes aus Sri Lanka anzuzeigen. Die Recherchen des Journalisten Giovanni Maria Bellu ermöglichen es schließlich, das Schiffswrack im Juni 2001 aufzuspüren. Im Februar 2007 hat die italienische Regierung für die Bergung der Leichen Gelder bereitgestellt, elf Jahre danach.

Tausendsiebenhundertfünfzig Meter unter dem Meeresspiegel. Durchschnittstemperatur im Winter: minus acht Grad. Van ist die türkische Stadt, die dem Iran am nächsten ist. Hier kommen jedes Jahr tausende Flüchtlinge von Kabul, Teheran, Bagdad und Mosul durch. Sie überqueren die Grenze zu Fuß oder auf einem Pferd, stets des Nachts, sie sind wochenlang unterwegs. Für sie ist die wahre Hürde die Kälte. Am 31. Mai 2002 werden die erfrorenen Leichen von 19 Menschen gefunden, die einige Wochen zuvor gestorben waren, als sie sich in einem Schneesturm verirrt hatten. Neun waren Kinder. Das ist eine der wenigen Nachrichten, die von den Provinzbehörden Vans nach außen gedrungen ist. Und doch scheint jeder Marsch seine Opfer zu fordern, wenn man den Berichten derer zuhört, die es geschafft haben.

Jaweed hat Esfahan verlassen, als er 15 Jahre alt war. Er war im Jahr 2000 mit seiner tadschikischen Familie in den Iran geflüchtet. Sie mussten Afghanistan verlassen, nachdem die Taliban den großen Bruder von Jaweed mit dem Tod bedroht hatten. Er war gesucht worden, weil er die Wächter einer Militärbasis – wo er mit Dutzenden anderen Soldaten gefangen genommen worden war – während eines gelungenen Fluchtversuchs erschossen hatte. Aus dem Iran musste er allein weg. Sie waren gekommen, um ihn zu suchen und um den Familien der Männer, die sein Bruder im Krieg getötet hatte, Gerechtigkeit widerfahren zu lassen. „Viele sterben, um vom Iran in die Türkei zu kommen“ sagt er, als er mir in seiner Wohnung in Bologna einen Tee anbietet. In Bologna lebt er mit seinem Bruder und einem Freund.

Der Marsch im Winter 2002 dauerte 16 Tage. Sie waren eine Gruppe von 20 Personen, auf Pferden im hohen Schnee. „Es war so kalt, dass meine Hosen eingefroren waren. Ich spürte meine Beine nicht mehr. Und der Wind, der mich von links anwehte, hatte mein halbes Gesicht erfroren. Ich konnte die linke Seite meines Körpers nicht mehr bewegen.“

In dieser Nacht haben sich viele von der Gruppe verirrt. Jaweed hat nicht die leiseste Ahnung, was mit ihnen geschehen ist. Dieselbe Route nehmen die irakischen Kurden. Kawa, im Jahr 2001 aus dem Irak aufgebrochen, erinnert sich noch daran, als er einen Kaffee auf der Piazza Sant 'Eustachio in Rom trinkt. Er war Dozent für Philosophie an der Universität von Suleimaniya. Neben dem Unterrichten versuchte er sich auf ziviler und politischer Ebene zu engagieren. Als sie einen Kollegen von ihm umbrachten, begriff er, dass es Zeit war zu gehen.

„Es war ein Pfad im Wald. Wir gingen zu Fuß. Wir waren zu acht, plus zwei Führer. Alles Kurden, auch die Führer. Wir haben 13 Tage gebraucht. Wir tranken den Schnee und aßen das, was uns die Dorfbewohner entlang des Weges anboten. Wir marschierten in der Nacht und ruhten am Tag auf dem Schnee aus. Die Müdigkeit war enorm und die Angst half uns nicht gerade dabei, die Augen mehr als ein oder zwei Stunden am Tag zu schließen. Wir hatten Angst vor dem Militär, aufgrund der türkischen Unterdrückung des kurdischen Volkes. Sie hatten die Erlaubnis, uns zu erschießen. In der ersten Nacht gab es einen Schneesturm. Wir haben uns in den Bergen verirrt. Einer von uns hat es nicht geschafft. Er ist erfroren. Wir haben ihn auf der Straße liegen lassen. Endlich sind wir zur Grenzstraße gekommen. Wir kamen von oben. Wir mussten sie überqueren und bergab in den Wald darunter springen. Aber auf der Straße patrouillierten die Geländewagen des Militärs. Alles spielte sich in Sekunden ab. Aber es ist gut gegangen. Dann haben wir, nach einem weiteren Tag Fußmarsch, einen Lastwagen vor uns gesehen. Der Führer hat uns gleich gesagt, dass wir uns verstecken sollen und er sich informieren wird. Es waren die Söldner der türkischen Armee. Sie hatten uns gesehen, und begonnen uns zu suchen. Wir haben uns so gut wir konnten versteckt, jeder ging in eine andere Richtung. Ich rutschte beim Laufen auf einem Stein aus und verdrehte mir den Knöchel. Ich stand auf, aber ich konnte mich nicht mehr auf den Beinen halten. Ich wusste nicht, was ich tun sollte. Ich hörte die Stimmen der Soldaten rund 20 Meter entfernt, hinter den Bäumen. Mit letzter Kraft habe ich mich in eine Aushöhlung im Felsen geschleift, die ein Bach gegraben hat. Das war in letzter Minute, denn sobald ich mich eingerollt hatte, um meine Schuhe zu verstecken sind sie gekommen. Sie standen auf dem Weg über mir. Mir schlug das Herz bis zum Hals. Der schnelle Herzschlag machte mich fast taub. Er war so laut, dass ich Angst hatte, sie könnten ihn auch hören. Das dauerte fünf Minuten. Ich habe mich sterben sehen. Dann sind sie gegangen. In dem Moment wusste ich nicht, ob ich rausgehen sollte oder nicht. Ich hatte Angst, dass sie noch immer auf der Suche nach uns sind. Dann hörte ich die Stimme von einem meiner Gruppe, er rief mich beim Namen. Ich war sicher, dass er von den Soldaten festgenommen worden war und sie ihn als Lockvogel benutzten, um mich zu kriegen. Ich wusste nicht, ob ich antworten sollte. Er muss das verstanden haben, denn er fing an zu rufen, dass die Soldaten jetzt weg sind, dass ich rauskommen soll und dass er allein ist. Seine Stimme hat mich überzeugt, also habe ich geantwortet und unsere Gruppe hat sich wieder vereint. Glücklicherweise waren die Führer bei uns geblieben.

Es ging ja auch um ihr Geschäft. Das Geld hatten wir in Tabriz gelassen und wir hätten sie nur bei erfolgreicher Mission bezahlt. Wenn sie uns verlassen hätten, hätten wir sterben können. Hinter uns hatten wir nichts. Ich hatte aus Sicherheit vor der Abfahrt die Hundertdollarscheine ganz klein gefaltet und kleine Bällchen daraus gemacht, die ich mit Nylon umhüllte und dann mithilfe von einem Glas Wasser schluckte. Tausend Dollar. Bis Van war der einzige sichere Ort mein Magen."

Kawa hat es geschafft und lebt heute in Rom, er hat politisches Asyl erhalten. Als er Van erreichte, nahm er einen Autobus nach Istanbul, dort kaufte er eine Fahrkarte für ein Schlauchboot von Izmir zur griechischen Insel Chios. Er erinnert sich, wie schnell das Boot war und an die Kraft der Wellen, die das Schlauchboot durchschnitt. Von Athen war es leicht nach Albanien zu gelangen und von dort aus nach Apulien.

Ein Transitland – Griechenland ist das Tor nach Europa. Normalerweise fährt man nach Italien weiter. Der leichteste Weg ist, sich, oft ohne dass der Fahrer es merkt, auf einem der vielen Lastwagen, die sich in den Häfen von Patras und Igoumenitsa nach Brindisi, Bari, Ancona und Venedig einschiffen, zu verstecken. Auch wenn sie abgesperrt sind, ist es ein Kinderspiel, die Kontrollen zu überwinden, wenn auch manchmal nicht ohne Risiko. Idris war erst 19 Jahre alt, als er im Jahr 2003 vor den amerikanischen Bomben auf den Irak geflohen ist. Heute lebt er zusammen mit Jaweed in Bologna. Von seinen Eltern hat er nichts mehr gehört. Der Onkel hatte seine Flucht organisiert, weit weg vom Krieg würde er wieder Frieden finden. Versteckt in einem Lastwagen, in einem Laderaum zwischen dem Motor und der Kabine, hat er vier Tage verbracht. Der Lastwagen war im Rumpf eines Schiffs, das von Istanbul nach Brindisi fuhr. „Wir waren zu dritt, einer lag neben dem anderen. Wir waren eingezwängt. Wir konnten uns nicht rühren. Es war vollkommen dunkel. Ich wusste nicht mehr, ob es Tag war oder Nacht. Wir hatten nur eine Packung Kekse und eine kleine Flasche Wasser. Nach einer Weile habe ich das Zeitgefühl verloren.

Alles tat mir weh. Aber wir konnten nicht raus, nicht einmal um zu pinkeln, wenn sie uns entdeckt hätten, hätten sie uns zurück geschickt."

Im Lastwagen kann man ersticken, von den Abgasen vergiftet oder vom Gewicht der Ladung erdrückt werden. Und an Land angekommen, kann man auf den Asphalt fallen und überfahren werden. Man kann auch ums Leben kommen wenn der Lastwagen einen Unfall hat. Auf die eine oder andere Weise sind mindestens 247 Menschen ums Leben gekommen, als sie mit einem Lastwagen unterwegs waren, nicht nur in Griechenland und der Türkei, sondern auch in Albanien, Frankreich, Deutschland, England, Irland, Italien, Holland, Spanien und Ungarn. Eine der schlimmsten Tragödien spielte sich im Jahr 2000 in Dover ab, als in einem Kühlwagen 58 Menschen erstickt waren. Eine andere ereignete sich im März 2006 in der Türkei, in der Nähe von Osmaniye in der Provinz Adana, als ein Lastwagen von der Straße abkam und sich überschlug. 44 junge Männer, die versteckt auf dem Lastwagen unterwegs waren, starben dabei, in der Mehrzahl waren es Afghanen.

In Apulien kommen immer weniger Schlauchboote aus Albanien und Griechenland an. Im Jahr 2006 kamen 243 Menschen, mehr als die Hälfte aus Bangladesch, 2005 waren es lediglich 19. Lächerliche Zahlen im Vergleich mit den 46.481 im Jahr 1999, das Jahr des Kosovo-Krieges, den 18.990 im Jahr 2000 und 8.546 in 2001. Ab 2002 ist der Verkehr entlang der apulischen Routen zusammengebrochen, nicht jedoch die Zahl der Toten. 2003 kamen an den Küsten des Salento nur 137 Menschen an. Es gab jedoch 29 Opfer, die zu den 446 der vorangegangenen Jahre dazugezählt werden müssen.

Lecce, Apulien. Am 19. Januar kreuzt das russische Handelsschiff Brotherfour ein Schlauchboot vor Santa Maria di Leuca. An Bord befinden sich zwölf Passagiere, aber nur sechs sind am Leben. Die Körper der anderen hat sich das Meer in einer stürmischen Nacht geholt, bevor es die Überlebenden der Strömung überließ, ausgemergelt, nachdem sie fünf Tage dahin getrieben waren. Das Boot war voller Wasser. Die jungen Männer, alle aus dem Irak, hatten Kreislaufprobleme aufgrund der niedrigen Temperaturen und vom ausgelaufenen Treibstoff Verbrennungen an den Knöcheln.

Aso und 'Azad sind zwei der Überlebenden. Heute leben und arbeiten sie in Perugia. Ich habe sie im Juni 2006 kennen gelernt, bei einer Zusammenarbeit mit dem Schweizer Fernsehen RTSI. „Ich hatte Angst", gesteht Aso, „ich wollte nicht auf das Schiff. Das war in der Nacht vom 14. Januar, so gegen zehn Uhr abends. Ich habe darauf gewartet, bis alle oben waren. Ich sagte mir: „Geh' ich rauf oder nicht?" Schließlich waren alle meine Freunde an Bord und ich habe mir gesagt: „Ok, ich gehe auch."

Sie waren auf das stürmische Meer hinausgefahren, um die Kontrollen zu vermeiden. Aber nach fünf Stunden auf den Wellen haben die Motoren gestreikt. Und keinem ist es gelungen, sie wieder zu starten.

„Die See war rau und nach fünf Minuten stand uns das Wasser bis zur Taille", erinnert sich 'Azad, „es war eiskalt. Ich erinnere mich an die Wellen, den Wind und vor allem an die Finsternis. Es war stockdunkel. Ich sah kaum die Augen von dem, der neben mir saß. Neben mir war ein ganz lieber Freund, Aras. Wir sind zusammen im Irak aufgewachsen. Ich habe ihn vor mich gerückt und ihn festgehalten. Er sagte, dass es ihm gut geht. ‚Nicht nachlassen, nicht nachlassen', sagte ich zu ihm. Aber das Meer war total aufgewühlt, die Wellen überspülten uns und das Wasser hatte schon einige von uns über Bord gezogen. Er antwortete mir mit einer trägen Stimme, er sagte, dass er schlafen wolle. Ich habe ihm bis zuletzt geholfen, so lang ich konnte. Wenn ich daran denke, geht es mir immer noch schlecht. Er hat mich ein letztes Mal beim Namen gerufen. Er hat gesagt, dass er dabei ist zu sterben. Dann hat ihn eine Welle ins Wasser mitgenommen."

Im Morgengrauen ist das Wasser ruhig, das Schiff schaukelt und treibt dahin. Am Horizont sieht man nichts als Wasser. Nach einigen Tagen ohne irgendetwas zu essen oder zu trinken fangen einige an zu halluzinieren. „Ein Junge", erzählt 'Azad, „stand irgendwann auf und sagte: ‚Ich gehe zu meiner Mutter zurück'. Und ohne zwei Mal drüber nachzudenken, sprang er ins Meer, nach rund zehn Metern verschwand er. Andere sagten, dass sie Land sehen, dass sie schwimmen können und sie sprangen über Bord. Paradoxerweise wollte das Schicksal, dass ausgerechnet wir uns retten, die wir nicht schwimmen konnten."

Die Rettung kommt durch das russische Handelsschiff Brotherfour. Die Besatzung rettet sie zusammen mit drei Freunden und einen der Schlepper, der später verhaftet wurde. Die sechs Leichen an Bord wurden mit einem Seil am Schiff festgebunden, dank Asos Macht der Verzweiflung. Von den 29 Toten waren 13 seine Freunde. Sie waren gemeinsam in Erbil losgefahren. 23 Leichen sind in sechs- oder siebenhundert Metern Tiefe verschwunden. Das Meer wird sie nicht mehr zurückgeben.

Die Stimme von 'Azad zittert. „Es tut mir leid für sie. Und es tut mir leid für ihre Eltern. Das Leben ist so. Wir haben nicht verloren, wir haben nicht einmal gewonnen. Wir leben wie tote Menschen. Wir leben nicht mehr wie früher."

Glossar

Aventuriers	wörtl.: Abenteurer, Bezeichnung für Migranten
Bambara	Sprache der Bambara, ein Volk in Mali
Camarades	wörtl.: Kameraden, Freunde, üblicherweise bezeichnen sich Afrikaner aus Subsahara gegenseitig als *Camarades*.
Cayuco	Fischerboot aus Holz
Daraà	Traditionelle Kleidung der Sahrawi
Dinar	marokkanische Währung
Djallaba	Traditionelle marokkanische Tunika
Djambé	Perkussionsinstrument
Dourouni	Privater Kleinbus, die für den öffentlichen Transport entlang der Hauptstraßen von Bamako in Mali dienen.
Funduq	Hotel auf Arabisch
Futur	Frühstück auf Arabisch
Goudron	Teer, Straßenbelag
Grigri	Amulett mit kleinen Holzgürteln und Muscheln, das die Marabù anfertigen. Es dient dazu, Unglück abzuwehren und den Schutz der Geister anzuziehen.
Harrag	wörtl.: Der der (die Grenze) verbrennt, Bezeichnung für Emigranten im Maghreb.
Husaniya	Arabischer Dialekt, der von den Mauren in Mauretanien gesprochen wird.
Insha'allah	So Gott will, auf Arabisch
Jamon	Schinken auf Spanisch
Kafta	Hackfleischbällchen aus mit Zwiebeln und Gewürzen, werden auf dem Grill gegart.
Lingala	Eine der Sprachen der Demokratischen Republik Kongo
Medina	Stadt auf Arabisch, bezeichnet das historische Zentrum einer Stadt.
Marabù	Medizinmann, Hexer, im ganzen Subsahara-Afrika verbreitet.
Masjid	Moschee auf Arabisch.
Mehlfas	Traditionelle Kleidung der Sahrawi-Frauen.

Messenger	Chat-Programm.
Muezzin	Der Vorbeter im Islam, fünf Mal pro Tag betet er vom Minarett der Moschee.
Passeurs	Französchisches Wort für Schleuser.
Patera	Fischerboot aus Holz.
Qahwa	Kaffee auf Arabisch.
Ramadan	Neunter Monat im muslimischen Kalender. Es ist der Monat in dem, nach islamischer Tradition die Offenbarung des Koran begann. 30 Tage lang fasten die praktizierenden Muslime und üben Enthaltsamkeit vom Sonnenaufgang bis zum Sonnenuntergang.
Sfuf	Kleine Süßigkeiten aus Mandeln, Nüssen und Honig.
Shebbakia	Frittierte Süßigkeiten mit Honig überzogen.
Shurta	Polizei auf Arabisch.
Skype	Programm für Internettelefonie.
Suq	Markt auf Arabisch.
Umma	Gemeinschaft der Gläubigen.
Wolof	Hauptsprache in Senegal

Fortress Europe

Sterben an der Grenze: Seit über 20 Jahren geschieht dies an den Grenzen Europas. Die meisten Opfer fordern Schiffbrüche, aber es gibt auch zahlreiche Autounfälle, Menschen, die in der Wüste, oder in den schneebedeckten Bergen verhungern und verdursten. Andere sterben auf den Minenfeldern in Griechenland, an den Schüssen des türkischen Militärs oder den Grausamkeiten der Polizei in Libyen. *Fortress Europe* bietet eine Übersicht von 1988 bis heute über die Todesfälle an den Grenzen Europas. Bis Januar 2008 gab es 11.750 Tote, davon sind 4.222 im Meer verschollen.

Im Mittelmeer sowie im Atlantischen Ozean auf dem Weg nach Spanien sind 8.109 Migranten ertrunken. Mehr als ein Drittel aller Leichname (2.755) wurde nie geborgen. Im Kanal von Sizilien, zwischen Libyen, Tunesien, Malta und Italien gab es 2.481 Opfer, unter ihnen 1.522 Vermisste. Weitere 64 sind auf der Überfahrt von Algerien nach Sardinien ums Leben gekommen. Entlang der Routen von Marokko, Algerien, Mauretanien und Senegal nach Spanien bzw. zu den Kanarischen Inseln sind mindestens 3.986 Menschen gestorben, 1.956 sind verschollen. In der Ägäis, zwischen der Türkei und Griechenland starben 885 Migranten, 461 werden vermisst. In der Adria, zwischen Albanien, Montenegro und Italien kamen in den vergangenen Jahren 553 Menschen ums Leben, 250 wurden nie gefunden. Aber das Meer wird nicht nur mit normalen Schiffen überquert, sondern auch auf Frachtschiffen. Oft verstecken sich Migranten im Bauch des Schiffes oder in irgendeinem Container. Die Sicherheitslage ist auch hier äußerst schlecht: allein 140 Männer sind dabei erstickt oder ertrunken.

Die Sahara ist eine gefährliche, unvermeidbare Passage um zum Meer zu gelangen. Migranten durchqueren sie mit Lastwagen und anderen Fahrzeugen zwischen Sudan, Chad, Niger und Mali einerseits und Libyen und Algerien andererseits. Hier sind seit 1996 mindestens 1.579 Personen gestorben. Überlebende erzählen, dass jede Reise seine Opfer fordert. Und damit könnte die Anzahl von Toten immer größer werden. Die Statistiken beinhalten ebenfalls die Opfer der Massenabschiebungen die in Tripolis, Algerien und Rabat von den Regierungen veranlasst werden, und die dabei die Migranten einfach in wüstenähnliche Grenzgebiete aussetzen.

In Libyen kommen ebenfalls ernsthafte Misshandlungen von Migranten vor. Es gibt keine offiziellen Zahlen, aber 2006 haben *Human Rights Watch* und *Afvic* Tripolis wegen Verhaftungen, Schlägen und Folterungen in Migranten-Haftzentren angeklagt. Drei dieser Haftzentren werden von Italien finanziert. Mindestens 560 Personen starben während gewaltsamer Massenausschreitungen gegen Migranten im September 2000 in Zawiyah, im Nord-Westen von Libyen.

In Lastwagen versteckt sind bereits 281 Personen tot aufgefunden worden. 180 Migranten sind beim Überqueren von Grenzflüssen ertrunken. Die meisten in den deutsch-polnischen Grenzflüssen Oder und Neiße, in der Evros, zwischen der Türkei und Griechenland, in der Sava zwischen Kroatien und Bosnien-Herzegowina und in der Morava zwischen der Slovakei und Tschechien. 112 Personen sind unterwegs in den eisigen Grenzgebieten in den Bergen erfroren, dies vor allem in der Türkei und in Griechenland. An der griechisch-türkischen Grenze gibt es entlang des Flusses Evros immer noch Minenfelder. Hier sind, beim Versuch nach Griechenland zu gelangen, mindestens 88 Personen gestorben.
147 Migranten sind von Grenzpolizisten erschossen worden, davon 35 in Ceuta und Melilla, den spanischen Enklaven in Marokko und 28 im Van Distrikt in der Osttürkei, nahe der Iranischen Grenze. Ein paar Migranten sind auch von der französichen, deutschen, spanischen und der schweizer Polizei erschossen worden. 41 Männer sind tot aufgefunden worden, versteckt in den Fahrgestellen von Flugzeugen. 23 Personen sind in Calais gestorben, oder unter Zügen im Tunnel, beim Versuch nach England zu gelangen. Wiederum 12 sind unter Zügen an anderen Grenzen gestorben und 3 beim Versuch, den Ärmelkanal zu durchschwimmen.

http://fortresseurope.blogspot.com

borderline europe

An den Außengrenzen der Europäischen Union finden immer mehr Flüchtlinge und MigrantInnen auf der Suche nach einem menschenwürdigen Leben den Tod. Sie fliehen vor der Zerstörung ihrer Lebensgrundlagen durch Kriege, Umweltkatastrophen, ungerechte Wirtschafts- und Handelsbedingungen und sie fliehen vor gewalttätigen und diskriminierenden Verhältnissen in ihren Herkunftsländern. Die EU-Kommission setzt ebenso wie die die meisten nationalen Regierungen ungeachtet tausender Opfer weiterhin vor allem auf die nach militärischen Prinzipien organisierte Abschottung:

Unter Führung der EU-Agentur „Frontex“ ist eine ganze Armee aus Militär, Polizei und Grenzschutz mit modernstem Kriegsgerät damit beschäftigt, Menschen am Grenzübertritt zu hindern.

An den östlichen Grenzen der EU finden vielfältige Menschenrechtsverletzungen statt. Sei es durch lang andauernde Inhaftierungen von Flüchtlingen, durch den Ausbau menschenunwürdiger Flüchtlingslager sowie durch die Rückschiebungen von Flüchtlingen.

Besonders dramatisch ist jedoch die Lage im Süden der EU, wo Mittelmeer und Atlantik die Grenze zwischen den Kontintenten Europa und Afrika bilden. Tausende Flüchtlinge und Migranten versuchen in kleinen, seeuntüchtigen Booten die gefährliche Überfahrt – wieviele von ihnen auf dem Meer verdursten, ertrinken, oder Opfer von Gewalttaten werden, kann nur geschätzt werden. Die spanischen Behörden gehen davon aus, daß allein im Jahr 2006 und nur vor den Kanaren rund 6000 Menschen gestorben sind. Flüchtlingsorganisationen befürchten, daß jeder Zweite auf den Routen von Afrika über das offene Meer nach Europa ums Leben kommt.

Das wahre Ausmaß des Massensterbens an den EU-Außengrenzen wird von offizieller Seite verschwiegen, die Bürgerinnen und Bürger Europas sollen nicht erfahren, was sich rings um die Europäische Union täglich abspielt.

Wir wollen dieses Schweigen brechen. *borderline-europe* wird deshalb den Vertuschungsversuchen der Behörden mit präzisen Recherchen in den Grenzregionen entgegenarbeiten. Die europäische Öffentlichkeit soll Gelegenheit erhalten, auf Basis zuverlässiger Informationen den tödlichen Konsequenzen der Abschottungspolitik entgegen zu wirken.

Kontaktadresse:

borderline-europe - Menschenrechte ohne Grenzen e.V.
Rudolf-Breitscheid-Str. 164
D-14482 Potsdam

Tel./Fax: +49-(0)331-88715460
E-Mail: mail@borderline-europe.de
Internet: www.borderline-europe.de

Spendenkonto:
GLS-Bank Bochum
Kontoto-Nr: 4005794100
BLZ: 43060967

Über den Autor

Gabriele Del Grande,

geboren in Lucca (Toscana, Italien) 1982. Seit dem Abschluss seines Orientalistikstudiums in Bologna lebt er in Rom und arbeitet für die Nachrichtenagentur „redattore sociale“. Im Jahr 2006 gründete er Fortress Europe, ein mediales Observatorium der Opfer der irregulären Migration. Seit 2007 folgt er den Routen der Migranten in der Türkei, Griechenland, Tunesien, Marokko, Westsahara, Mauretanien, Mali und Senegal. „Mamadous Fahrt in den Tod“ ist sein erstes Buch. Außerdem veröffentlichte er die Reportagen „Roma senza fissa dimora“ (Rom aus der Sicht Obdachloser, 2005) und „Biglietti di viaggio della Palestina“ (Fahrkarten aus Palästina, 2004).

Flüchtlings-Portraits der besonderen Art

Leona Goldstein: displaced
Flüchtlinge an Europas Grenzen

Wer Europa kennen lernen will, dem sei eine Reise an seine Grenzen empfohlen. Leona Goldstein hat diese Reise gemacht, es ist die Reise von Flüchtlingen. Sie beginnt in drei westafrikanischen Ländern, wo korrupte Politiker ihre Wahlkampagnen von französischen Unternehmen führen lassen, wo gleichzeitig bittere Armut die Menschen in die Flucht zwingt. Sie sucht die Menschen unmittelbar vor den kaum überwindbaren Mauern der „Festung Europa" in Marokko und in der Ukraine auf. Schließlich geht sie hinein in ein isoliertes Flüchtlingslager in deutschen Wäldern, Exklave im Inneren Europas, in dem Flüchtlinge auf sechs Quadratmetern Niemandsland vegetieren, ohne Arbeit, ohne Zukunft, und in der Regel ohne Chance auf Asyl.
Bildband „Displaced - Flüchtlinge an Europas Grenzen" auf deutsch, englisch und französisch ist eine DVD mit „Au clair de la lune" (Dokumentarfilm, 40 Min.), „Le Heim" (Dokumentarfilm, 16 Min.) und mit allen Bildern dieses Bandes zur Präsentation bei Veranstaltungen beigegeben.
128 Seiten, Hardcover, vierfarbig, mit DVD, ISBN 978-3-86059-021-8

Vom Fliehen und Ankommen
Flüchtlinge erzählen

Herausgegeben von PRO ASYL

In diesem Buch berichten Flüchtlinge über Verfolgung, Ankunft in Deutschland und die teils erfolgreichen, teils scheiternden Versuche, hier Fuß zu fassen. Die Beiträge, die den Zeitraum von 1933 bis zur Gegenwart umspannen, zeigen, dass Flüchtlinge das gesellschaftliche Leben in Deutschland mitgestalten. Sie schildern aber auch, wie traumatische Erfahrungen, Heimweh und die politisch gewollte Ausgrenzung das Leben von Flüchtlingen über viele Jahre hinweg bestimmen. Die Sammlung von Lebensgeschichten macht zudem auf die Bedeutung des zivilgesellschaftlichen Engagements für Asylsuchende aufmerksam.
144 S., kart., Großformat mit vielen Fotos, ISBN 978-3-86059-331-8

von Loeper Literaturverlag - www.vonLoeper.de